中国概况

第五版

王顺洪　编著

北京大学出版社
PEKING UNIVERSITY PRESS

图书在版编目(CIP)数据

中国概况/王顺洪编著. —5版. —北京：北京大学出版社，2022.2
ISBN 978-7-301-32454-7

Ⅰ.①中… Ⅱ.①王… Ⅲ.①中国—概况—对外汉语教学—教材 Ⅳ.①H195.4

中国版本图书馆CIP数据核字(2021)第174664号

审图号：GS京（2023）1314号

书　　　名	中国概况（第五版） ZHONGGUO GAIKUANG (DI-WU BAN)
著作责任者	王顺洪　编著
责 任 编 辑	孙艳玲
标 准 书 号	ISBN 978-7-301-32454-7
出 版 发 行	北京大学出版社
地　　　址	北京市海淀区成府路205号　100871
网　　　址	http://www.pup.cn　　新浪微博：@北京大学出版社
电 子 信 箱	zpup@pup.cn
电　　　话	邮购部 010-62752015　发行部 010-62750672　编辑部 010-62753374
印 刷 者	三河市博文印刷有限公司
经 销 者	新华书店
	889毫米×1194毫米　16开本　15.5印张　321千字 1994年9月第1版　1998年6月第2版　2003年4月第3版　2015年1月第4版 2022年2月第5版　2023年7月第2次印刷
定　　　价	89.00元（含配套资源）

未经许可，不得以任何方式复制或抄袭本书之部分或全部内容。
版权所有，侵权必究
举报电话：010-62752024　电子信箱：fd@pup.pku.edu.cn
图书如有印装质量问题，请与出版部联系，电话：010-62756370

第五版修订说明

　　本书初版于1994年,至今已出了四版,印刷了24次。其间,中国每年都在发生着巨大变化,经济社会各方面日新月异。为了做到与时俱进,充分反映中国的发展变化,本书在修订出版第三版(2003年)、第四版(2015年)的过程中,曾分别依据新的资料,对有关部分作了较大幅度的更新、补充和修改。这次修订出版的第五版,主要是依据十八大以来新的资料(数据、提法、论述等),进行全面的更新、补充和修改,相关统计数据基本截至2018年年底,部分章节除了统计数据,内容更新、补充篇幅也比较大。北京大学出版社对这部《中国概况》一直很重视,从初版到二、三、四、五版,每版责任编辑都付出了大量心血,有力保证并提高了教材的质量。在此,我向出版社和各位责任编辑表示深深的感谢!

王顺洪
2021年6月

前 言

本书是以外国留学生为对象编写的一部教材，适合于对外汉语文化课教学使用，也可供具有中级以上汉语水平的其他外国人阅读。

中国是东方古国，具有悠久的历史和灿烂的文化。今天，在改革开放的新时代，它更是充满着勃勃生机。但是，对于大部分第一次踏上这片土地的外国留学生来说，中国却是一个陌生甚至有几分神秘的国度。这里的自然环境、社会情况、文化背景、风俗习惯等，与他们自己的国家有着千差万别。因此，不管每个留学生来华学习的动机如何，大家都怀有一个共同的愿望——了解中国。

当然，也有不少外国留学生，在来华之前通过间接途径，或到中国之后通过一段生活体验，对中国已经有所了解。不过，实事求是地说，这种了解一般是比较零散、局部、表面的，认识也往往是片面、肤浅，甚至是错误的。为此，很需要有一门课程，将中国的情况向留学生们做系统介绍，使他们在原来的基础上，对中国有一个比较全面的了解与认识。

另外，外国留学生来到中国，无疑都想学好汉语。然而，语言仅仅是一种载体，汉语学习的内容，总是与中国一定的社会、历史、文化、生活等知识联系在一起的。随着汉语学习的一步步深入，涉及中国各方面的知识会越来越多。如果对有关中国的基本知识缺乏必要的了解，那么，必将影响汉语学习的顺利进行。

还有一部分留学生，打算在过了汉语关以后进入专业，深入学习中国某一方面的文化知识。而知识都是互相联通、互相渗透、互相作用的，学习文学离不开历史，学习经济离不开地理，学习法律离不开政治，诸如此类，如果不具备关于中国的基本知识，就好比坐井观天、盲人摸象，接受专业知识也将遇到困难。

总之，学好"中国概况"课，对于外国留学生来说，是奠定中国基础知识的需要，是系统全面了解中国的需要，是顺利学习汉语和专业文化知识的需要。在对外汉语文化课教学中，这是一门必需的课程。

近年来，我国开展对外汉语教学的院校，差不多都开设了中国文化课程，课程类型多种多样，各有特色，标志着中国对外汉语教学中的文化课正在逐步繁荣。不过，据了解，已开设的中国文化课，一般都是侧重于中国文化的某些方面，系统全面地介绍中国的似乎不多，教材更是缺乏。1991年以来，根据外国留学生的迫切需要，本人在北京大学对外汉语教学中心系统开设了"中国概况"课程，尔后，在讲义的基础上编写了这本教材。根据开设"中国概况"课的目的、构想，我在讲课和本书的编写过程中，有意突出了如下几点：

第一，系统全面。"中国概况"课，不是关于中国某一个或几个方面的介绍，而是对中国各方面知识的系统讲授。当然，所谓全面也是相对的，不可能包罗万象，但是，需要让外国留学生了解的基本方面，应当尽可能讲到。本书包括了14个专题：国土、历史、人口、民族、政治制度、经济、科技、教育、传统思想、文学、艺术、习俗、旅游、国际交往，可以说，基本构成了对中国的全方位展示。

第二，简明概括。"中国概况"毕竟不是一部小百科全书，而是一门课程，它的容量要受到整个教学计划和课时的限制。因此，既然要系统全面，就不可能将每个专题都充分地展开，这是一个很大的矛盾。我的原则是，首先力求简明概括，将基本知识传授给学生，然后再根据情况在某些地方尽量讲得深入一些，而真正深入、细致的内容和论述，应留给专题课去完成。

第三，通俗易懂。"中国概况"作为一门文化知识课程，比起汉语课来，内容广泛得多，词汇量大得多。考虑到外国留学生的接受能力，本书在表述上，尽量做到条理清晰，平实自然，通俗易懂。同时，为了帮助留学生阅读，对书中难认难念的字词注了汉语拼音，每章后面列出了思考题。这门课程，力图使学生不但能获得关于中国的大量知识，而且在阅读和听力上也能有明显提高。

"中国概况"课的教学方法，主要是教师讲授，同时，适当安排看录像、课堂讨论、参观访问等。实践证明，实惠的教学内容，加上生动活泼的教学方法，这门课程是很受外国留学生欢迎的。

本教材的编写，被荣幸地选入了国家汉办"1992年—1995年教材规划"。然而，由于自己水平所限，一定会有许多不足或错误，本书仅是为"中国概况"课教学提供一个参考。我相信，同行们在自己的教学实践中，一定会编出新的更富有特色的同类教材。

编著者
1993年10月

目 录

第一章	中国的国土	1
	第一节 地理	1
	第二节 气候	5
	第三节 资源	7
	第四节 行政区划	10
第二章	中国的历史	13
	第一节 古代史（1840年以前）	13
	第二节 近代史（1840—1919）	19
	第三节 现代史（1919—1949）	23
	第四节 当代史（1949年10月1日至今）	27
第三章	中国的人口	33
	第一节 人口演变	33
	第二节 人口结构	36
	第三节 计划生育	39
第四章	中国的民族	43
	第一节 民族状况	43
	第二节 民族政策	49
	第三节 发展变化	54
第五章	中国的政治制度	63
	第一节 政治体制	63
	第二节 政府机构	71
	第三节 司法制度	73
第六章	中国的经济	76
	第一节 前进历程	76
	第二节 经济成就	78
	第三节 改革开放	90
第七章	中国的科技	98
	第一节 古代科技	98
	第二节 四大发明	101
	第三节 当代科技	103
第八章	中国的教育	108
	第一节 古代教育	108

　　　　　第二节　近现代教育 110
　　　　　第三节　当代教育 112

第九章　中国的传统思想 126

　　　　　第一节　儒家思想 126
　　　　　第二节　道家、法家及其他学派 135
　　　　　第三节　儒学在国外 143

第十章　中国的文学 147

　　　　　第一节　古代文学 147
　　　　　第二节　现代文学 156
　　　　　第三节　当代文学 161

第十一章　中国的艺术 165

　　　　　第一节　书法·绘画 165
　　　　　第二节　音乐·舞蹈 171
　　　　　第三节　戏剧·电影 176
　　　　　第四节　曲艺·杂技 180

第十二章　中国的习俗 185

　　　　　第一节　婚姻家庭 185
　　　　　第二节　节庆假日 190
　　　　　第三节　饭菜酒茶 194

第十三章　中国的旅游 199

　　　　　第一节　旅游资源 199
　　　　　第二节　旅游业 203
　　　　　第三节　名城选介 207

第十四章　中国的国际交往 214

　　　　　第一节　外交关系 214
　　　　　第二节　对外贸易 220
　　　　　第三节　文化交流 225

中国基础知识问答题 229

参考书目 234

第一章 中国的国土

第一节 地 理

一、面积与位置

中国位于东半球，亚洲大陆的东部，太平洋的西岸。中国的陆地面积约960万平方千米，仅次于俄罗斯和加拿大，排在世界第三位，居于亚洲第一位，接近于整个欧洲的面积。

中国的领土，北起漠河以北的黑龙江江心，南到南沙群岛南端的曾母暗沙，南北相距约5 500千米；东起黑龙江与乌苏里江的汇合处，西到帕（pà）米尔高原，东西相距约5 200千米。中国的陆地边界长约22 800千米，周围与14个国家国土相接，它们是：朝鲜、俄罗斯、蒙古、哈萨克斯坦、吉尔吉斯斯坦、塔吉克斯坦、阿富汗、巴基斯坦、印度、尼泊（bó）尔、不丹、缅（miǎn）甸（diàn）、老挝（wō）、越南。海上邻近的国家还有韩国、日本、菲律宾、马来西亚、新加坡、印度尼西亚、泰国、孟加拉国等。

二、海洋与岛屿

中国除了广阔的陆地以外，还有辽阔的领海和众多的岛屿。领海有四大海洋——渤（bó）海、黄海、东海、南海，海域总面积473万平方千米。辽东半岛和山东半岛环抱着的海面叫渤海，是中国的内海，平均深度18米。从辽东半岛到长江入海口的海面叫黄海，平均深度44米。从长江口往南到台湾海峡的海面叫东海，平均深度370米。台湾海峡以南的海面叫南海，平均深度1 212米。中国的大陆海岸线总长约18 000千米，岛屿海岸线总长约14 000千米。沿岸有许多优良的海湾和港口城市，从北往南数，主要有：大连、秦皇岛、天津、烟台、青岛、连云港、南通、上海、宁波、温州、福州、厦门、汕（shàn）头、深圳（zhèn）、珠海、广州、湛（zhàn）江、北海等。这些沿海城市，自然条件、经济基础比较好，海外运输和国际贸易方便，是中国对外开放最活跃的地区。

中国的四大海洋里，拥有丰富的自然资源。鱼、虾、贝、藻（zǎo）、海带等水产品，有3 500多种。同时，沿海大陆架还蕴（yùn）藏着大量的石油、天然气和地热等。目前，仅大型海底油气盆地就已发现了6个，面积80多万平方千米。

中国有大小岛屿7 600个，总面积8万多平方千米。其中，最大的岛屿是台湾岛，面积35 798平方千米；第二大岛为海南岛，面积33 000多平方千米。

三、地形与山脉

中国大陆地形的突出特点是：西高东低，复杂多样。各种地形所占的比例是：山地33%，高原26%，盆地19%，平原12%，丘陵10%。中国是个山脉很多的国家，全世界海拔超过8 000米的山峰共14座，中国境内和边境线上就有9座。纵横交错的山脉构成了中国地形的骨架，各种不同走向的山脉，成为中国重要的地理分界线和农业生产分界线。

如果从高空俯瞰（kàn），中国的地形是阶梯状的，从西向东可分为三个阶梯：

第一个阶梯，即西南部的青藏高原，平均海拔4 000米以上，被称为"世界屋脊（jǐ）"。其中，喜马拉雅山主峰珠穆朗玛峰，海拔8 848.86米，是世界最高峰。青藏高原上分布着许多高山，主要有昆仑山、冈底斯山、喜马拉雅山等，山顶上的雪峰此起彼伏，连绵不断。因为青藏高原地势高，气候寒冷，所以，那里的农作物和牲畜都具有耐寒性。青稞（kē）是高原上的主要农作物。牦（máo）牛是高原牧民的重要交通工具，被称为"高原之舟"。

越过青藏高原北边的昆仑山、祁（qí）连山往东，大兴安岭、太行（háng）山、巫（wū）山连成一条线，二者的中间地带为第二阶梯地带，海拔为1 000米至2 000米。这里有中国四大高原中的内蒙古高原、黄土高原、云贵高原（另一高原是青藏高原）和四大盆地中的塔里木盆地、准噶（gá）尔盆地、四川盆地（另一盆地是青藏高原上的柴达木盆地）。在新疆南部的塔里木盆地，有中国最大的沙漠——塔克拉玛干沙漠。沙漠中有水的地方，生长着高大的白杨树，白杨树环绕着农田、果园和城镇，形成一片碧绿的景色，被称为"绿洲"。绿洲上的水源，是由高山上的冰雪融（róng）化而成的。

越过第二阶梯，向东直达海岸，平均海拔下降到500米以下，主要是丘陵和平原，是第三阶梯地带。在这一阶梯地带上，自北向南有中国的三大平原：东北平原、华北平原、长江中下游平原。这里地势广阔平坦，人口稠（chóu）密，交通方便，是经济比较发达的地区。

第三阶梯以东，是中国大陆伸向海洋的大陆架，这里岛屿星罗棋布，海水比较浅，水深大部分不到200米。

以上这种由西向东，由高而低，最后伸入海洋的地形，对中国的气候影响很大。受地势影响，中国大多数河流基本都是从西向东流，沟通了东西交通，而且河流的落差很大，蕴藏着丰富的水能资源。

中国主要山脉

山脉名称	最高峰海拔高度（米）	山脉名称	最高峰海拔高度（米）
喜马拉雅山脉	8 848.86	秦岭	3 767
冈底斯山脉	7 095	乌蒙山	2 900
唐古拉山脉	6 621	六盘山	2 942
念青唐古拉山脉	7 162	阴山山脉	2 364
喀喇昆仑山脉	8 611	华山	2 154.9
可可西里山脉	6 305	吕梁山脉	2 830
昆仑山脉	7 649	阿里山	2 663
巴颜喀拉山脉	5 369	大兴安岭	2 029
阿尔格山	6 860	太行山脉	2 882
大雪山	7 556	武陵山	2 570
天山山脉	7 439	武夷山脉	2 160.8
横断山脉	7 556	南岭	2 141
祁连山脉	5 808	长白山脉	2 691
怒山	6 740	大别山	1 774
阿尔金山脉	6 163	罗霄山	2 120
玉山	3 997	黄山	1 864.8
阿尔泰山脉	4 374	泰山	1 532.7
五台山	3 061.1	燕山	2 116
贺兰山	3 556	五指山	1 867
大巴山脉	4 072	天目山	1 787

四、河流与湖泊（pō）

中国的江河湖泊众多，大小河流总长度达43万千米，其中流域面积在1 000平方千米以上的河流有1 500多条，径流量仅次于巴西、俄罗斯、加拿大、美国、印度尼西亚，居世界第六位。由于主要河流多发源于青藏高原，水流落差很大，因此，中国的水力资源非常丰富，蕴藏发电量达6.8亿千瓦，居世界第一位。

中国的河流可分为两大部分，流入海洋的叫外流河，占大部分，主要有：长江、黄河、黑龙江、珠江、澜（lán）沧（cāng）江等，向东流入太平洋；青藏高原上的怒江、雅鲁藏布江等，向南流入印度洋；新疆的额（é）尔齐斯河向北流入北冰洋。与海洋不相沟通的称为内流河，数量比较少，如新疆的塔里木河。

中国主要河流

名称	长度（千米）	流域面积（平方千米）	流经地区	注入地
长江	6 363	1 800 000	青海、四川、西藏、云南、重庆、湖北、湖南、江西、安徽、江苏、上海	东海
黄河	5 464	795 000	青海、四川、甘肃、宁夏、内蒙古、山西、陕西、河南、山东	渤海
黑龙江	4 444	1 855 000	黑龙江	鄂霍次克海
雅鲁藏布江	2 229	239 200	西藏	孟加拉湾
珠江	2 214	453 700	云南、贵州、广西、广东	南海
澜沧江	2 130	165 000	青海、西藏、云南	南海
怒江	1 540	137 800	西藏、云南	孟加拉湾

中国的第一大河是长江，全长6 363千米，也是亚洲第一大河，世界第三大河[1]。长江发源于青藏高原的唐古拉山的各拉丹冬峰，干流流经11个省、自治区、直辖市：青海、四川、西藏、云南、重庆、湖北、湖南、江西、安徽、江苏、上海，最后注入东海。长江中下游地区气候温暖湿润，雨量充沛（pèi），土地肥沃，是中国的重要经济区。长江航道是中国水上运输的大动脉。已经建成的长江三峡大坝是世界上最大的水利枢（shū）纽（niǔ）工程。

中国的第二大河是黄河，全长5 464千米。它发源于青海省巴颜喀（kā）拉山北麓的约古宗列曲，流经9个省、自治区：青海、四川、甘肃、宁夏、内蒙古、山西、陕西、河南、山东，最后流入渤海。黄河流域土地肥沃，牧场丰美，矿藏丰富，是中国古代文明的发祥地，被称为中华民族的摇篮。

位于最北部的黑龙江，可称为中国的第三条大河。它发源于蒙古的北部和中国内蒙古自治区的大兴安岭，是中国与俄罗斯的界河，全长4 444千米，其中流经中国境内和中俄边境的长度为3 420千米，最后在俄罗斯境内流入鄂（è）霍（huò）次克海。

位于南部的珠江，是中国南方的大河。它由西江、北江和东江汇合而成，其中西江最长，2 214千米，是珠江的主干。西江发源于云南东部的乌蒙山区，流经贵州、广

---

[1] 世界四大河流：①尼罗河，长6 671千米，非洲；②亚马孙河，长6 480千米，南美洲；③长江；④密西西比河，长6 260千米，北美洲。

西，在广东流入南海。珠江水量充足，仅次于长江。珠江三角洲河渠（qú）纵横，土地肥沃，是中国稻米、蔗（zhè）糖、蚕（cán）丝和鱼类的重要产地。

中国除以上四条河流外，还有雅鲁藏布江、澜沧江、怒江等很大的河流。

中国湖泊也很多，面积在1平方千米以上的天然湖泊有2 759个，其中面积大于1 000平方千米的有13个，总面积达71 230平方千米。湖泊分外流湖和内陆湖两大类。外流湖多为淡水湖，水产丰富，例如江西的鄱（pó）阳湖、湖南的洞庭湖、江苏的太湖与洪泽湖等，被称为中国的四大淡水湖。内陆湖多为咸水湖，青海湖是全国最大的内陆湖，面积4 340平方千米，还有呼伦湖、纳木错等。

中国主要湖泊

名称	面积（平方千米）	湖面高程（米）	最大深度（米）	所在地	水质
青海湖	4 340	3 193	32.8	青海	咸
鄱阳湖	2 933	21	30	江西	淡
洞庭湖	2 432	33	18.7	湖南	淡
太湖	2 425	3.1	2.6	江苏	淡
呼伦湖	2 339	545.3	8	内蒙古	咸
洪泽湖	1 576.9	12.3	5.5	江苏	淡
纳木错	1 961.5	4 718	33	西藏	咸

第二节　气　候

中国的气候有两个重要特征：一是大陆性季风气候显著，二是气候类型复杂多样。中国背靠世界上最大的陆地欧亚大陆，面向世界上最大的海洋太平洋，是世界著名的季风气候区。冬季，大陆比海洋气温低，大气压力高，风从大陆吹向海洋，风向偏北。夏季，大陆比海洋气温高，形成低气压，风从海洋吹向大陆，风向偏南。由于季风的周期性变化，以及地形等因素的影响，形成了四季分明、雨热同季的特征。同时，寒潮、气旋（xuán）、梅雨、台风等，成为常见的几种天气、气候类型。

中国主要城市各月平均气温（2019年）

（单位：摄氏度）

城市	1月	2月	3月	4月	5月	6月	7月	8月	9月	10月	11月	12月	年平均
北京	-1.7	-0.7	9.7	14.7	22.3	26.3	28.0	25.9	23.1	13.3	5.8	-1.2	13.8
天津	-1.5	-0.3	9.9	14.5	23.2	26.6	28.0	25.7	23.2	14.4	7.0	-0.5	14.2
石家庄	-0.7	0.7	11.4	15.0	23.3	27.7	28.3	26.4	23.4	15.2	7.4	0.6	14.9
太原	-4.7	-1.5	7.1	13.1	19.5	24.3	25.4	23.1	18.7	11.6	4.8	-1.7	11.6
呼和浩特	-9.8	-7.5	2.0	10.9	15.5	21.4	21.4	19.6	16.8	8.0	-0.5	-9.7	7.3
沈阳	-7.7	-5.9	4.2	10.8	19.4	21.7	25.9	23.2	19.1	10.4	0.2	-7.4	9.5
大连	-1.1	-0.8	6.1	11.3	18.9	20.8	25.2	25.2	21.7	14.6	6.8	0.7	12.5
长春	-9.9	-7.5	1.9	9.4	17.4	20.3	24.6	21.7	18.1	9.0	-2.8	-11.5	7.6
哈尔滨	-13.3	-9.3	0.1	8.5	15.5	19.8	23.7	20.7	17.0	8.3	-4.9	-15.6	5.9
上海	5.8	6.1	11.3	16.4	20.8	23.9	27.5	28.5	24.5	19.8	14.9	8.8	17.4
南京	4.1	4.4	11.8	16.8	21.8	25.3	28.3	28.6	24.3	18.9	13.4	7.3	17.1
杭州	5.9	6.1	12.4	18.1	22.1	25.0	28.2	29.4	25.1	20.1	14.5	9.1	18.0
合肥	2.8	3.4	11.5	16.7	21.5	25.4	28.3	27.9	23.2	17.1	11.7	5.6	16.3
福州	12.5	12.4	15.1	20.1	22.0	25.8	29.0	29.2	27.3	23.1	18.6	14.4	20.8
南昌	6.2	6.0	13.3	18.9	23.1	26.7	28.8	31.6	27.4	21.6	15.6	9.7	19.1
济南	0.8	2.3	11.8	15.4	23.2	28.9	28.7	25.6	23.2	16.1	9.9	3.1	15.7
青岛	1.2	1.9	8.4	11.7	18.6	20.8	25.5	26.0	23.5	17.0	10.9	4.2	14.1
郑州	1.4	2.5	12.8	16.6	23.6	28.8	29.8	27.3	25.0	16.6	11.0	4.5	16.5
武汉	3.7	4.1	12.5	17.7	21.4	26.1	29.3	30.4	25.1	18.3	12.9	6.5	17.3
长沙	4.3	4.5	12.6	17.6	20.8	25.3	28.0	29.4	25.5	18.7	14.0	8.4	17.4
广州	15.0	18.0	19.4	23.4	24.8	28.0	28.7	28.3	26.7	24.1	19.5	16.0	22.7
南宁	12.4	14.1	17.9	23.8	24.8	27.9	28.1	28.6	27.5	23.8	20.0	15.8	22.1
桂林	8.5	8.7	14.9	20.4	23.5	27.2	28.6	30.1	28.3	22.2	17.4	12.6	20.2
海口	19.4	23.4	24.3	28.1	27.9	30.0	29.7	28.4	27.4	26.6	23.7	20.6	25.8
重庆	8.7	11.2	14.5	21.8	21.3	25.1	27.9	30.6	24.8	19.3	14.3	10.7	19.2
成都	5.8	7.2	12.2	18.9	19.8	24.3	24.6	25.7	20.6	17.3	12.0	8.0	16.4
贵阳	4.4	5.0	11.3	17.3	17.7	22.0	22.7	24.3	20.7	16.3	10.9	7.2	15.0
昆明	9.9	12.9	14.6	19.0	22.3	22.2	20.8	21.3	18.4	17.0	14.0	7.9	16.7
拉萨	-1.9	3.1	5.8	9.7	14.3	19.6	16.3	16.8	14.4	10.3	6.1	0.3	9.6
西安	1.0	3.5	12.5	17.5	21.0	25.5	27.5	26.7	20.9	14.5	8.8	3.9	15.3
兰州	-8.2	-3.2	4.4	12.7	14.2	18.9	20.6	19.8	15.2	7.5	0.4	-6.8	8.0
西宁	-7.2	-3.1	2.7	10.3	11.4	14.7	16.5	16.6	12.3	6.6	0.9	-5.3	6.4
银川	-6.8	-1.9	6.2	15.7	17.3	22.3	24.5	23.1	18.3	10.1	3.6	-2.5	10.8
乌鲁木齐	-11.3	-11.0	1.1	13.4	14.9	21.9	25.7	24.9	19.1	9.9	-1.9	-7.6	8.3

冬天的时候，冷空气从中国北边的西伯利亚和蒙古吹向中国大陆，直奔东南沿海，太阳辐射的热量很弱，空气十分寒冷，每年要出现五六次寒流，因而大部分地区寒冷而干燥，是世界上同纬度中较寒冷的国家。比如，黑龙江省的呼玛附近，纬度同英国伦敦差不多（北纬51～52度），1月的平均气温，伦敦是3.7摄氏度，穿件薄毛衣就够了，而呼玛却是零下27.8摄氏度，特别寒冷。

夏天的时候，季风经过广阔的太平洋和印度洋洋面，给中国大陆带来了丰沛的雨水，使中国大部分地区降水集中在夏季，尤其是7月、8月，并且使中国的东南部成为世界同纬度降水量较多的地区。而在中国的西北内陆，由于受重重高山的阻挡，夏季风刮不到那儿，所以降水量仍然很少，年平均降水量在200毫米以下，有的地方甚至全年很少降水，形成沙漠。

中国大部分地区属于大陆性气候，其程度从东向西、从南向北逐渐明显。年降水量从西北部向东部、南部、东南部逐渐增加。东北地区年降水量多在400毫米至1 000毫米之间。黄河流域年降水量在600毫米至800毫米之间。东南沿海和台湾、海南岛许多地方，年降水量超过了2 000毫米。

由于中国疆域广大，横跨地球的寒温带、中温带、暖温带、亚热带、热带五个气候带，加上地形复杂，距离海洋远近不同，以及季风的影响，所以，气候复杂多样，各地湿度与温度差别明显，有湿润、半湿润、干旱、半干旱之分。东北的黑龙江省，夏季不热而短促，冬季严寒而漫长；南部的台湾、广东、云南南部，没有冬天，四季炎热多雨，树木常青；长江中下游、淮（huái）河流域，冬冷夏热，四季分明；西北内陆地区，常年干旱，风沙很多，日温差比较大；青藏高原是中国特殊的高寒地区，空气稀薄（bó），终年积雪。多种多样的气候类型，为发展农业、林业、畜牧业、渔业提供了便利条件，世界上多数地区的动物、植物，在中国都可以找到生长的地区。同时，由于各个季节、各个地区降水量很不均衡，每年也都有发生旱灾或水灾的地区。

第三节　资　源

一、土地资源

中国土地类型有三大特点。一是山地多，平地少。山地、丘陵、高原面积加在一起，约662.4万平方千米，占全国陆地总面积的69%，平地面积约297.6万平方千米，占全国陆地总面积的31%。二是干旱、半干旱地区占的比重大，约占全国土地面积的一半以上。三是土地资源分布很不平衡，约有90%以上的耕地和内陆水域分布在东部和东南部地区，50%以上的林地分布在东北部和西南部地区，农业区域差别很大。中国用于发展农业、林业、牧业的土地面积共71.78亿亩，占全国土地面积的49.8%。其中：

1.耕地资源

中国现有耕地面积约134.9万平方千米，占全国土地面积的14.1%。平原耕地约占整个耕地面积的55%，丘陵、山地耕地面积约占45%。东北平原、华北平原、长江中下游平原三大平原及珠江三角洲、四川盆地，是中国耕地最集中的地区。东北平原由松花江和辽河冲积而成，又称松辽平原，那里大部分是黑色沃土，盛产小麦、玉米、大豆等农作物，还有亚麻和甜菜等经济作物。华北平原地势平坦，土层深厚，它由黄河、海河、淮河等河流的泥沙沉积而成，农作物有小麦、玉米、棉花等，水果有苹果、梨、葡萄、柿子等。长江中下游平原地势低平，湖泊、河流多，有中国最大的两个淡水湖鄱阳湖和洞庭湖，这里盛产水稻、柑橘（jú）、油菜、蚕豆，并且淡水鱼产量最多，因而被称为"鱼米之乡"。

2.森林资源

中国现有森林面积208万平方千米，森林覆（fù）盖率为21.63%，中国属于森林覆盖率比较低的国家。

中国的森林资源很不平衡，集中于边远地区。从总的分布情况来看，有四大林区：东北林区，包括大兴安岭和长白山地区，林木以松树、云杉（shān）、桦（huà）树为主，是最大的天然林区，被称为"林海"；西南林区，包括横断山脉、藏东南与滇（diān）南林地，是中国树的种类最多的林区；南方林区，主要包括秦岭以南、云贵高原以东的林区，是中国以人工林为主的最大经济林区；防护林区，包括三北（华北、西北、东北）防护林、东南沿海防护林等。四大林区中，东北林区、西南林区约占全国森林面积的一半、森林蓄（xù）积量的四分之三。中国的森林植物类型繁多，共有8 000余种。

3.草原资源

中国的天然草原面积约392.8万平方千米，约占世界草原面积的12%，居世界第一。草原主要分布在海拔1 000米至5 000米的高原上，属于温带半干旱地区，从东北到西南，包括黑龙江西部、内蒙古、宁夏、甘肃、青海、新疆、西藏等省区，草原绵延3 000多千米。在广阔的草原上分布着许多畜牧业基地。

中国最著名的天然牧场是内蒙古大草原，面积近87万平方千米，占全国天然草场的四分之一。内蒙古草原到处生长着高矮不同、疏密不等的草，草场的质量非常好，这里出产著名的三河牛、三河马和内蒙古绵羊。新疆北部天山和阿尔泰山之间的准噶尔盆地、塔里木盆地四周的山坡和谷地，也是著名的天然牧场和良种基地，这里出产著名的伊犁马和新疆细毛羊。此外，青藏高原东南部草原面积也很大，畜牧业成为青海、西藏的主要经济支柱，占农业总产值的一半左右。

中国的畜牧业，牛的数量排在印度和巴西之后，居世界第三位；马、猪的数量居世界第一位；绵羊的数量居世界第三位，山羊居世界第二位。中国也是生猪、牛、羊的生产大国和消费大国。

二、生物资源

中国是世界上拥有野生动物种类最多的国家，仅陆栖（qī）脊（jǐ）椎（zhuī）动物就有约2 070种，占世界陆栖脊椎动物的9.8%。淡水鱼约600种，海产鱼1 500多种，占世界的10%。此外还有100多种中国特有的珍贵动物，比如：大熊猫、金丝猴、台湾猴、梅花鹿、白唇鹿、白鳍（qí）豚（tún）、扬子鳄（è）、中华鲟（xún）、白鲟等。

中国有鸟类1 170多种，约占世界鸟类的13.5%。全世界鹤（hè）类共有15种，在中国就有9种。中国的野生鸡类有56种，占世界鸡类的五分之一。珍稀鸟类有朱鹮（huán）、丹顶鹤、白鹤、黑鹳（guàn）、天鹅、黄腹角雉（zhì）、白冠长尾雉等。中国有国家级鸟类自然保护区82处，大熊猫自然保护区13处，并在四川建立了"中国保护大熊猫研究中心"（总部位于都江堰市），以保护被称为"活化石"的大熊猫。

中国的植物品种也很丰富。北半球寒、温、热带主要植物，在中国几乎都可以找到。木本植物有7 000多种，其中乔木2 800多种。全世界松杉科植物30个属，中国就有26个，近200种。中国的阔叶树种类达260个属，2 000多种。其中，银杏、水杉、水松、银杉、金钱松、台湾松、福建柏、珙（gǒng）桐（tóng）、杜仲（zhòng）等，是中国特有的树木。银杉是一种非常古老的常绿乔木，在地球上已有几亿年的历史，过去有人认为它已经绝迹，广西花坪自然保护区发现银杉的消息，成为20世纪50年代的国际珍闻。

三、矿产资源

截至2018年年底，世界已发现矿产资源超过200种，中国已发现矿产173种，其中能源矿产13种，金属矿产59种，非金属矿产95种，水气矿产6种。中国矿产资源门类比较丰富，部分矿种储量居世界前茅。

1. 能源矿产

中国已探明储量的能源矿产有煤、石油、天然气、油页岩及放射性矿产铀（yóu）和钍（tǔ）等。煤炭是中国的主要能源，预测蕴藏量达45 000亿吨，储量和产量均居世界第一位。中国煤炭资源分布很广，主要是在山西、内蒙古和东北地区。山西大同被誉为"煤炭之乡"。河北开滦（luán）、辽宁抚顺、河南平顶山、安徽淮南等地，也是中国重要的煤炭产地。石油是中国的第二大能源，已初步探明油田240个、气田77个，石油储量25.2亿吨，已投入开发的油气田有204个，分布在20个省、市、自治区。黑龙江大庆油田是中国开发最早，也是最大的油田，年产量自1976年以来一直保持在5 000万吨以上。其次还有山东的胜利油田、辽宁的辽河油田、山东与河南交界的中原油田、新疆的克拉玛依油田、四川的油气田等。近年来，中国还先后在渤海湾、黄海南部、东海、珠江口、南海北部湾、莺（yīng）歌海等地发现了油田和油气田。另外，塔里木盆地油气资源数量巨大，被列入20世纪90年代的开发重点，是中国重大的油气产区。

2. 黑色金属矿产

中国铁矿的分布比较普遍，已探明储量450亿吨，居于世界第三位。有辽宁的鞍山、湖北的大冶（yě）、四川的攀（pān）枝花等十大铁矿产地。此外，锰、铬（gè）、钒、钛储量也很丰富，探明储量4亿多吨。

3. 有色金属矿产

有色金属矿产泛指除铁合金金属和放射性以外的所有非铁合金金属，包括金、银、铜、铅、锡、锌、铝、锑（tī）、钨（wū）、汞（gǒng）等。中国金矿储量居世界第四位，铜矿居世界第三位，铅矿、锡矿、锌矿和锑矿居世界第一位，铝土矿居世界第八位，钨矿居世界第一位，占世界钨矿产量一半以上。

此外，还有稀有金属矿产、稀土金属矿产、非金属矿产等其他品种繁多的矿产资源。中国矿产资源的重要特征是：品种多，储量丰富，但地区分布很不均衡；部分矿种贫矿多，富矿少。

第四节　行政区划

中国现行的行政区划是，全国划分为省、地、县、乡镇四级。其中，省一级包括省、自治区、直辖市、特别行政区四种。目前，全国共有23个省、5个自治区、4个直辖市、2个特别行政区。

23个省是：黑龙江省、吉林省、辽宁省、河南省、河北省、山东省、山西省、陕西省、甘肃省、青海省、安徽省、江苏省、浙江省、江西省、湖南省、湖北省、四川省、福建省、广东省、贵州省、云南省、海南省、台湾省；5个自治区是：西藏自治区、新疆维吾尔自治区、内蒙古自治区、宁夏回族自治区、广西壮族自治区；4个直辖市是：北京市、上海市、天津市、重庆市；2个特别行政区是：香港特别行政区、澳门特别行政区。

省和自治区下分为地级市、地区、自治州、盟；地级市、地区、自治州、盟下分为县级市、县、自治县、旗；县级市、县、自治县、旗下分为乡、镇、苏木。直辖市和地级市还设有市辖区。2019年年底全国共有282个地级市、51个地区（自治州、盟）、374个县级市、1642个县（自治县、旗、自治旗、特区和林区）和845个市辖区。

中国行政区划表（2019）

名称	简称	行政中心	面积（万平方千米）	人口（万，常住人口）	地区级（地级市、地区、自治州、盟）	县级（市辖区、县级市、县、自治县、旗）
北京市	京	北京	1.64	2 153.6		16
上海市	沪	上海	0.63	2 428.14		16
天津市	津	天津	1.2	1 561.83		16
重庆市	渝	重庆	8.24	3 124.32		38
辽宁省	辽	沈阳	14.57	4 351.7	14	100
吉林省	吉	长春	18.74	2 690.73	9	60
黑龙江省	黑	哈尔滨	47.3	3 751.3	13	121
河北省	冀	石家庄	18.88	7 591.97	11	168
河南省	豫	郑州	16.7	9 640	17	158
山东省	鲁	济南	15.79	10 070.21	16	137
山西省	晋	太原	15.6	3 729.22	11	117
陕西省	陕或秦	西安	20.56	3 876.21	10	107
甘肃省	甘或陇	兰州	45.44	2 647.43	14	86
青海省	青	西宁	72.23	607.82	8	44
安徽省	皖	合肥	13.96	6 365.9	16	105
江苏省	苏	南京	10.72	8 070	13	96
浙江省	浙	杭州	10.18	5 850	11	90
江西省	赣	南昌	16.69	4 666.1	11	100
湖北省	鄂	武汉	18.59	5 927	13	103

(续表)

名称	简称	行政中心	面积（万平方千米）	人口（万，常住人口）	地区级（地级市、地区、自治州、盟）	县级（市辖区、县级市、县、自治县、旗）
湖南省	湘	长沙	21.18	6 918.4	14	122
四川省	川或蜀	成都	48.14	8 341	21	183
贵州省	贵或黔	贵阳	17.61	3 622.95	9	88
云南省	云或滇	昆明	39.4	4 858.3	16	129
广东省	粤	广州	17.98	11 521	21	122
海南省	琼	海口	3.54	944.72	4	23
福建省	闽	福州	12.14	3 973	9	85
广西壮族自治区	桂	南宁	23.67	4 960	14	111
内蒙古自治区	蒙	呼和浩特	118.3	2 539.6	12	103
宁夏回族自治区	宁	银川	6.64	694.66	5	22
西藏自治区	藏	拉萨	122.84	343.82	7	74
新疆维吾尔自治区	新	乌鲁木齐	166	2 486.76	14	106
香港特别行政区	港	香港	0.110 6	750.07		
澳门特别行政区	澳	澳门	0.003 3	63.2		8
台湾省	台	台北	3.6	2 369		16
合 计	34		约 960	约 140 307（未计港澳台）	333	2 870

> **思 考 题**
>
> 1. 与你们国家比较，谈一谈中国的地理、气候特点及资源情况。
> 2. 中国有哪些大的高原、山脉、平原、盆地、海洋、河流、湖泊？
> 3. 请说出中国 34 个省、自治区、直辖市、特别行政区的名字。

第二章　中国的历史

中国是世界上四大文明古国之一，已有五千多年有文字记载的历史。中国历史经过了原始社会（约前170万年—约前21世纪初）、奴隶社会（约前2070—前476）、封建社会（前475—公元1840）、半殖民地半封建社会（1840—1949）。1949年以后，经过社会主义改造，于1956年开始进入社会主义社会。

第一节　古代史（1840年以前）

一、原始社会时期
（约前170万年—约前21世纪初）

根据考古资料，大约一百万年以前，中国就已有了原始人类。元谋人是已知的中国最早的人类。大约四五十万年以前，在北京周口店一带生活的北京人，已可以站着走路，制造、使用简单工具，利用火，具备了人的基本特征。

中国原始人类曾经历了母系氏族公社和父系氏族公社的发展阶段。距今七千年到五千年在黄河中下游地区出现的仰（yǎng）韶（sháo）文化（因最早发现于河南渑（miǎn）池县仰韶村而得名），是母系氏族公社的主要代表。1952年，在陕西西安半坡村发现的遗址，就是当时的一个母系氏族村落（现为半坡原始部落博物馆），距今约4 800年至4 300年。公元前2500年至公元前2000年在黄河中下游地区出现的龙山文化（因最早发现于山东济南章丘区龙山镇而得名），是父系氏族公社的主要代表。在这两个历史阶段，人类已经能够磨制各种石器，而且发明了陶器。除了狩（shòu）猎（liè）和打鱼外，农业、畜牧业也诞生了。后来，随着生产力、社会分工和物质交换的进一步发展，出现了私有财产、阶级分化和阶级对立，原始社会解体，奴隶社会诞生。

仰韶彩陶

半坡陶器刻画符号

原始社会末期，在黄河流域一带分布着不少部落，其中以黄帝为首的部落比较强大，文化也比较进步，黄帝后来被尊为中华"人文初祖"，因炎帝与黄帝结盟，所以华夏民族的后代又称"炎黄子孙"[1]。

二、夏、商、西周——奴隶社会时期
（约前2070—前771）

中国的奴隶社会，从约公元前2070年到公元前771年，经历了夏、商、西周三个朝代。约公元前2070年建立的夏朝，是中国历史上最早的奴隶制国家，从禹（yǔ）开始到桀（jié）死亡，历时470年，确立了奴隶社会。

约公元前1600年消灭夏朝建立起的商朝，经过了554年，使奴隶制社会有了较大的发展。这一时期，奴隶主贵族阶级为了镇压奴隶和平民的反抗，建立了军队、官僚体制和严酷（kù）的刑罚（fá）制度。当时，青铜的冶炼与制造达到了相当高的水平，并产生了比较系统的文字符号——甲骨文和金文。

公元前1046年，商朝灭亡，周王朝建立。西周在275年间，为了巩固奴隶主阶级的统治秩序，全国实行了"分封制"，除建立了比商朝更完备的国家机器以外，还建立了一套严密的宗法、礼乐、刑罚制度，整个社会和生产力继续发展。这一时期，中国已成为一个范围广大的奴隶制完备的国家，中国的奴隶社会达到了顶峰。

三、春秋、战国——由奴隶社会向封建社会过渡时期
（前770—前221）

公元前771年，西周灭亡，次年周平王迁都到洛邑（yì，今洛阳），开始了东周时

---

[1] 黄帝陵在陕西省黄陵县。炎帝陵有两处，一处在湖南省炎陵县，一处在陕西省宝鸡市南面。

期。东周又分为"春秋"（前770—前476）和"战国"（前475—前221）两个时期。东周时期，炼铁技术迅速发展，铁制农具、牛耕方法被采用，耕地面积扩大。随着经济的发展，旧的奴隶制的生产关系成了束（shù）缚（fù）新的生产力的东西，于是，奴隶和平民反对奴隶主阶级的斗争激烈起来，新兴的地主阶级逐步取代奴隶主阶级的地位，中国开始向新的历史阶段——封建社会过渡。

从春秋到战国，社会变革激烈，最本质的变革是奴隶制转变成为封建制。据史书记载，春秋时期有140余个诸侯国，经过长期的战争，互相兼（jiān）并，到了战国时期，只剩下了齐、楚、燕、韩、赵、魏、秦七个诸侯国。在七个诸侯国内部，同样存在着激烈的斗争。社会的剧烈变革反映在意识形态领域里，出现了各种各样的学派，形成了"百家争鸣"的活跃（yuè）局面。当时的主要学派有以孔子、孟子为代表的儒家学派，以老子、庄子为代表的道家学派，以商鞅（yāng）、韩非子为代表的法家学派，以墨（mò）子为代表的墨家学派等。这些学派的思想极为丰富，成为中国古代传统思想的源流，对当时和后来的中国社会产生了极为深刻的影响，其中，儒家思想的影响尤为深广。

四、从秦到东汉——统一的封建国家建立与巩固时期（前221—公元220）

从战国时期开始，中国就已基本进入了封建社会，但是，真正建立起中央集权的统一的封建国家，是由秦完成的。从秦王朝建立到东汉结束，约440年，是中国封建社会巩固的时期。

战国后期，在"七国争雄"中，秦国最强。从公元前230年到公元前221年，秦王嬴政消灭了其他六国，建立了中国历史上第一个中央集权的统一的封建国家——秦朝。秦始皇为了加强统一，巩固自己的统治，在全国实行了郡（jùn）县制（中央集权的管理体制）、书同文（统一文字）、车同轨（统一车轮距离），统一了货币、度量衡，确立了土地个人私有制度，对中国的统一与封建社会的发展，起到了重要的推进作用。但是，秦始皇及秦二世非常奢（shē）侈（chǐ）、残暴，不顾老百姓的死活，造宫殿，修陵墓，筑长城，残酷剥削与压迫老百姓，结果仅统治了15年，就被陈胜、吴广领导的农民大起义推翻了。

秦始皇

公元前206年，一个叫刘邦的地方官吏，利用秦末农民起义发展起来，在长安（今西安）建立了西汉王朝。西汉王朝经过了210年的统治，才巩固了统一的中央集权的封建国家。在中国历史上，西汉前期是个繁荣强盛的时期：在政治上，全国实现了高度的集中统一；在经济上，大规模兴修水利工程，农业技术、手工业、商业得到了明显发展，出现了许多重要城市；在军事上，打败了北边的匈奴，开辟了通向西域的商路，扩展了疆域，促进了国际贸易；在科学文化上，出现了许多发明家、思想家、文学家、历史学家。

到了西汉后期，朝廷政治日益腐败，社会矛盾尖锐起来，爆发了绿（lǜ）林军、赤眉军等农民起义。在农民起义过程中，出身豪族的刘秀得势，推翻王莽（mǎng）篡（cuàn）政所建的新朝（9—23），于25年在洛阳称帝（汉光武帝），恢复了汉朝，开始了东汉时期，直到公元220年。在东汉王朝统治的195年间，中国封建社会继续发展，但各种矛盾也加深了。东汉后期，中央集权势力削弱，豪强割据势力增强，豪强之间激烈斗争，同时，爆发了黄巾军农民大起义。后来，豪强武装镇压了黄巾军起义，但也爆发了军阀（fá）大混战。经过各路军阀的大混战，最后形成了魏、蜀（shǔ）、吴三国鼎（dǐng）立的局面，开始了三国时代。

五、从三国到唐代——中国封建社会的发展和鼎盛时期（220—907）

从魏、蜀、吴三国鼎立到晋（jìn）统一，又从南北朝对峙（zhì）到隋唐统一，近700年（220—907）间，中国基本处于一半分裂，一半统一，从分裂走向统一的状态，也是中国封建社会从秦汉以来的巩固走向发展和鼎盛的时期。

魏、蜀、吴三国鼎立的局面，从220年到280年，持续了60年，最后由魏国的司马氏统一，建立了晋朝，定都洛阳，历史上称西晋，从而结束了东汉末年以来军阀混战的局面。但是，西晋统治集团极其腐败，内部争权夺势，斗争异常尖锐，仅过了11年就爆发了"八王之乱"，重新引起了长达300年的战乱和分裂，使黄河流域特别是中原地区（今河南、山西、陕西一带）遭受了极大的灾难。316年，西晋灭亡。317年，司马睿（ruì）在建业（今南京）称帝，建立起东晋王朝。当时，中国北部已分裂成十六个小的国家，五个少数民族势力很大。420年，东晋被宋代替，直到589年，中国南方经过了宋、齐、梁、陈四个朝代。而北方的十六国，后来被北魏统一，北魏之后又相继出现了东魏、西魏、北齐、北周四个政权。这一南一北的局面，历史上称为南北朝时期。在此期间，北方各个民族在斗争中走向融（róng）合，北方地区的经济得到了发展。南方由于社会比较安定，战乱时迁去了大批黄河流域的移民，带去了先进的生产技术，使长江流域的经济得到了较快发展。除了经济的发展外，在整个魏晋南北朝时期，中国的文学、哲学、科技、宗教、艺术（特别是佛教艺术）等都有很高的成就。

581年，北周士族杨坚灭周，建立起隋朝。隋文帝是个厉行节俭的皇帝，他重新实现了中国南北的统一，结束了西晋以来近300年的动乱、分裂局面，通过各种巩固统一的措施，使全国稳定了下来，社会呈现了繁荣景象。但是，隋炀（yáng）帝杨广却是中国历史上著名的浪子和暴君，他荒淫（yín）奢侈，挥金如土，残酷压榨（zhà）百姓，并三次发动对外侵略战争。结果，人民无法生存，爆发大规模起义，隋朝只存在了37年，就于618年灭亡了。

北魏云冈石窟

隋朝被推翻后，代之而起的是唐朝。在中国历史上，唐朝是继汉朝之后最繁荣强大的朝代，政治、经济、文化都非常发达，标志着中国封建社会发展到了最高峰。唐朝从618年至907年，历经289年。它的历史分为前期、中期、后期三个时期：前期120余年，唐太宗李世民等几个皇帝很有作为，政治统一，社会安定，经济繁荣，国际交往活跃，保持了长期强盛状态，称为盛唐时期；中唐时期近80年，藩（fān）镇叛乱，战乱不已，开始走下坡路；后期80余年，朝廷分裂，政治黑暗，农民起义，藩镇割（gē）据，907年，唐朝灭亡。尔后，中国又出现了五代十国的分裂局面。

六、从五代到元代——封建社会的继续发展时期（907—1368）

从907年开始，五代十国的分裂局面持续了五十多年。960年，中国又重新归于统一，建立了宋朝。从此以后的中国，尽管阶级矛盾、民族矛盾尖锐，王朝更迭（dié），但始终没有出现过以前那样的大分裂局面。这说明，经过多少次反复，中国已经奠（diàn）定了统一的牢固基础，不可动摇。从五代十国，经过宋、辽、西夏、金时期汉族和其他民族的融合，到实现元朝的统一，约460年。这期间，中国封建社会虽不像唐朝那样繁荣昌盛，但仍在继续发展，农业、手工业、商业、科学、文化、国际贸易等，都取得了许多新的成就。这一时期中国的经济中心，已从黄河流域转移到了长江流域。许多外国商人、旅行家来到了中国。意大利威尼斯商人马可·波罗，曾经游历了中国广大的地方。在他的旅行游记中，具体生动地描写了当时中国工商业的繁荣景象。

宋朝时期，一个重要特点是民族矛盾突出。宋朝时，中国北部和西部的少数民族强大，先后建立了辽、西夏、金，不断地侵犯宋朝。在宋朝朝廷内部，主战派和妥协派、投降派的斗争非常激烈，出现了许多抗敌英雄，如杨家将、岳飞、文天祥等。1127年，女真族的金国俘（fú）虏（lǔ）了宋朝的徽、钦二帝，北宋灭亡，首都从东京（今开封）南迁到临安（今杭州），建立起南宋。

1279年，北方继金国之后兴起的蒙古，军事力量强大。最后，成吉思汗的孙子忽必烈带兵消灭了南宋，在中国建立起了第一个由少数民族蒙古族统治全国的王朝——元朝。元朝时期，中国疆域扩大，各民族进一步融合，与亚洲其他国家以及欧洲的联系得到加强。但是，由于民族压迫严重，社会矛盾尖锐，当元朝统治将近100年时，即1368年，被朱元璋领导的农民大起义推翻，由明朝代替。

七、明清时期——封建社会的衰落时期
（1368—1840）

1368年，朱元璋建立明王朝后，中国又恢复了汉族人的统治，历经276年。明朝末期，爆发了李自成领导的农民大起义。1644年，在明王朝受到农民起义沉重打击的情况下，日益强盛的东北少数民族满族，乘机从山海关打进北京，结束明朝统治，建立起满族统治中国的清朝。清朝作为中国历史上最后一个封建王朝，直到1911年，被新兴的阶级——资产阶级领导的辛亥革命彻底推翻。

从明朝初期到清朝中期约470年，中国始终是一个统一的多民族国家。清朝中期的疆域，西跨葱岭，西北达巴勒喀什池，北接西伯利亚，东北至外兴安岭和库页岛，东临太平洋，东南到台湾及其附属岛屿，包括钓鱼岛、赤尾屿等，南至南海诸岛，西南抵喜马拉雅山脉。在疆域广大的统一的多民族国家中，各民族的联系更加紧密，社会、经济、文化继续发展。明代农业、手工业取得了明显进步，明末已有不少纺织业、制铁业等手工业工场，生产规模很大，技术分工变细，实行雇（gù）佣（yōng）劳动，标志着中国已出现了资本主义的萌（méng）芽。进入清代以后，中国的资本主义因素继续滋长。但是，整个明清时期，中国的封建社会已进入后期，并迅速走向衰（shuāi）落。

随着封建社会接近末期，统治阶级越来越腐败，阶级矛盾日益尖锐。明朝末期和清朝末期的农民起义，无论在规模、频（pín）繁（fán）程度上，还是在社会各阶层参加的范围上，都超过了过去任何朝代。农民起义的新形势表明，中国的封建制度已不会存在太久了。

中国的明代后期和清代，即公元17世纪至19世纪，资本主义已在西方迅速发展起来。中国虽然产生了资本主义的萌芽，并且拥有先进的古代科学文化，但是，封建传统力量太顽固、太强大，即使是在它已走向没（mò）落、衰亡的时候，它在政治、经济、思想上仍存在着根深蒂（dì）固的影响，对新兴力量进行拼死的镇压，再加上西方资本主义列强的侵略、压迫，中国的资本主义始终没有能够强大起来。自清朝中期开始，中

国一步一步沦为半殖民地半封建社会，由一个强大的封建帝国变成了受侵略被欺辱的贫穷落后国家。

第二节 近代史（1840—1919）

从1840年鸦片战争到1919年五四运动，是中国的近代史时期。这一时期的突出特点是，帝国主义侵入中国，中国不再享有完整独立的主权。中国由封建社会沦为半殖民地半封建社会，中国社会的主要矛盾，除了人民大众与封建统治阶级的矛盾外，又增加了一个中华民族与帝国主义的矛盾。

一、鸦片战争（1840）

1840年的鸦片战争，是中国历史上的一个转折点，成为中国近代史的开端。鸦片战争以后，在资本主义列强的侵略和欺辱下，中国迅速跌（diē）进半殖民地半封建社会的深渊。十七八世纪，欧洲有几个国家，经过技术革命和社会革命，进入资本主义阶段。为了发展资本主义，他们在世界上到处寻找原料基地和商品市场，到处霸（bà）占殖民地。中国土地广大，资源丰富，人口众多，自然成为他们垂涎（xián）的对象。

19世纪初期，英国向中国秘密输入毒品鸦片，造成了中国大量白银外流，给中国带来了严重灾祸。1839年，清朝政府派遣林则徐（1785—1850）去广东禁烟。1840年，英国政府为了庇（bì）护鸦片贸易，悍（hàn）然用武力进攻中国，于是，爆发了第一次鸦片战争。当时，中国的民众和爱国官兵坚决反抗侵略者。但是，清朝政府腐败无能，向侵略者屈服，于1842年与英国政府签署了《南京条约》。条约内容包括：向英国赔款2 100万银元，割让香港岛给英国，开放广州、福州、厦门、宁波、上海五处为通商口岸等。《南京条约》成为外国强加给中国的第一个丧权辱国的不平等条约。接着，美国、法国等仿效英国，也强迫清朝政府分别与它们签订了不平等条约。一系列不平等条约的签订，使中国严重丧失了主权，以鸦片战争为标志，中国开始由一个独立的封建国家沦为半殖民地半封建国家。

二、太平天国运动（1851—1864）

鸦片战争以后，清朝政府为了支付巨额赔款，千方百计榨取人民血汗。广大人民不堪（kān）压迫和剥削，起来反抗，各地农民起义接连不断，终于爆发了中国历史上最大的一次农民起义——太平天国运动。

1851年，洪秀全领导农民在广西起义，打出了"太平天国"的旗号。在民众的热烈拥护和支援下，太平军迅速攻占了中国南部的许多地区。1853年，太平天国定都南京，势力前后扩展到17个省，攻克了600多个城镇，威震天下。太平天国以平均土地为原则，公布了《天朝田亩制度》，实行了男女平等等许多政策，并且对传统儒家思想进行了猛烈的批判。

圆明园遗址

在太平天国的打击下，清王朝眼看就要垮台了，这时，英国和法国乘机向中国发动了第二次鸦片战争（1856—1860）。英法联军侵占了烟台、旅顺，冲进大沽（gū）口，进而攻占天津，一直打到北京，焚（fén）烧、抢劫（jié）了世界名园、中国的"万园之园"——圆明园。最后，英国、法国强迫清朝政府与它们签订了《北京条约》，从中国获得了更多的利益和特权。沙皇俄国也插手了这次战争，除了从中国获得英国、法国所获得的所有利益外，还把手伸向了黑龙江沿岸地区，霸占了中国的大片领土。

第二次鸦片战争以后，清朝政府为了苟（gǒu）且偷安，在丧权辱国的同时，与外国侵略者勾结起来，联合镇压人民的反抗。1864年，在中外反动势力的夹攻之下，历时14年的太平天国运动终于失败了，但是，它沉重地打击了中国封建统治阶级和外国侵略者。

三、中日甲午战争（1894）

19世纪60年代和70年代以后，自由资本主义逐渐向垄断资本主义过渡。到19世纪末和20世纪初，主要资本主义国家都已进入了垄断资本主义阶段。当时，整个非洲、大洋洲以及亚洲一半以上地区，已沦为西方资本主义国家的殖民地，于是，尚未成为殖民地的中国成了外国列强争夺的重点。

日本是通过明治维新后发展起来的资本主义国家，对中国抱有很大野心，1894年终于向中国发动了战争，即中日甲午战争。当时，中国军队和民众进行了英勇抵抗，但是，清朝政府腐败软弱，向日本妥协、让步，与日本签订了屈辱的《马关条约》。根据该条约，日本割占了中国的辽东半岛、台湾岛及其附属岛屿、澎湖列岛，还从中国得到了2亿两白银的巨额赔款，并且获得了在中国的通商口岸设立工厂、自由通航的特权。

中日甲午战争以后，其他帝国主义列强看到日本在中国占了那么大便宜，非常眼馋（chán），谁都想多吃中国这块肥肉。他们竞相在中国投资，抢占租界地，划分势力范围，争夺非常激烈。美国是后进入中国的，在帝国主义列强的激烈争夺中唯恐落后，于1899年9月提出了"门户开放"政策。也就是说，美国承认各国在中国的"势力范围"，同时，要求各国都要"门户开放"，允（yǔn）许别的国家在自己的"势力范围"内进行通商、通航等活动。在当时争夺越来越激烈的情况下，为了缓和矛盾，各国同意了美国的倡议。美国提倡"门户开放"的结果，一方面，使美国商品进入了其他各国的势力范围，另一方面，使各帝国主义国家暂时达成了共同瓜分中国的协议。这样一来，中国的命运就更悲惨了，面临着亡国灭种的危机。

四、百日维新（1898）

1894年中日战争以后，中国眼看着就要被帝国主义列强瓜分掉。在深刻的民族危机面前，以康有为、谭嗣（sì）同、梁启超为代表的资产阶级改良派，发起了变法维新运动，企图走日本明治维新的道路，振兴国家，挽救中国的命运。

维新派主张在中国实行君主立宪制度，改变传统的君主专制；学习西方的社会政治学说和自然科学，废除以重复儒家经典为内容的八股文考试制度。他们还主张兴办学校、工厂，修建铁路，发展资本主义，等等。他们多次"上书"，向朝廷陈述自己的主张。

维新派的主张，得到了清朝政府中以光绪皇帝为首的一部分人的支持。1898年6月11日，光绪皇帝颁（bān）布"明定国是"诏书，表示了变法的决心。从这一天开始，到9月21日变法失败，历时103天，历史上称为百日维新，那一年是戊（wù）戌（xū）年，所以又叫戊戌变法。在百日维新期间，光绪皇帝颁布了100多条变法诏令。

但是，戊戌变法运动遭到了以慈禧太后为首的封建顽固派的坚决反对和敌视。当时清朝政府的权力实际是掌握在慈禧太后手中。9月21日，慈禧太后下令囚（qiú）禁了光绪皇帝。在顽固派的残酷镇压下，戊戌变法运动很快就失败了。维新派的主要成员，有的被杀，有的流亡到了国外。

五、义和团运动（1900）

在帝国主义瓜分中国的风潮中，戊戌变法失败以后，1900年，中国农民再一次掀起了轰轰烈烈的反帝爱国运动——义和团运动。

义和团运动首先从山东兴起,迅速发展到河北、北京、天津、山西、河南、内蒙古、东北等地区。他们提出了"扶清灭洋"的口号,所谓"扶清灭洋",实际上就是保卫国家,打击侵略者。义和团到处攻打洋教堂,惩罚作恶的洋传教士等,强烈表达了中国人民对外国列强任意欺负、掠夺中国的愤怒情绪,以及誓把它们赶出中国的坚强决心。义和团运动震撼(hàn)了全国,震惊了世界。

在义和团运动的沉重打击面前,帝国主义列强(英、美、日、俄、德、法、奥、意)组成了八国联军,直接进行武装干涉。面对拿着洋枪洋炮的外国侵略军,手持大刀、长矛的义和团毫不畏惧,进行了英勇的抗击。最后,八国联军攻陷了北京、天津,进行了疯狂、野蛮的屠(tú)杀和洗劫。在帝国主义的联合进攻下,义和团运动终于被镇压下去了,慈禧太后带着光绪皇帝和少数亲信逃出了北京。

1901年9月,清朝政府向外国侵略者投降,与它们签订了《辛丑条约》。条约规定:中国向各国赔偿白银4.5亿两,分39年还清,本息共计9.8亿两;各国在北京设立使馆区,可以驻兵,中国人不得入内;拆毁大沽炮台,取消天津周围中国的驻军,准许外国军队驻扎在从北京到山海关铁路沿线的战略要地;等等。《辛丑条约》是帝国主义用武力对中国政治、经济、军事等主权的又一次野蛮践踏,从此,清朝政府沦为帝国主义列强统治中国的工具,中国完全陷入半殖民地半封建社会的深渊。

义和团运动虽然失败了,但是,它显示了中国人民的英雄气概,给了帝国主义以沉重的打击,打乱了它们瓜分中国的阴谋。

六、辛亥革命(1911)

辛亥革命纪念馆

《辛丑条约》的签订,使清朝政府变成了帝国主义的工具,标志着中外反动势力的进一步结合。同时,帝国主义与中华民族、封建统治阶级与人民大众的矛盾更加尖锐了。进入20世纪以后,中国的民族资本主义经济有了较大的发展,中国社会出现了两个新的阶级——资产阶级和无产阶级。在不断高涨的反帝反封建斗争中,中国民族资产阶级发动了一场资产阶级民主革命,这就是1911年孙中山(1866—1925)领导的辛亥革命。

孙中山先生是近代中国伟大的资产阶级民主革命家,是中国近代民主革命的先行者。1905年,他在日本建立了中国第一个资产阶级政党——同盟会(辛亥革命后改为国民党），提出了"驱逐鞑（dá）虏，恢复中华，创立民国，平均地权"的民主主义革命纲领。后来，孙中山把同盟会的十六字纲领概括为"民族、民权、民生"，即"三民主义"，企图在中国建立资产阶级共和国。

同盟会成立以后，在中国各地发动了多次武装起义，均未成功。1911年10月10日，在湖北武昌发动的武装起义终于成功了。起义成功后，革命形势蓬勃发展，席卷全国。1912年元旦，中华民国临时政府在南京成立，孙中山就任临时大总统，辛亥革命取得了胜利。

辛亥革命的伟大功绩是：推翻了清王朝260余年的统治，结束了中国两千多年的封建帝制，建立了中华民国。然而，由于当时中国的民族资本主义未得到充分发展，资产阶级力量弱小，使得资产阶级革命政党具有先天的软弱性。他们不但未能充分发动广大民众彻底反对帝国主义和封建主义，后来反而向反动势力妥协。1912年4月1日，在君主立宪派和北洋军阀首领袁世凯的夹攻下，孙中山被迫正式辞去临时大总统职务，辛亥革命的果实被袁世凯窃取了，中国未能成为一个独立的资产阶级民主共和国。

第三节 现代史（1919—1949）

一、五四运动与中国共产党的成立

自1840年鸦片战争开始，中国人民反对帝国主义侵略和封建主义压迫，进行了70年的英勇斗争，包括太平天国起义、义和团运动、辛亥革命等，最后都失败了。历史证明，在半殖民地半封建的中国，在农民阶级或资产阶级的领导下，都不能取得革命的彻底胜利。领导中国革命的责任，落在了新兴的无产阶级的身上。

近代工业诞生了中国的无产阶级。1870年前后，中国近代产业工人还不到一万人，到1919年五四运动前，已增加到200万人左右。中国工业无产阶级数量并不很多，但他们是新的生产力的代表，是最进步的阶级。

1917年，俄国爆发了十月革命，建立了无产阶级掌握政权的社会主义国家。在十月革命的影响下，中国出现了一批研究、传播马克思主义的知识分子，如李大钊（zhāo）、陈独秀、毛泽东等，他们宣传新的革命思想，鼓吹无产阶级革命。

在新的形势和新的革命思想的影响下，1919年5月4日，中国爆发了一场彻底反帝反封建的革命运动，这就是著名的五四运动。五四运动首先由北京大学的学生发起，3 000多人在天安门前集会，反对政府代表出卖国家主权，在第一次世界大战结束后的《巴

李大钊

陈独秀

黎和约》上签字。北洋军阀政府镇压抗议示威,激起了全国人民的更大愤怒。接着,上海等主要城市的工人、学生、商人,纷纷罢(bà)工、罢课、罢市,举行大规模的抗议示威活动。后来,终于迫使北洋军阀政府释放了被捕的学生,罢免了三个卖国贼的官职,拒绝在《巴黎和约》上签字,斗争取得了胜利。

五四运动第一次显示了中国工人阶级的伟大力量,实现了城市各界的革命联合,促进了马克思主义与中国革命运动的结合,为中国共产党的成立做了准备。1921年7月,毛泽东、董必武等一些革命活动家,代表全国各地的共产党组织,在上海召开了第一次全国代表大会,成立了中国共产党。从此,中国革命进入了一个崭(zhǎn)新的阶段。正因为如此,五四运动成了划分中国近代史和现代史、旧民主主义革命和新民主主义革命的标志。

二、北伐战争(1926)

中国共产党成立之后,1922年在中共第二次全国代表大会上提出了第一个彻底反帝反封建的民主主义革命纲领,1923年,决定与国民党建立革命统一战线。1924年,孙中山接受共产党的帮助,在广州改组了国民党,国共两党实现了第一次合作,组织国民革命军,讨伐反动军阀势力。国民革命军在击溃(kuì)了广东反动军阀势力后,1926年正式向北方进军,开始讨伐北洋军阀,历史上称为北伐战争。北伐战争的开始阶段很顺利,国民革命军很快就占领了中国的南部和中部。这时候,中国出现了非常高涨的革命形势。

可是,1925年孙中山逝世之后,国民党内部发生了分化,以蒋介石为代表的右派掌握了领导权。1927年4月,正当北伐战争胜利进军的时候,蒋介石在上海发动了反革命政变，采取突然袭击的方式，大规模地屠杀共产党人和革命群众。接着，国民党在南京成立了国民政府，蒋介石任军事委员会委员长、中央政治会议主席，控制军政大权。至此，轰轰烈烈的大革命失败了。在中国现代史上，把这一时期称为国民革命时期。

三、土地革命战争（1927—1937）

蒋介石发动反革命政变以后，中国共产党损失了90%的力量。但是，他们没有被吓倒，为了拯（zhěng）救革命的危机，1927年8月1日，共产党人周恩来、叶挺、贺龙、朱德等，在南昌发动了武装起义，打响了武装反抗国民党反动派的第一枪。从此以后，中国共产党有了独立领导的武装力量。8月7日，中共中央在汉口召开紧急会议，撤（chè）销了犯有严重错误的领导人陈独秀的领导职务，确定了土地革命和武装反抗国民党反动派的总方针。这次会议史称八七会议。同年9月，毛泽东在湘赣边界领导秋收起义，建立了工农革命军，开辟了井冈山农村革命根据地。次年4月，南昌起义的部队也到了井冈山。从此，中国共产党开始了发动和领导人民，走农村包围城市，武装夺取政权的革命道路。

蒋介石在篡（cuàn）夺了革命果实，掌握了中国政权后，决心消灭中国共产党及其革命武装，连续对共产党的江西中央革命根据地发动了五次大规模的军事"围剿（jiǎo）"。1934年10月，为了摆脱蒋介石的军事"围剿"，为了挽救在日本帝国主义侵占中国东北后日益严重的民族危机，中国共产党领导的工农红军决定撤出江西中央革命根据地，开始了向中国北方的战略大转移，这就是举世闻名的中国工农红军二万五千里长征。

在长征途中，1935年1月，中国共产党在贵州省遵义市召开了中央政治局扩大会议，确立了毛泽东在中国共产党和红军中的领导地位，从此，中国共产党找到了一位杰出的领袖，领导中国革命走上了通向胜利的道路。1935年10月，中国工农红军经过一年的跋（bá）涉（shè），战胜了重重艰难险阻，胜利到达陕（西）、甘（肃）、宁（夏）的交界地区，在那里建立了抗日革命根据地。很快，陕北延安成了全国抗日指挥重镇和革命中心。

四、抗日战争（1931—1945）

1931年9月18日，日本关东军在沈阳发动九一八事变，随后全面侵占中国东北，并成立伪满洲国傀（kuǐ）儡（lěi）政权，开始了对东北人民长达14年的殖民统治。1937年7月7日，占领了中国东北继而进入华北的日本侵略军制造了卢沟桥事变，开始全面进攻中国，中国军队奋勇抵抗，抗日战争全面爆发。在中国共产党号召下，全国人民一致要求全面抗战。此前1936年12月发生了震惊中外的西安事变。在形势的压力下，蒋介石与共产党达成共同抗日的协议，国共两党实现了第二次合作。国民党和共产党领导的抗日军

卢沟桥

队，分别担负着正面战场和敌后战场的作战任务。以国民党军队为主体的正面战场，组织了一系列大的战役，给日军以沉重打击。中国共产党领导的敌后战场，广泛发动群众开展游击战争，抗日武装力量和革命根据地逐步发展扩大，有效地牵制和消耗了日军实力。中国全国性抗日战争经历了三个大的阶段：

第一阶段：从1937年7月卢沟桥事变到1938年10月广州、武汉失守，是战略防御阶段。这一阶段，日本侵略者把国民党作为主要作战对象，疯狂全面进攻中国，由国民党军队担负的正面战场是抗击日军进攻的主要战场。中国共产党领导的八路军和新四军深入敌后，开辟敌后战场，主要从战略上配合国民党军队作战。第二阶段：从1938年10月至1943年12月，是战略相持阶段。随着战局的扩大、战线的延长和长期战争的消耗（hào），日军的财力、物力、兵力严重不足，无力再发动大规模的战略进攻。敌后游击战争的发展和抗日根据地的扩大，使日军在其占领区内只能控制主要交通线和一些大城市，广大农村均控制在以八路军、新四军为主的中国军队手中。第三阶段：从1944年1月解放区战场局部反攻至1945年8月日本无条件投降，是战略反攻阶段。1944年，共产党领导的敌后军民在华北、华中、华南地区，对日伪军发起局部反攻。1945年8月，随着美军逼近日本本土并在广岛、长崎投下两颗原子弹，苏联出兵中国东北，中国武装力量开始对日军发动全面反攻。8月15日，日本昭和天皇正式宣布无条件投降。

抗日战争（包括九一八事变后东北军民的抗日活动）历时14年，日本侵略者给中国造成了空前巨大的民族灾难。据不完全统计，抗战14年间中国军民伤亡3500多万人。按1937年比值折算，中国直接和间接经济损失6000多亿美元。抗日战争是自鸦片战争以来中国反对外来侵略第一次取得完全胜利的战争。这一胜利对于促进中国进步与维护世界和平，具有十分重要的意义。

五、解放战争（1946—1949）

抗日战争胜利后，中国共产党和全国人民一道，积极主张建立由国共两党及各党派参加的民主联合政府，实行民主改革，把中国建成独立、自由、民主、统一、富强的国家。但是，蒋介石在美国的支持下，表面上要与共产党进行和平谈判，实际上是在积极准备内战，企图独占抗日的胜利果实，维持国民党政府的独裁（cái）统治。1946年6月，蒋介石命令国民党军队向共产党领导的解放区发动全面进攻，于是，中国爆发了内战，也称解放战争。

从1946年到1949年，解放战争进行了三年。开始的时候，蒋介石的军队凭（píng）借美式武器装备的优势，气势汹汹。但是，在共产党的领导下，在解放区及国民党统治区人民的支持下，中国人民解放军运用了卓越的战略战术，很快就粉碎了国民党军队的猖狂进攻。

经过三年的战争，中国人民解放军消灭了国民党反动政府的800万军队，蒋介石逃到了台湾，除了台湾和几个小岛外，全中国都解放了。1949年10月1日，中华人民共和国宣告成立。

第四节　当代史（1949年10月1日至今）

1949年10月1日，中华人民共和国宣告成立，在中国近现代史上是最重大的事件，中国结束了半殖民地半封建社会的黑暗历史，走上了独立、自由、民主、统一、富强的新阶段。

迄（qì）今为止，中华人民共和国已建立70余年。这期间，中国虽然也走过一些弯路，但更重要的是取得了辉煌的成就，发生了一系列根本性的变化，主要表现在以下几个方面：

第一，实现了真正的民族独立与解放。从1840年鸦片战争开始，一百多年间，中国受尽了外国列强的侵略、欺辱，被迫与它们签订了许多不平等条约，主权不独立，领土被分割，经济被掠（lüè）夺（duó），命运十分悲惨。中华人民共和国成立以后，那样的时代一去不复返了，中国成了真正独立的、具有完整主权的国家，具有不可侵犯的民族尊严。1997年和1999年，香港、澳门分别回归祖国，标志着中国已彻底洗刷掉了历史留下的耻辱。

第二，实现了中国近代史上从未有过的国家统一和各民族大团结。1949年10月以前的中国，外受帝国主义侵略，内部四分五裂，战争不断，社会动乱。中华人民共和国成立以后，那样的局面彻底结束了，国家空前统一（只有台湾尚与大陆分离），全国56个民族非常团结，中国人民彻底摆脱了过去受压迫、受奴役（yì）、受剥削的地位，成了国家和社会的主人。

第三，经济上取得了举世瞩（zhǔ）目的成就，由落后的农业国变成了初步繁荣昌盛的强大国家。70多年中，经济年均增长率8%以上，社会生产力和综合国力不断增强。与发达国家相比，中国经济尽管存在不少差距，但彻底扔掉了贫穷落后的帽子。特别是经过改革开放40多年的高速发展，经济规模已名列世界前茅，2010年国内生产总值（GDP）跃升到世界第2位。

第四，国民生活有了大幅度提高。尤其是改革开放以后，衣食住行迅速改善，2018年全国人均年消费水平，已由解放初期的六七十元提高到19 118元。城市居民家庭生活逐步进入现代化，农民生活水平提高的幅度也非常大。中国人的生活状况，完成了从"饥饿型"向"温饱型"，从"温饱型"向"小康型"的转变，正在向比较富裕的"全面小康"前进。

第五，教育、科技、文化、卫生、体育事业大发展。中华人民共和国成立前教育非常落后，文盲占80%以上，截至2020年11月已减少到2.67%，国民受教育程度和文化素质显著提高。科学技术不断进步，某些领域达到世界先进水平。体育方面过去被称为"东亚病夫"，现已变成体育强国。医疗卫生条件改善，体育运动普及，加上生活水平提高，中国人均预期寿命已由中华人民共和国成立初期的35岁提高到2019年的76.1岁。

第六，在军队和国防方面，建立了强大的军队和防御体系，国防建设随着经济的增长不断加强，并且日益现代化，特别是改革开放40多年来，中国的国防力量更是迅速增强。中国坚持走和平发展道路，奉行防御性的国防政策，维护国家主权、安全和领土完整。中国逐渐加强国防投入，是作为主权国家的正当权利，不针对任何国家和目标。

第七，在国际交往方面，中国奉行独立自主的和平外交政策，在和平共处五项原则基础上，同170多个国家建立了外交关系，与200多个国家和地区建立并发展了经贸、文化关系。2012年，中国贸易总额超过美国，成为全球最大贸易国。2013年，习近平主席提出建设"新丝绸之路经济带"和"21世纪海上丝绸之路"（简称"一带一路"）的合作倡议，截至2022年1月，中国已与147个国家、32个国际组织签署了200多份共建"一带一路"合作文件。中国是联合国常任理事国，国际地位和影响力不断提高，在国际事务中发挥着重要作用，为世界和平稳定发展繁荣作出了重要贡献。

总之，中华人民共和国成立70多年来，取得了前所未有的进步，与70多年前令人悲哀的情况相比，发生了翻天覆地的变化。进入21世纪以后，中国正式加入世界贸易组织（WTO），成功举办亚运会、奥运会、世博会、世园会等多项重大国际赛事和国际博览会，成功主办亚太经合组织（APEC）领导人非正式会议、20国集团峰会（G20）、金砖五国峰会（BRICS）、上海合作组织峰会等一系列重要国际会议，这些标志着中国正在日益崛（jué）起，成为在世界上举足轻重的强盛国家。

中华人民共和国迄今70多年的历史，以1978年年底中共十一届三中全会为界，可划分为改革开放前和改革开放后两个时期。前一时期从1949年10月中华人民共和国成立至1978年12月中共十一届三中全会召开，为社会主义革命和建设时期；后一时期从1978年年底决定改革开放直到如今，为开创中国特色社会主义新时期。两个时期特点不同，互相联系，都是中国特色社会主义探索、建设、发展的重要时期。

前一时期将近30年，以毛泽东为核心的中共第一代中央领导集体，带领全党全国各族人民完成了新民主主义革命，进行了社会主义改造，确立了社会主义基本制度，实现了中国历史上最深刻最伟大的社会变革，为当代中国的发展进步奠定了根本政治前提和制度基础。在探索过程中，虽然经历了严重曲折，但在建设中取得的理论成果和巨大成就，为新的历史时期开创中国特色社会主义提供了宝贵经验、理论准备和物质基础。该时期可具体划分为三个阶段：

第一阶段：1949—1956年，巩固政权，进行社会主义改造，建立新的政治、经济制度。

政治上，确立了人民民主专政制度，恢复了国家主权；经济上，使广大农民得到了土地，走上了合作化道路，对落后、混乱的资本主义工商业进行了改造，在全国范围内整顿、恢复了国民经济。这一阶段为后来的经济和社会发展奠定了基础。

第二阶段：1957—1966年，社会主义建设全面展开。

这一阶段，全国工业固定资产（按不变价格计算）比1956年增长了3倍，棉纱、原煤、原油、钢和机械设备等主要工业产品的产量，都有巨大增长；农业的基本建设和技术改造开始大规模展开；教育、科技、文化等事业有较大发展。但是，在经济工作中急于求成搞"大跃进"，脱离了实际情况，造成了重大损失。在政治上出现了把党内和社会矛盾扩大化问题，打击、伤害了一些好人。

第三阶段：1966—1976年，"文化大革命"阶段。

这场由领导者错误发动，被野心家、阴谋家利用的政治运动持续10年之久，使国家陷（xiàn）入了混乱，是中华人民共和国成立以来遭受挫（cuò）折与损失最严重的时期，国家的政治、经济、教育、文化、社会风气等受到极大破坏，影响了社会的发展与进步。1976年10月，王（洪文）、张（春桥）、江（青）、姚（文元）"四人帮"被捕，"文化大革命"结束。1978年12月中共中央召开十一届三中全会，纠正了"文化大革命"错误,制定了国家发展新的基本路线:以经济建设为中心,坚持四项基本原则,坚持改革开放,建设有中国特色的社会主义。中国由此进入新的发展时期。

后一时期40多年,中国共产党新的领导集体,领导全国人民在正确的道路上奋勇前进,取得了一个又一个辉煌胜利。这一时期按中央领导层的更替可划分为以下几个阶段:

1978—1989年,中共十一届三中全会以后,以邓小平同志为主要代表的中央领导集体,团结带领全党全国各族人民,深刻总结国内社会主义建设正反两方面经验,借鉴(jiàn)世界社会主义历史经验,创立了邓小平理论,作出把党和国家工作中心转移到经济建设上来、实行改革开放的历史性决策,深刻揭示社会主义本质,确立社会主义初级阶段基本路线,明确提出走自己的路、建设中国特色社会主义,科学回答了建设中国特色社会主义的一系列基本问题,制定了到21世纪中叶分三步走、基本实现社会主义现代化的发展战略,成功开创了中国特色社会主义。

1989—2002年,中共十三届四中全会以后,以江泽民同志为核心的党中央,团结带领全党全国各族人民,坚持党的基本理论、基本路线,加深了对什么是社会主义、怎样建设社会主义和建设什么样的党、怎样建设党的认识,积累了治党治国新的宝贵经验,形成了"三个代表"(代表中国先进生产力的发展要求、代表中国先进文化的前进方向、代表中国最广大人民的根本利益)重要思想。在国内外形势十分复杂、世界社会主义出现严重曲折的严峻(jùn)考验面前,捍卫了中国特色社会主义,确立了社会主义市场经济体制的改革目标和基本框架,确立了社会主义初级阶段的基本经济制度和分配制度,开创全面改革开放新局面,推进党的建设新的伟大工程,成功把中国特色社会主义推向21世纪。

2002—2012年,中共十六大以后,以胡锦涛同志为总书记的党中央,团结带领全党全国各族人民,坚持以邓小平理论和"三个代表"重要思想为指导,根据新的发展要求,深刻认识和回答了新形势下实现什么样的发展、怎样发展等重大问题,形成了科学发展观,抓住重要战略机遇期,在全面建设小康社会进程中推进实践创新、理论创新、制度创新,强调坚持以人为本、全面协调可持续发展,形成中国特色社会主义事业总体布局,着力保障和改善民生,促进社会公平正义,推动建设和谐世界,推进党的执政能力建设和先进性建设,成功在新的历史起点上坚持和发展了中国特色社会主义。

2012年至今,中共十八大以来,以习近平同志为核心的党中央,团结带领全党全国各族人民,全面审视国际国内新的形势,通过总结实践、展望未来,深刻回答了新时代坚持和发展什么样的中国特色社会主义、怎样坚持和发展中国特色社会主义这个重大时代课题,形成了习近平新时代中国特色社会主义思想,坚持统筹推进"五位一体"(经济建设、政治建设、文化建设、社会建设、生态文明建设)总体布局、协调推进"四个全面"(全面建设社会主义现代化国家、全面深化改革、全面依法治国、全面从严治党)战略布局,坚持稳中求进工作总基调,对党和国家各方面工作提出一系列新理念新思想新战略，推动党和国家事业发生历史性变革、取得历史性成就，中国特色社会主义进入了新时代。

改革开放40余年，中国经济年均增长率9.5%，全国城乡居民人均收入增长22.8倍，社会经济全面快速发展，呈现出欣欣向荣的景象。解决人民温饱问题、人民生活总体上达到小康水平这两个目标已提前实现。从2020年到21世纪中叶的目标是：从2020年到2035年，在全面建成小康社会的基础上，再奋斗15年，基本实现社会主义现代化；从2035年到21世纪中叶，在基本实现现代化的基础上，再奋斗15年，把我国建成富强民主文明和谐美丽的社会主义现代化强国。

> **思考题**
>
> 1. 中国经历了哪些社会阶段？怎样划分？
> 2. 请按顺序讲出中国历史上的不同朝代。
> 3. 简单介绍一下中国近现代史上发生的重大事件。
> 4. 谈谈中华人民共和国成立后，中国发生了哪些根本变化。

中国历史年表

夏			约前2070—前1600
商			前1600—前1046
周		西周	前1046—前771
		东周	前770—前256
		春秋时代	前770—前476
		战国时代	前475—前221
秦			前221—前206
汉		西汉	前206—公元25
		东汉	25—220
三国		魏	220—265
		蜀	221—263
		吴	222—280
西晋			265—317
东晋十六国		东晋	317—420
		十六国	304—439

(续表)

南北朝	南朝	宋	420—479
		齐	479—502
		梁	502—557
		陈	557—589
	北朝	北魏	386—534
		东魏	534—550
		北齐	550—577
		西魏	535—556
		北周	557—581
隋			581—618
唐			618—907
五代十国		后梁	907—923
		后唐	923—936
		后晋	936—947
		后汉	947—950
		后周	951—960
		十国	902—979
宋		北宋	960—1127
		南宋	1127—1279
辽			907—1125
西夏			1038—1227
金			1115—1234
元			1206—1368
明			1368—1644
清			1616—1911
中华民国			1912—1949
中华人民共和国			1949年10月1日至今

第三章 中国的人口

中国是世界上人口最多的国家。据2020年11月1日第七次全国人口普查统计[1]：中国大陆地区人口共14.117 787 24亿人，香港特别行政区人口为747.42万人，澳门特别行政区人口为68.321 8万人，台湾地区人口为2 356.123 6万人，全国总人口为14.434 973 78亿人，将近世界总人口的五分之一。人口众多是中国的一个突出的基本特点，中国的人口问题是国内外普遍关心的问题。

第一节　人口演变

中国的全国性人口统计，是从公元前221年秦始皇统一中国后开始的。秦始皇统一中国以前的2 000多年间，传说中国有人口约390万～1 370万。

汉朝统治400多年，政治安定、经济发达时，人口5 000万～6 000万。东汉末年到三国时代，长期军阀混战，百姓流离失所，人口降到600万，晋朝时恢复到1 000万。尔后，经过南北朝到隋唐，又逐渐恢复到5 000万以上。

唐以后的五代十国时期，战乱丛生，人口锐减。宋朝时，缓慢上升到7 600万。元朝战争较多，人口减少。明朝时，又回升到6 000万。

清朝统治中国260多年，其中从康熙（xī）到乾（qián）隆（lóng）130多年间，疆域巩固，社会安定，被称为"康乾盛世"。当时实行了增加人口不增税的政策，使得人口飞速增长，到1800年人口数量超过3亿。后来该政策一直延续了下来，中国人口基数不断增大，不到100年增长到了4.13亿。

1840年鸦片战争以后，中国逐步沦为半殖民地半封建社会，帝国主义列强的疯狂侵略与掠夺，封建统治者的残酷剥削与压迫，加上军阀混战和自然灾害以及恶性流行病，

---

[1] 本章第七次人口普查的相关数据来源于中国政府网（访问时间：2021年7月19日）。

生产力受到严重破坏，人民生存条件差，人口死亡率很高。例如：仅在1931年以后日本侵略中国的14年间，中国就死了数千万人。因而，近代中国的人口增长速度减慢，100余年增加了不到1亿人。到1949年中华人民共和国成立时，中国的人口是5.4亿人。之后中国的人口进入了一个新的更快增长期。从1949年到1999年，人口总数（不含港澳台）由5.4亿增到了12.5亿，到2019年年末已达到14亿。

从历史可以看出，中国的人口增长有一个明显特点：台阶式倍增。第一个台阶是从秦代到西汉，由1 000多万增到6 000万。后来1 000多年间，虽经数次大起大落，但大体维持在6 000万人左右。第二个台阶是清代，在200多年内，人口由不足1亿增到4亿多。第三个台阶便是中华人民共和国成立以后，从1949年到2019年，仅70年，就由5.4亿人增到了14亿人（不含港澳台）。

中华人民共和国成立后的人口增长大体分为四个阶段：

第一阶段：从1950年到1957年，是第一个高峰期，年平均增长率为22‰。8年间由5.416 7亿人增加到6.465 3亿人，净增约1.05亿人，平均每年增加约1 311万人。

第二阶段：从1958年到1961年，由于发生了全国性的饥荒和经济困难，人民生活受到严重影响，人口死亡率突增，出生率锐减。1959年死亡率为14.6‰，1960年则达到25.4‰，而出生率只有20.9‰。4年间人口年均增长率仅为5‰，平均每年增加约302万人，人口增长形成短暂的低谷期。

第三阶段：从1962年到1973年，是第二个高峰期。度过3年经济困难时期后，人民生活逐渐好转，死亡率大幅度下降，出生率迅速回升，人口增长进入新中国成立以来前所未有的高峰期，年均增长率高达26‰，人口由6.585 9亿增加到8.914 3亿，平均每年增加约1 940万人。12年增加的人数，超过当时苏联或者美国的人口总数。

第四阶段：1974年以后，为人口增长率下降期。在进行人口控制的情况下，1974年至2002年29年间，年均人口增长率降到12‰。然而，由于人口基数大，平均每年仍增加近1 300万人。从2000年开始，年增人口才降到1 000万人以下。2019年，人口增长率由2002年的6.45‰降到3.34‰，年增人口由2002年的826万人减至467万人。

中华人民共和国成立后的人口为什么增长这么快呢？主要是因为：

第一，人口死亡率大幅度下降。中华人民共和国成立后，社会安定，经济发展，生活条件改善，医疗卫生事业发展，恶性流行病得到控制，人的生存权有了根本保障，使得人口死亡率大大降低。中华人民共和国成立前，人口死亡率为25‰，到了1952年，很快就降到了17‰，1965年降到9.6‰，1981年降到6.3‰，已低于当时印度、埃及、澳大利亚、美国、联邦德国、苏联等主要国家。死亡率下降了，加上营养和保健水平的提高，中国人均寿命大大延长，1949年以前才35岁左右，1957年提高到57岁，2002年已提高到71.8岁，比1949年延长了一倍，大大高于当时世界人口62岁的平均寿命。2019

年，中国人均预期寿命进一步提高到76.1岁（女77.6岁，男74.6岁）。

历次人口普查全国人口及年均增长率

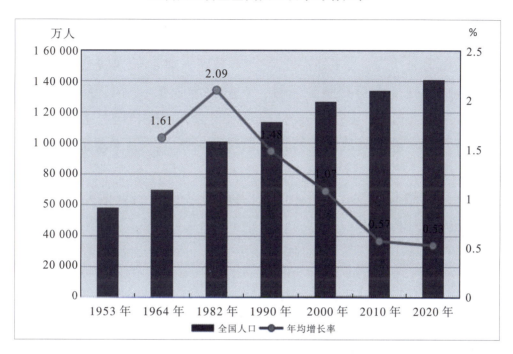

第二，**人口出生率太高**。20世纪70年代以前，中国政府对生孩子基本没有控制，因而在20多年内，人口出生率高达35‰左右。进入70年代以后，人口高速增长带来的巨大压力，使人们认识到人口控制已迫在眉睫（jié），中国政府开始强调计划生育，使人口高出生、高增长的势头得到控制。特别是从80年代初开始实行严格的计划生育政策后，出生率迅速地降了下来，到1991年已降至19.7‰，2011年降至11.93‰，但仍比日本、美国等发达国家的出生率高。

从以上数据可以看出，在人口发展上，中华人民共和国成立前是高出生率、高死亡率、低增长率；中华人民共和国成立后的前20多年，是高出生率、低死亡率、高增长率，70年代以后，开始向低出生率、低死亡率、低增长率转变。

20世纪80年代以前的20多年内，中国的人口出生率为什么那么高呢？

第一个原因：经济落后。中华人民共和国成立后，中国经济虽然有较大发展，但仍然比较落后。特别是农村，收入主要靠体力劳动，家庭劳动力多收入就多，劳动力少收入就少。那时农村还没有建立社会保险制度，农民年老以后全靠子女养活。所以，人们想多生孩子，孩子长大后可以增加劳动力和家庭收入，父母年老后孩子可以养活他们。

第二个原因：国民文化素质不高。那时期中国农村人口约占全国人口的80%，国民平均受教育程度比较低，生理生育知识和科学的避孕（yùn）方法不普及，多数人在生育问题上存在着盲目性，任其自然，不能控制。事实证明，文化素质比较高的人，一般不愿意多要孩子，越是贫穷，文化水平低，越是生孩子多。

第三个原因：传统观念的影响。自古以来，中国人"重男轻女""传宗接代""多子多福"的观念比较深。一般家庭都想早要孩子，要男孩子，多要孩子，农村尤其如此，所以，早婚多生的风气一直比较浓厚。

第四个原因：政策上的失误。20世纪50年代，政府对人口问题的认识存在着片面性，只强调"人多力量大""人多好办事"，未看到人口增长太快会对经济社会发展起到制约作用，因而忽视了人口控制。当时，北京大学校长、著名经济学家马寅（yín）初教授曾发表了《新人口论》，认为人口过快增长会影响经济与社会的发展，主张控制人口增长，提高人口质量。但是，他的正确理论和主张，不但未被接受，反而受到了批判。

总之，中国人口增长过快，有多种原因，政府认识上出现偏差，未能控制人口增长，可以说是主要原因。

第二节　人口结构

性别结构。据2020年11月第七次全国人口普查统计，中国大陆地区人口中，男性为7.233 399 56亿人，占总人口的51.24%；女性为6.884 387 68亿人，占总人口的48.76%，男女性别比例为105.07∶100，与2010年第六次全国人口普查基本持平。与全世界总人口男女性别比例比较，男性比例仍然偏高。

注：统计的数据是中国大陆31个省、自治区、直辖市和现役军人的人口性别构成。

年龄结构。2020年中国大陆地区人口中，0~14岁人口为2.533 839 38亿人，占17.95%；15~59岁人口为8.943 760 2亿人，占63.35%；60岁及以上人口为2.640 187 66亿人，占18.70%，其中65岁及以上人口为1.906 352 8亿人，占13.50%。同2010年第六次全国人口普查相比，0~14岁人口的比重上升1.35个百分点，15~59岁人口的比重下降6.79个百分点，60岁及以上人口的比重上升5.44个百分点，65岁及以上人口的比重上升4.63个百分点。

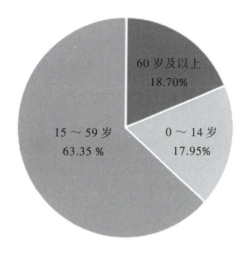

注：统计的数据是中国大陆31个省、自治区、直辖市和现役军人的人口年龄构成。

民族结构。中国人口由56个民族的人口构成。2020年大陆人口中，汉族人口为12.863 113 34亿人，占91.11%；55个少数民族总人口为1.254 673 9亿人，占8.89%。同2010年第六次全国人口普查相比，汉族人口增加6 037.869 3万人，增长4.93%；少数民族人口增加1 167.517 9万人，增长10.26%。

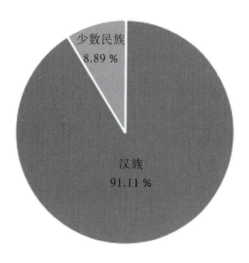

注：统计的数据是中国大陆31个省、自治区、直辖市和现役军人的人口民族构成。

文化结构。 2020年中国大陆地区人口中，具有大学（指大专及以上）文化程度的人口为2.183 607 67亿人；具有高中（含中专）文化程度的人口为2.130 052 58亿人；具有初中文化程度的人口为4.871 634 89亿人；具有小学文化程度的人口为3.496 588 28亿人；文盲人口（15岁及以上不识字的人）为3 775.02万人。同2010年第六次全国人口普查相比，每10万人中具有大学文化程度的由8 930人上升为15 467人；具有高中文化程度的由14 032人上升为15 088人；具有初中文化程度的由38 788人下降为34 507人；具有小学文化程度的由26 779人下降为24 767人；文盲人口减少1 690.637 3万人，文盲率由4.08%下降为2.67%。

地区结构。 中国人口的地区分布极不平衡，东南部密度大，西北部密度小。如果从黑龙江省黑河到云南省腾冲划一条线，那么，东半部国土面积占43%，人口却占94%，西半部国土面积占57%，人口仅占6%。平均人口密度，东南部为236人/平方千米，西北部则为11人/平方千米，相差近22倍。全国四分之一的人口，集中在长江中下游地区（湖北、湖南、安徽、江西、江苏、上海），人口密度为663人/平方千米，其中上海密度最大，达2 118人/平方千米。再就是黄河下游地区（河北、河南、山东、北京、天津），集中了全国四分之一以上的人口，人口密度为559人/平方千米，其中天津达777人/平方千米，北京644人/平方千米。而青藏高原，土地面积虽然占全国的四分之一，人口却仅占全国的百分之一，人口密度为5.5人/平方千米，人口密度最小的西藏仅为2.2人/平方千米。中国人口分布得如此不平衡，是由自然、历史、经济等多方面原因造成的。

城乡结构。 中华人民共和国成立前，农村人口占全国人口的80%。中华人民共和国成立以后，城镇人口逐渐增加。特别是改革开放40多年来，一是城市贸易和劳务市场迅速繁荣、扩大，大批农村人口涌入城市，成为城市人口的一部分；二是中小城市和新的城镇发展很快，许多农村人口变成了城镇人口。

据1990年第四次全国人口普查，居住在城镇的人口占总人口的26.23%，居住在乡村的人口占73.77%。据2000年第五次全国人口普查，居住在城镇的人口已提高到占总人口的36.09%，居住在乡村的人口减少到占63.91%。进入21世纪以来，中国的城镇化速度进一步加快，据2010年第六次全国人口普查，居住在城镇的人口上升到占总人口的49.68%，居住在乡村的人口下降到占50.32%。2011年，城镇人口为6.907 9亿，占全国总人口的比重上升到51.27%，乡村人口为6.565 6亿人，比重下降到48.73%，城镇人口比重首次超过了乡村人口，标志着中国的人口城乡结构发生了历史性变化。据2020年第七次全国人口普查，居住在城镇的人口占总人口的63.89%，居住在乡村的人口占总人口的36.11%。

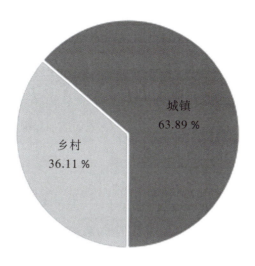

注：2020年中国大陆城镇人口和乡村人口占比。

第三节 计划生育

　　中国实行计划生育政策举世皆知。可是，中国为什么要实行计划生育政策呢？许多外国人好像并不理解。实际上很容易明白，这是由中国特殊的国情决定的。中国是发展中国家，人口过于庞（páng）大，而且增长速度太快，带来了一系列严重问题，如果不进行控制，会造成无法挽回的"人口危机"。

　　第一，庞大的人口造成了自然资源的紧张。中国国土辽阔，自然资源非常丰富，即人们常说的"地大物博"，但实际上，由于人口太多，按人口平均，资源并不丰富，而且比较紧张。比如，人活着首先要吃饭，耕地资源是最基本的资源。中国人口占世界的20%，而耕地面积仅占世界总耕地面积的7%，1999年中国人均耕地面积为1.55亩，是世界人均耕地面积3.75亩的百分之四十。按一个人一年需要150千克粮食计算，每增加一亿人口，每年就要多生产150亿千克粮食。中国这样一个有十几亿人口的大国，不可能依靠进口粮食生活。所以，耕地非常紧张，如果人口增长超过了粮食产量的增长，中国人连吃饭都会出现危机。

　　第二，庞大的人口使中国的各项人均生产指标大大低于世界平均水平。中华人民共和国成立以来，国民经济虽然发展较快，主要产品的总数量都很大，有的名列世界前茅，但是按人口平均就太少了。比如1996年，钢产量中国已居世界第一（3.49亿吨），日本居世界第二（1.12亿吨），但按人口平均，中国才是日本的十分之三；煤炭产量中国居世界第一，但人均才是世界第75位；粮食产量中国居世界第一，人均才是世界第

80位。再比如2006年，中国的GDP已排到世界第4位，但按人平均才2 004美元，仅是韩国的十分之一，马来西亚的三分之一，排在世界第107位。2010年，中国的GDP超过日本，成为世界第二大经济体，但按人口平均也只有4 500美元，才是日本的十分之一。2012年，中国的GDP达到50多万亿元人民币，折8.2万亿美元，人均达到6 100美元，仅排在世界第84位。2018年，中国的GDP突破90万亿元人民币，折13.6万亿美元，人均接近1万美元，但还不到美国人均的六分之一。

第三，庞大的人口使人民生活水平的提高受到了很大限制。中华人民共和国成立后的二三十年间，国家经济虽有很大发展，但由于人口太多，加上经济政策有问题，生活物资一直比较紧张，国民生活水平提高缓慢。比如，从1953年到1981年，全国用于国民生活的消费基金总额增长了3.9倍，但人口增加了4亿，平均每个人的消费基金实际才增长了1.9倍。再如城市住房，改革开放以前，人均才4平方米。改革开放后，国家投入大量资金解决城市住房问题，新的住宅迅速增加，但是，由于人口太多，解决住宅问题仍是艰巨任务。

第四，由于人口增长过快，还带来了其他一系列社会问题。例如交通拥挤、环境污染、教育普及程度低、公共服务不够、社会福利缺少、剩余劳动力多、就业难、看病难等，更是显而易见了。中国的许多社会问题，都与人口太多有关系。

总之，在中华人民共和国成立后的几十年中，人口过剩成了国家的沉重负担，制约了国民经济和社会的发展，影响了人民生活水平的提高。到了20世纪70年代，这个问题越来越突出，中国政府终于认识到人口不控制不行了，于是开始强调计划生育。1978年12月举行的中共十一届三中全会，决定以经济建设为中心，实行改革开放。在制定到20世纪末经济目标的同时，作为战略方针和基本国策，也制定了人口控制目标，力争把人口数量控制在12亿以内。为了实现人口控制目标，中国政府从1980年开始，进一步实行了严格的计划生育政策。

中国计划生育政策的基本内容是什么呢？概括起来说就是八个字：晚婚晚育，少生优生。计划生育政策，提倡一对夫妇只生一个孩子。

晚婚晚育。就是晚结婚，晚生孩子。在中国，法定结婚年龄为男22周岁、女20周岁。按规定年龄推迟3年以上结婚、生孩子，就算晚婚晚育。提倡晚婚晚育，对于减少人口增长非常重要。青年妇女如果20岁结婚、生育，那么，100年就要生五代人，如果25岁结婚、生育，100年只生四代人，就可以减少一代人口。此外，晚婚晚育还可以使青年男女避免过早地背上家庭负担，充分利用大好时光好好学习、工作，为一生打下更好的基础。

少生优生。少生，就是提倡一对夫妇只生一个孩子。这个政策是从1980年开始实行的，很严格。但并不是一点儿不加区别地"一刀切"，有些特殊情况，根据有关规定，可以生两个孩子。比如少数民族家庭的夫妇，第一个孩子是残疾儿的夫妇，有一方没有孩子的再婚夫妇，等等。

优生，就是提高生育质量，保证婴儿身体健康，智力发育正常。全国各地都设立了婚姻、优生以及遗传性疾病咨询机构，加强优生指导。同时，还加强了妇女和幼儿的保健工作，比如孕妇定期检查、幼儿及时预防疾病等。此外，法律还规定，近亲（血缘关系近的人）不能结婚，有遗传性疾病的人不能结婚。

有人说中国的计划生育政策就是"一胎化""一孩化"，那不过是一种误解或简单化说法，实际情况并非如此。中国的计划生育政策是分类指导，有所区别。在全国统一政策指导下，各省、市、地区都有一些更为具体的区别性规定，实际执行情况大致是：北京、上海、天津、江苏、四川等省、直辖市，普遍实行一对夫妇生育一个孩子政策；海南、云南、青海、宁夏、新疆等省、自治区，农村普遍生育两个孩子；其他大部分省、自治区、直辖市的农村，如果第一个孩子是女孩，可以再生第二胎；还有七个省规定，在农村一方是独生子女的，可以生育两个孩子；而西藏农牧区，则没有生育孩子数量的限制。

自1982年计划生育政策被定为基本国策并写入宪法以来，为了真正落实计划生育，达到控制人口增长的目标，中国政府采取了以下具体措施：

第一，制定人口规划。在制定五年计划和年度计划时，不仅规划经济和社会的发展，而且也规划人口的增长，把生育计划落实到单位和个人，严格执行。

第二，建立计划生育机构。国家专门设立了计划生育委员会，各级地方政府也设有计划生育机构。在农村、工厂、学校、机关、街道，都设有专职或兼职人员，具体负责计划生育工作。

第三，开展计划生育宣传。通过广播、电视、报刊、电影等各种形式，宣传计划生育的重要性，说明控制人口增长，对发展国民经济、改善家庭生活、妇女解放的好处。同时，破除"男尊女卑""传宗接代""多子多福"等传统观念，使国民理解并自觉执行计划生育政策。

第四，积极发展社会保险和社会服务。如医疗保险、养老保险等，以减少老人的后顾之忧和对子女的依赖，使"男尊女卑""多子多福"等观念失去客观基础。

第五，加强避孕节育的技术指导与服务。宣传介绍生理和避孕常识，免费提供避孕药具，免费提供人工终止妊娠或绝育手术的医学检查。加强妇幼保健工作，保证优生优育。

第六，采取必要的奖励和惩（chéng）罚措施。对计划生育工作做得好的地区、单位和个人，进行表扬、奖励。对执行不好的进行批评教育，乃至惩罚等。

第七，加强人口理论研究。中央、地方和一些大学，都成立了人口研究机构，常常举行人口科学讨论会，交流研究成果，为政府提供决策依据。

第八，定期进行人口普查。全国性大规模的人口普查每10年搞一次，抽样人口调查一年搞一次。通过人口普查，全面掌握人口情况，合理制定国民经济和社会发展规划，按照计划控制人口增长。

由于政府坚决地采取了以上有力措施，各地严格执行政府的计划生育政策，因而取得了明显效果。自20世纪70年代实行计划生育政策以来，中国的人口增长率逐渐下降。1994年与1970年相比，人口出生率已由33.43‰下降到了17.7‰，人口自然增长率从25.83‰下降到了11.21‰；1999年与1994年相比，人口出生率由17.7‰下降到了15.23‰，人口自然增长率从11.21‰降到了8.77‰。也就是说，到90年代末，经过20多年的努力，中国基本控制了人口的过速增长。根据计算，截至2012年年末，全国累计已少出生了3亿多人口。联合国把1999年10月12日定为世界"60亿人口日"，中国控制人口的成功，使世界人口达到60亿的时间推迟了4年，为减缓世界人口的快速增长作出了贡献。

当然，实行"一对夫妇只生一个孩子"政策，也带来了一些问题，比如独生子女问题、人口老龄化问题、出生率男性偏高问题等。

进入21世纪以后，20世纪80年代出生的独生子女陆续达到适婚年龄，中国社会人口老龄化问题日益突出，在新的人口形势面前，为了促进人口长期均衡发展，完善人口和经济社会发展战略，中国政府优化生育政策，逐步对具体政策作出了一些调整：从2011年11月起，全国实施双独二孩政策，即夫妇双方都是独生子女可以生育两个孩子；从2013年12月起，全国实施单独二孩政策，即夫妇双方有一方是独生子女可以生育两个孩子；从2016年1月起，全国全面实施二孩政策，即不管夫妇哪一方是不是独生子女，一对夫妇都可以生育两个孩子；2021年6月，中共中央、国务院作出决定，为进一步优化生育政策，实施一对夫妻可以生育三个子女政策。

未来几十年是中国经济增长的重大战略机遇期，是社会发展的重要转型期。人口问题的本质是发展问题，人口发展是中国长期面临的重大问题，应着重提高人口素质，改善人口结构，促进人口与经济社会资源环境的协调发展和可持续发展，实现社会和人的全面进步。

● 思考题

1. 请简要介绍一下中国人口演变的历史。
2. 中国计划生育政策的内容是什么？
3. 进入21世纪以后，中国政府为了优化生育政策，作出了哪些调整？

第四章 中国的民族

当今全世界约有3 000个民族，分布在200多个国家和地区，绝大多数国家由多民族组成。中国自古以来就是一个统一的多民族国家。这种情况是在漫长的历史发展过程中逐渐形成并稳定下来的。

"中国"这个名称最早出现于商朝末年。周在灭商之前，称周人所在的黄河中下游地区为"中原之国"，即"中国"。西周建立后，天子所居之城处于中央，与四方诸侯相对，仍称为"中国"。到了春秋战国时期，各中原诸侯国都称为"中国"或"华夏"。秦始皇统一后还称为"九州"。魏晋时把"中国"与"华夏"两个词组合起来，称为"中华"。后来，凡生长在中华大地上的，不管是哪族人，都属于中华民族。

中华民族主要由汉族构成，同时还包括其他许多人数较少的民族。1949年中华人民共和国成立以后，通过考察和识别并经中央政府确认，中华民族共有56个民族，其中汉族人口占绝大多数，其他55个民族人口相对较少，所以习惯上称为"少数民族"。根据2020年第七次人口普查，在全国总人口中，汉族人口占91.11%，少数民族人口占8.89%。中国的少数民族与汉族一起，为开拓中国的疆土，发展中国的经济，创造中国的历史与文化，维护中国的统一，作出了重要贡献。本章主要是介绍少数民族的情况。

第一节　民族状况

一、人口与分布

根据中华人民共和国成立以来七次全国人口普查统计，55个少数民族的总人口：1953年第一次人口普查时为3 532万人，占全国总人口的6.06%；1964年第二次人口普查时为4 002万人，占全国总人口的5.76%；1982年第三次人口普查时为6 730万人，占全国总人口的 6.68%；1990 年第四次人口普查时为 9 120 万人，占全国总人口的 8.04%；2000 年第五次人口普查时为 1.064 3 亿人，占全国总人口的 8.41%；2010 年第六次人口普查时为 1.137 922 11 亿人，占全国总人口的 8.49%；2020 年第七次人口普查时为 1.254 673 9 亿人，占全国总人口的 8.89%。第七次全国人口普查与第一次全国人口普查相比，少数民族总人口在全国总人口中所占的比例，提高了 2.83 个百分点，增加了约 9 015 万人。少数民族人口在全国人口中所占的比例之所以不断上升，是因为国家为了提高少数民族人口素质，加快民族自治地方的经济社会发展，对少数民族实行的计划生育政策，比起汉族要宽松一些。一般规定，少数民族家庭可以生育两个或三个孩子；边境地区和自然环境恶劣的地区、人口特别稀少的少数民族，可以生育三个以上的孩子；西藏自治区的藏族农牧民，可以不受限制地生育子女。

中国各少数民族之间，人口数量差距相当大。据 2010 年第六次全国人口普查统计[1]，人口最多的是壮族（与以前相比没有变化），有 1 692.638 1 万人，人口最少的是塔塔尔族（2000 年第五次人口普查时是珞巴族），仅 3 556 人，人数最多与最少的少数民族人口相差 4 762 倍。

人口 1 000 万以上的少数民族有 4 个：壮族（1 692.638 1 万人）、回族（1 058.608 7 万人）、满族（1 038.795 8 万人）、维吾尔族（1 006.934 6 万人）。

人口 1 000 万以下 500 万以上的少数民族有 5 个：苗族（942.600 7 万人）、彝（yí）族（871.439 3 万人）、土家族（835.391 2 万人）、藏族（628.218 7 万人）、蒙古族（598.184 万人）。

人口 500 万以下 100 万以上的少数民族有 9 个：侗（dòng）族（287.997 4 万人）、布依族（287.003 4 万人）、瑶族（279.600 3 万人）、白族（193.351 万人）、朝鲜族（183.092 9 万人）、哈尼族（166.093 2 万人）、黎族（146.306 4 万人）、哈萨克族（146.258 8 万人）、傣（dǎi）族（126.131 1 万人）。

人口 100 万以下 50 万以上的少数民族有 4 个：畲（shē）族（70.865 1 万人）、傈（lì）傈（sù）族（70.283 9 万人）、东乡族（62.15 万人）、仡（gē）佬族（55.074 6 万人）。

人口 50 万以下 10 万以上的少数民族有 14 个：拉祜（hù）族（48.596 6 万人）、佤族（42.970 9 万人）、水族（41.184 7 万人）、纳西族（32.629 5 万人）、羌（qiāng）族（30.957 6 万人）、土族（28.956 5 万人）、仫（mù）佬族（21.625 7 万人）、锡伯族（19.048 1 万人）、柯尔克孜（zī）族（18.670 8 万人）、景颇（pō）族（14.782 8 万人）、达斡（wò）尔族（13.199 2 万人）、撒拉族（13.060 7 万人）、布朗族（11.963 9 万人）、毛南族（10.119 2 万人）。

人口 10 万以下 1 万以上的少数民族有 13 个：塔吉克族（5.106 9 万人）、普米族

---

[1] 截至 2021 年 7 月 19 日，中国政府网公布的《第七次全国人口普查公报（第二号）》尚无各少数民族人口数。

（4.286 1万人）、阿昌族（3.955 5万人）、怒族（3.752 3万人）、鄂温克族（3.087 5万人）、京族（2.819 9万人）、基诺族（2.314 3万人）、德昂族（2.055 6万人）、保安族（2.007 4万人）、俄罗斯族（1.539 3万人）、裕固族（1.437 8万人）、乌孜别克族（1.056 9万人）、门巴族（1.056 1万人）。

人口1万以下的少数民族有6个：鄂伦春族（8 659人）、独龙族（6 930人）、赫（hè）哲族（5 354人）、高山族（4 009人）、珞（luò）巴族（3 682人）、塔塔尔族（3 556人）。

还有一部分人的民族成分尚待确定，如僜（dēng）人、夏尔巴人等未识别的人口，有64.010 1万人。另外，加入中国籍的外国人有1 448人。

中国少数民族的地区分布，有以下四个特点：

第一，分布地区广，占地面积大。中国的少数民族，虽然人口还不到全国人口的十分之一，但分布的地区相当广，所占面积在全国一半以上，西南和西北是少数民族分布最集中的两个区域。除内蒙古、新疆、西藏、广西、宁夏五个少数民族自治区外，绝大多数省、市也都有少数民族自治州、自治县。少数民族最多的省是云南省，此外，贵州、四川、广东、海南、台湾、湖南、湖北、福建、江西、甘肃、青海、黑龙江、吉林、辽宁、河北等省份，少数民族也不少。

第二，大杂居，小聚居。中国90%以上是汉族人口，各个少数民族地区都居住着相当数量的汉族人，即使是少数民族自治区、自治州、自治县，也有不少汉族人。因此，从全国范围来看，少数民族是分散在全国各地，和汉族杂居在一起的。然而，在各个地区，各个少数民族又都有自己集中居住的地区，有的聚居区比较大，有的比较小，有的地区有几个聚居区，有的地区仅一部分人是聚居，其他人则散居在其他民族中间。这样，就形成了一种你中有我，我中有你，大杂居，小聚居，各个民族交错居住的局面。比如，回族共有上千万人，聚集在宁夏回族自治区的仅有200万人，其余800万人则散居在全国各地；藏族共有600多万人，聚集在西藏的只占一少半，其他一多半人分别居住在甘肃、青海、四川、云南等地；西部12个省、自治区、直辖市，居住着全国近70%的少数民族人口；边疆9个省、自治区，居住着全国近60%的少数民族人口。随着中国经济社会的发展，少数民族人口分布范围进一步扩大，全国散居地区少数民族人口已超过3 000万。中国少数民族分布的这一特点，反映了少数民族与汉族之间，以及各少数民族之间的密切关系。这是中国成为团结统一的多民族国家的重要基础。

第三，资源、物产十分丰富。少数民族地区，大都是高原、山脉、草原、森林地带，地域广阔，矿藏丰富，畜牧业发达，农作物种类很多，草原面积、森林和水力资源蕴藏量，以及天然气等基础储量，均超过或接近全国的一半。新疆石油、天然气资源十分丰富，内蒙古铁矿非常丰富，内蒙古、宁夏是中国粮食作物的重要产地，新疆是中国棉花的重要产地，广西是中国甘蔗的重要产地，西藏盛产青稞，云南、海南盛产热带水果。少数民族地区的森林面积，占了全国森林面积的37%。另外，中国的五大畜牧区，都在内蒙古、新疆、西藏、青海、甘肃等少数民族地区。全国的国家级自然保护区面积中，少数民族地区占到 85% 以上，是国家的重要生态屏（píng）障。所以，少数民族地区对于中国，经济战略地位非常重要。

第四，靠近边疆，人口稀少，经济相对落后。少数民族集中的地区，大部分处于边疆地带，与周边国家相连。全国 2.2 万多千米陆地边界线中，有 1.9 万千米在少数民族地区。因此，在国防及中国与周边国家的关系中，少数民族地区地理位置非常重要。但是，由于地域广阔，位置偏僻，人口密度小，交通不方便，开发比较晚，因而经济比较落后。中华人民共和国成立以后，特别是改革开放以来，虽然已经发生了巨大变化，但比起汉族地区仍有较大差距。

中国少数民族人口分布表

民族	人口（人）	主要分布地区
满族	10 387 958	辽宁、吉林、黑龙江、河北、北京、内蒙古
朝鲜族	1 830 929	辽宁、吉林、黑龙江、内蒙古
赫哲族	5 354	黑龙江
蒙古族	5 981 840	内蒙古、新疆、辽宁、吉林、黑龙江、甘肃、青海、河北
达斡尔族	131 992	内蒙古、黑龙江
鄂温克族	30 875	内蒙古
鄂伦春族	8 659	内蒙古、黑龙江
回族	10 586 087	宁夏、甘肃、新疆、青海、河南、河北、山东、云南、北京、天津、安徽、江苏、四川、贵州、吉林、黑龙江、辽宁、陕西、内蒙古
东乡族	621 500	甘肃、新疆
土族	289 565	青海、甘肃
撒拉族	130 607	青海、甘肃
保安族	20 074	甘肃
裕固族	14 378	甘肃
维吾尔族	10 069 346	新疆
哈萨克族	1 462 588	新疆、甘肃
柯尔克孜族	186 708	新疆
锡伯族	190 481	新疆、辽宁

（续表）

民族	人口（人）	主要分布地区
塔吉克族	51 069	新疆
乌孜别克族	10 569	新疆
俄罗斯族	15 393	新疆、黑龙江
塔塔尔族	3 556	新疆
藏族	6 282 187	西藏、青海、四川、甘肃、云南
门巴族	10 561	西藏
珞巴族	3 682	西藏
羌族	309 576	四川
彝族	8 714 393	四川、云南、贵州
白族	1 933 510	云南
哈尼族	1 660 932	云南
傣族	1 261 311	云南
傈僳族	702 839	云南、四川
佤族	429 709	云南
拉祜族	485 966	云南
纳西族	326 295	云南
景颇族	147 828	云南
布朗族	119 639	云南
阿昌族	39 555	云南
普米族	42 861	云南
怒族	37 523	云南
德昂族	20 556	云南
独龙族	6 930	云南
基诺族	23 143	云南
苗族	9 426 007	贵州、湖南、湖北、云南、广西、四川、海南
布依族	2 870 034	贵州、云南
侗族	2 879 974	贵州、湖南、广西

（续表）

民族	人口（人）	主要分布地区
水族	411 847	贵州、广西
仡佬族	550 746	贵州
壮族	16 926 381	广西、云南、广东
瑶族	2 796 003	广西、湖南、云南、广东、贵州
仫佬族	216 257	广西
毛南族	101 192	广西
京族	28 199	广西
土家族	8 353 912	湖南、湖北、重庆、贵州
黎族	1 463 064	海南
畲族	708 651	福建、浙江、江西、广东
高山族	4 009	台湾、福建

注：根据2010年第六次全国人口普查结果。

二、语言与文字

中国的55个少数民族，几乎都有本民族的语言，但不是每个民族都有自己的文字。回族、满族、畲族基本转用汉语，其他民族都有自己的语言，许多民族都不同程度地转用或兼用汉语。中华人民共和国成立前，有21个少数民族有本民族的文字；中华人民共和国成立后，政府为壮族、布依族、彝族、苗族、哈尼族、傈僳族、纳西族、侗族、佤族、黎族等民族制定了文字方案。

中国各少数民族的语言分属于不同的语系。属于汉藏语系的语种最多，主要有：壮语、布依语、傣语、侗语、水语、仫佬语、毛南语、拉珈语、黎语、仡佬语、苗语、藏语、白语、傈僳语、纳西语、拉祜语、哈尼语、景颇语、土家语等。属于阿尔泰语系的主要有：维吾尔语、哈萨克语、乌孜别克语、塔塔尔语、柯尔克孜语、撒拉语、裕固语、蒙古语、达斡尔语、东乡语、保安语、鄂温克语、鄂伦春语、满语、锡伯语、赫哲语等。属于南亚语系的主要有：佤语、布朗语、德昂语、克木语。属于印欧语系的有：俄语、塔吉克语。属于南岛语系的有：高山族诸语言、回族的回辉话。还有一部分语种尚未查明语系，如朝鲜语、京语。总之，中国少数民族的语言非常复杂。

目前，中国少数民族约有6 000万人使用本民族语言，占少数民族总人口的60%以上，约有3 000万人使用本民族文字。民族自治地方有使用民族语言的广播电视机构154个，中央和地方电台每天用 21 种民族语言进行广播。

三、宗教与习俗

中国的少数民族一般都信仰宗教，世界上的三大宗教伊斯兰教、佛教、基督教，对中国少数民族都有影响。其中，信仰伊斯兰教的有 10 个民族：回族、维吾尔族、哈萨克族、柯尔克孜族、东乡族、撒拉族、塔吉克族、乌孜别克族、保安族、塔塔尔族。信仰佛教的有 7 个民族：藏族、蒙古族、土族、裕固族、傣族、布朗族、德昂族。信仰基督教的有：部分苗族、彝族等。还有的少数民族保持着原始自然崇拜的多种信仰，包括祖先崇拜、图腾崇拜、巫教、萨满教等，如独龙族、怒族、佤族、景颇族、高山族、鄂伦春族等。

各个少数民族的风俗习惯很不一样，表现在穿戴、饮食、居住、婚丧嫁娶、节日、娱乐、禁忌等各个方面，都有自己的特点。比如，在穿戴上，一个民族一个样，一看服饰就知道是哪个民族。在饮食、娱乐、结婚、丧葬等方面，各民族都有自己的习俗。另外，各民族都有自己的传统节日，如藏族的藏历新年、雪顿节，回、维吾尔等民族的开斋（zhāi）节、古尔邦节，蒙古族的那达慕，傣族的泼水节，彝族的火把节，等等。各少数民族的风俗习惯，是在他们自己的历史发展中形成的，许多独特的风俗习惯至今仍保留着原来的样子。因此，外边的人每到一个少数民族地区，都会感到非常新奇。许多中国人和外国人，很愿意去少数民族地区旅行，观赏中国不同少数民族地区的风情、风光。

第二节　民族政策

中国是多民族国家，搞好各民族之间的团结，对于维护国家统一、安定，非常重要。要维护各民族的大团结，关键是要制定正确的民族政策。在中国历史上，由于大汉族主义、狭（xiá）隘（ài）民族主义及其他种种原因，汉族与少数民族之间，各少数民族之间，存在着不同程度的矛盾、隔（gé）阂（hé），互不信任，甚至互相敌视。中华人民共和国成立以后，各民族实现了空前的大团结，民族矛盾、民族纠纷大大减少。中国政府是靠什么力量把这么多民族像大家庭一样团结在一起的呢？归根结底一句话：靠的是正确的民族政策。中华人民共和国的民族政策主要包括以下内容：

第一，坚持民族平等，反对民族歧视与压迫

中国政府一贯主张，民族不分大小，必须一律平等。根据这个主张，制定了一系列有关民族平等的法令、政策、措施。1951 年，中央人民政府根据具有临时宪法效力的《中国人民政治协商会议共同纲领》，公布了《关于处理带有歧视或侮辱少数民族性质的称谓、地名、碑名、匾（biǎn）联的指示》。根据该指示，改变了若干具有蔑视性的民族名称和地名等。1952年，进一步公布了《中华人民共和国民族区域自治实施纲要》和《保障一切散居的少数民族成分享有民族平等权利的决定》。从1954年公布第一部宪法开始，一直有明确规定："中华人民共和国各民族一律平等。国家保障各少数民族的合法权利和利益，维护和发展各民族的平等、团结、互助关系。禁止对任何民族的歧视和压迫。"根据宪法制定的原则，《中华人民共和国民族区域自治法》等法律法规，对民族平等进行了具体而明确的规定。

为了保证少数民族能站在平等的立场上，参与国家事务的管理，在各级政权中享有平等权利，在全国人民代表大会公布的选举法中，作了如下规定：在全国人民代表大会及地方各级人民代表大会中，对少数民族代表人数要特殊考虑。少数民族代表人数所占的比例，一般要超过该民族人口在全国人口中占的比例，保证所有的少数民族都有自己的代表。从1954年第一届全国人民代表大会至今，历届全国人民代表大会中，少数民族代表在全国人民代表大会代表中所占名额的比例，均高于同期在全国人口中所占的比例，充分反映了对少数民族权利的尊重。

第二，实行民族区域自治

所谓民族区域自治，就是在国家的统一指导下，以少数民族集中的地区为基础，设置地方自治机关，让少数民族自己管理本民族的地方性事务。这是中国的基本政治制度之一。民族自治地方的自治机关是自治区、自治州、自治县的人民代表大会和人民政府。截至2019年年底，全国共建立了155个民族自治地方，包括5个自治区、30个自治州、120个自治县（旗）。此外，还建立了1 100多个民族乡，作为民族区域自治制度的补充。

民族区域自治的实施，包含以下具体内容：

（1）各民族自治区的自治机关，以实行民族自治的少数民族成员为主，当地其他民族有适当人数的代表；

（2）自治机关使用在当地少数民族中通用的一种或数种语言、文字，作为行使职权的工具；

（3）自治机关行使职权时，充分考虑民族特点与风俗习惯；

（4）自治机关根据本地区民族的特点，制定自治条例和某一方面的法律、规定；

（5）自治机关在行使本民族自治区的财权时，享有比其他同级政府更大的权力。

第三，大力培养少数民族干部

实施民族区域自治，关键是要有少数民族干部队伍，他们熟悉本民族的语言、历史、传统和风俗习惯，熟悉当地政治、经济、文化的特点。中国共产党历来重视少数民族干部的培养，早在战争时期就在延安创建了第一个培养少数民族干部的学校。中华人民共和国成立后，政府提出要普遍而大量地培养少数民族干部，于20世纪50年代陆续建立11所专门培养少数民族干部的民族学院，它们是中央民族学院、西北民族学院、西南民族学院、中南民族学院、广东民族学院、广西民族学院、云南民族学院、贵州民族学院、青海民族学院、内蒙古民族学院，还有西藏公学（1965年更名为西藏民族学院）。70年代末改革开放后，又先后创办了湖北民族学院、西北第二民族学院、大连民族学院、四川民族学院等。随着时代的发展，这些民族学院大部分改建扩建成民族大学，办学规模和水平不断提高。目前，全国共有16所民族普通高等院校。同时，国家还开办了许多少数民族干部培训班、干部学校，并在普通高校举办民族班。此外，还有计划地组织少数民族干部到沿海发达地区参观考察，选派少数民族干部到内地、基层、上级领导机关任职或挂职锻炼，不断提高少数民族干部队伍的素质，增长他们的才干。

据不完全统计，截至2008年，全国的少数民族干部，已由中华人民共和国成立初期的1万人增加到290多万人，即使与1978年相比也增长了3倍多，约占干部总数的7.4%。全国公务员队伍中，少数民族占9.6%，其中县处级以上的少数民族干部占同级干部总数的7.7%。他们有的在中央和地方国家权力机关担任各级领导职务，有的在经济、文化、科学、教育、新闻、出版、医疗卫生等部门从事专业工作。在实行少数民族自治的地区，大多数行政和专业干部职务由本地区少数民族的人担任。155个民族自治地方的人大常委会中，均有实行区域自治的民族的公民担任主任或副主任；民族自治地方政府的主席、州长、县长或旗长，均由实行区域自治的民族的公民担任。

第四，废除落后的旧制度，实行民主改革

中华人民共和国成立前，少数民族地区比汉族地区要落后得多。不少地区的社会制度还停留在封建农奴和奴隶社会，甚至原始、半原始社会，阶级压迫十分残酷。比如，四川等地的彝族地区，大约100万人口保留着奴隶制度；西藏、云南西双版纳等地区，大约有400万人口保留着封建农奴制度。这些地区的少数民族群众，大都附属于封建领主、大贵族、寺庙或奴隶主，可以被任意买卖或当作礼物赠送，没有人身自由。例如西藏，形成于17世纪并沿用了300多年的法律《十三法典》《十六法典》，将人严格划分为三等九级。法典规定："上等上级人"的命价为与其尸体等重的黄金，"下等下级人"的命价仅为一根草绳，而"下等人"占西藏总人口的95%以上。农奴没有任何人权，被农奴主任意买卖、转让、交换、抵债。农奴主对农奴的刑罚极其残酷：挖眼、割舌、砍手等。落后的社会制度，严重地限制、损害了人权，束缚了少数民族地区的发展。

中华人民共和国成立后，国家积极而慎重地帮助少数民族进行民主改革。在改革过程中，废除了野蛮的压迫制度。同时，政府根据少数民族地区实际情况，制定了一系列与汉族地区改革不同的比较缓和的方针政策。比如，在汉族地区的土地改革中，采取的是没收地主土地，分给农民的做法；而在少数民族广大畜牧区，没有采取没收牧场主的牛羊分给牧民的做法，而是实行了牧场的共有化。对于奴隶主和封建农奴主，如果他们不接受改革，一律实行赎（shú）买政策。对于生产力水平非常低下，还残留着原始社会制度的少数民族地区，国家给予大力援助，使其较快地过渡到新社会。这场改革消灭了人剥削人、人压迫人的旧制度，使千百万少数民族群众翻身解放，获得人身自由，成为国家和自己命运的主人。仅经过短短几年、十几年，中国各少数民族就跨过了一个或几个社会发展阶段，打开了生产力发展的道路。

第五，帮助发展少数民族的语言文字

20 世纪 50 年代，国家开展少数民族语言文字调查，在摸清情况的基础上建立了民族语文工作和研究机构，帮助创制或改进民族文字。其中壮族、布依族、苗族等 12 个民族使用的 16 种文字，就是在政府的帮助下创制或改进完成的。

中国宪法规定，各少数民族有使用本民族语言、文字的自由。各民族自治区的自治机关，都以本民族的语言、文字为主要工具。选举各民族自治区人民代表大会代表时，在使用该地区通用文字的同时，也可以使用本民族的文字。在诉讼和辩护等法律活动中，各民族公民有使用本民族语言与文字的权利。在少数民族集中或杂居的地区，案件的审理、判决，布告及其他文书的公布，必须使用当地通用语言。少数民族在日常生活、生产、通信及社会交往中，使用本民族的语言文字受到尊重。有本民族文字的少数民族地区，在学校教育中使用国家通用语言文字和本民族或当地民族通用的语言文字进行双语教学。在具备条件的一部分民族自治区，可以使用本民族的语言文字办报纸、广播、出版等事业。截至 2008 年，民族出版社从 1978 年的 17 家发展到 38 家，分布在北京等 14 个省（自治区、直辖市）；出版的少数民族文字种类由 5 种发展到 26 种；出版少数民族文字图书 5 561 种、6 444 万册，分别比 1978 年增长了 6.41 倍和 6.37 倍。内蒙古、新疆、西藏等民族自治区，制定和实施了使用和发展本民族语言文字的有关规定和实施细则。

为了使少数民族群众共享信息化时代的成果，中国政府采取各种措施促进少数民族语言文字规范化、标准化和信息处理工作的健康发展。目前，国家已制定了蒙古文、藏文、维吾尔文（哈萨克文、柯尔克孜文）、朝鲜文、彝文和傣文等文字编码字符集、键盘、字模的国家标准。在国际标准的最新版本中，正式收入了中国提交的蒙古文、藏文、维吾尔文（哈萨克文、柯尔克孜文）、朝鲜文、彝文和傣文等文字编码字符集。国家还开发出了多种电子出版系统和办公自动化系统，建成了一些少数民族文种的网站或网页，有些软件已经可以在 Windows 上运行。

第六，尊重少数民族的风俗习惯

中国宪法规定，各少数民族有保持或改革自己风俗习惯的自由，他人不得干涉。国家尊重少数民族风俗习惯，在各个方面对少数民族保持或改革本民族风俗习惯的权利加以保护。

中国约有10个少数民族有食用清真食品的习惯。为妥善解决好食用清真食品的少数民族的伙食问题，国家在食用清真食品的少数民族较多的机关、学校、企事业单位，设立清真食堂。在食用清真食品的少数民族较集中的地方，设清真饮食网点。在交通要道、饭店、旅馆、医院，以及火车、轮船、飞机上，设清真食堂或清真伙食。国家对经营清真饮食有严格规定，要求对食用清真食品的少数民族食用的牛羊肉，在屠（tú）宰（zǎi）、包装、运输、加工、销售等环节上，都必须标明"清真"字样。在食用清真食品的少数民族聚居的大、中城市，设立专门经营牛羊肉的批发部门或零售机构，并在政策上给予优惠。

中国各少数民族的丧葬习俗各有不同，有火葬、土葬、水葬、天葬等。政府尊重少数民族的丧葬习俗。对回族、维吾尔族等一些习惯土葬的少数民族，国家划拨专用土地建立公墓，设立专门为这些少数民族服务的殡葬服务部门。全国凡有回族等实行土葬的少数民族居住的大、中、小城市，都建有公墓。同样，对藏族实行的天葬、土葬、水葬，国家也给予保护和尊重。

中国各少数民族年节习俗丰富多彩。对于藏族的藏历新年，回、维吾尔等民族的占尔邦节，蒙古族的那达慕，傣族的泼水节，彝族的火把节等重要节日，国家按照各少数民族年节习惯安排假日，并供应节日特殊食品。这些节日，不仅继承了过去的传统，而且成了各个少数民族进行文艺、体育、经贸等活动和象征着民族团结的盛大聚会。

第七，坚持宗教信仰自由

中国是一个有着多种宗教的国家，主要有佛教、道教、伊斯兰教、天主教、基督教等。中国政府关于宗教信仰的基本政策是信仰自由。宪法规定：每个公民都既有信仰宗教的自由，也有不信仰宗教的自由，既有信仰这一种宗教的自由，也有信仰那一种宗教的自由，信仰宗教与不信仰宗教的公民政治上一律平等。

中国少数民族群众大多有宗教信仰，宗教对各少数民族的经济、文化、风俗习惯有很深影响。中国政府根据宪法的规定制定了具体政策，尊重和保护少数民族的宗教信仰自由，保障少数民族公民一切正常的宗教活动。不论是信仰藏传佛教的藏、蒙古、土、裕固、门巴等民族的群众，还是信仰伊斯兰教的回、维吾尔、哈萨克、东乡、撒拉、保安、柯尔克孜、塔吉克、乌孜别克、塔塔尔等民族的群众，以及部分信仰基督教的苗、瑶等民族的群众，他们正常的宗教活动都受到法律保护。

为了保障各少数民族宗教信仰的自由，政府允许他们有寺院、教堂等活动场所，同时还修复、保护了一部分有名的寺院、教堂。目前，全国共有清真寺3万余座，其中新疆有清真寺2.43万座，伊斯兰教教职人员2.8万多人。在西藏，有藏传佛教各类宗教活动场所1 700多处，住寺僧尼4.6万多人。政府还帮助宗教团体建立宗教院校，培养少数民族宗教教职人员，并对少数民族地区部分宗教活动场所维修给予资助，对生活困难的少数民族宗教界人士给予补贴。对于宗教界的著名人士，政府还给予他们一定的政治地位。当然，如果宗教团体或个人违反宪法，利用宗教进行颠（diān）覆政府、分裂祖国、制造社会动乱的活动，是绝对不允许的。

以上是中国政府民族政策的基本内容。为了保障民族政策的正确制定和切实贯彻执行，在全国最高权力机构——全国人民代表大会内专门设立了民族委员会，在中央政府机构内设立了民族事务委员会，专门负责制定、执行、检查有关少数民族方面的法规、政策等。实践证明，中国政府的民族政策是正确的，受到了全国各族人民的拥护。

第三节　发展变化

在中国长期的历史发展过程中，少数民族与汉族的经济往来，一直比较频繁。从秦代、汉代开始，各少数民族就从中原的汉族地区，引进了制铁、制陶、造酒、纺织、造纸、农田灌溉等先进生产技术和经验，促进了边境地区经济的发展。比如，现在新疆维吾尔自治区使用的水利设施"坎儿井"（一种引水方法），就是西汉时期从中原地区传进，并加以改造而修建的。7世纪时的唐王朝，为了密切与藏族地区（当时称吐蕃）的关系，唐太宗把文成公主嫁给了藏族首领松赞干布，文成公主带去了纺织、造纸、造酒、制陶等先进技术，促进了西藏的经济繁荣。同时，汉族也从少数民族地区引进了自己没有的农作物品种及栽培技术，还引进了畜牧业和畜产品的生产经验，促进了中原汉族地区农牧业的发展。

在文化艺术方面，少数民族与汉族也一直有着密切的交流，从而创造了丰富的少数民族文化，包括诗歌、神话、传说、音乐、舞蹈、雕刻、绘画等。11世纪以后产生的藏族史诗《格萨尔王传》、柯尔克孜族史诗《玛纳斯》、彝族撒尼人的长篇叙事诗《阿诗玛》等，都是优秀的文学作品。中外知名的敦煌、云冈、龙门三大石窟，以及克孜尔千佛洞，都是西域的少数民族与汉族共同创造的。

虽然历史上少数民族与汉族关系密切，有许多成就，但是因为种种原因，少数民族地区要比汉族地区落后得多。中华人民共和国成立以后，宪法规定："国家尽一切努力，促进全国各民族的共同繁荣。"国家把支持少数民族和民族地区加快经济社会发展，作为国家发展建设的重要内容，长期以来，不断出台新的政策，采取许多优惠措施，支持少数民族和民族地区的发展。

中华人民共和国成立前，绝大多数民族地区生产力水平十分低下，经济社会发展相当落后，基础设施建设很差。当时的新疆没有一寸铁路，西藏没有一条公路，云南山区的一些少数民族出行或运输，靠的是赶马帮、乘大象、架溜索。少数民族群众主要从事传统的农牧业，一些地区还处在"刀耕火种"的原始状态，部分地区铁器尚未得到普遍使用，有的地方甚至还在使用木器、石器。少数民族群众的生活十分困苦，特别是广大山区和荒漠地区的少数民族，普遍缺吃少穿，几乎年年都有几个月断粮，吃野果充饥，披蓑（suō）衣御寒。少数民族发展受到严重阻碍，有的民族甚至濒（bīn）临灭绝，中华人民共和国成立之初赫哲族只有300多人。

中华人民共和国成立后，中国政府一直把使各族人民摆脱贫困作为一项根本任务。特别是改革开放以来，国家坚持以经济建设为中心，不断加大工作力度，采取重大措施，加快少数民族和民族地区发展。少数民族和民族地区坚持把国家支持、兄弟省市支援同自身努力结合起来，把国家的优惠政策同发挥自身优势结合起来，奋发图强，用自己的双手建设美好家园。经过全国各族人民的共同奋斗，少数民族和民族地区经济社会发展不断跃上新台阶，彻底摆脱了一穷二白的落后面貌，人民生活进入历史上最好的时期。

1. 优先安排建设项目，不断夯（hāng）实发展基础

中华人民共和国成立初期，国家把民族地区的基础设施建设摆上了十分突出的位置。在"一五"计划（1953—1957）期间，国家新建8条铁路干线，其中有5条建在民族地区或直接与民族地区相联结，包括兰新铁路、包兰铁路等。闻名世界的康（川）藏公路和青藏公路，同时在1954年建成通车。20世纪60年代，修建了成昆铁路、湘黔（qián）铁路、枝柳铁路及滇藏公路等。1962年，兰新铁路铺轨到乌鲁木齐，结束了新疆没有铁路的历史。改革开放以后，陆续建成了南昆铁路、内昆铁路、南疆铁路、兰（州）西（宁）拉（萨）光缆工程、宁夏扬黄灌溉工程等一大批重点工程，极大改善了民族地区交通、通信等基础设施和生产生活条件。2007年，青藏铁路铺轨到拉萨，结束了西藏没有铁路的历史，从根本上改变了西藏交通落后的状况。

国家把开发优势资源，发展现代工业，作为支持少数民族和民族地区加快发展的重大举措。在"一五"计划期间，全国156个大型建设项目中，有40个项目安排在民族地区，如内蒙古包头钢铁基地、新疆克拉玛依油田、云南个旧锡业公司等。20世纪60年代，把沿海和内地的一批大型工业企业搬迁到民族地区，为民族地区发展现代工业奠定了基础。改革开放以来，国家又在民族地区优先安排了一大批重大工程项目，如新疆塔里木油田、广西平果铝厂、青海钾肥工程、内蒙古大型煤电基地等，使民族地区形成了若干重要的资源开发和深加工产业基地。

2000年国家实施西部大开发战略以来，国家把支持少数民族和民族地区加快发展，作为西部大开发的首要任务。为了让少数民族和民族地区在西部大开发中得到切实利益，采取了许多照顾措施，包括优先在民族地区安排资源开发和深加工项目、对输出自然资源的民族自治地方给予一定的利益补偿、引导和鼓励经济较为发达地区的企业到民族地区投资、加大对民族地区的财政投入和金融支持等。截至2008年，西部大开发以来民族地区固定资产投资，累计达到77 899亿元，建成了"西气东输""西电东送"等重点工程，修建了一批机场、高速公路、水利枢纽等基础设施。

2. 突出解决贫困问题，着力保障和改善民生

多年来，国家采取一系列政策措施，解决少数民族群众的贫困问题。20世纪50年代，对一些地区的少数民族贫困群众，免费治病，发放贷款和农具，创办公费学校，进行社会救济。1983年，国务院召开全国少数民族地区生产生活会议，提出要在较短时期内，基本解决部分群众的温饱问题、住房问题和饮水问题。1990年起，设立"少数民族贫困地区温饱基金"，重点扶持141个少数民族贫困县。1994年，通过放宽标准使享受优惠政策的少数民族贫困县增加了116个。2001年，又为民族地区增加了10个国家扶贫开发工作重点县，同时，将西藏作为特殊片区整体列入重点扶持范围。2005年，优先将少数民族贫困村纳入整村推进的扶贫开发规划。2007年，制定了《少数民族事业"十一五"规划》，规划建设11项重点工程。2009年，实行新的扶贫标准，扩大覆盖范围，对民族地区农村低收入人口全面实施扶贫政策。经过不懈努力，民族地区的贫困人口，已由1985年的4 000多万人（当时的贫困线标准为人均年纯收入200元）减少到2017年的1 032万人（贫困线标准已提高到人均年纯收入785元）。

中华人民共和国成立前，少数民族地区医疗卫生条件极差，地方病、传染病流行、蔓延，人口死亡率很高。中华人民共和国成立后，政府对少数民族和民族地区的医疗卫生事业，注重政策倾斜，给予优先安排，促进少数民族和民族地区卫生事业快速发展。经过不断努力，民族地区城镇医疗卫生水平有了很大提高，农牧区的医疗条件明显改善，少数民族群众看病难问题得到切实缓解，各族人民的健康水平显著提高。改革开放以来，国家在民族地区配套建设和改造了乡镇卫生院，建立了县级卫生防疫站和妇幼保健所，使民族地区卫生服务体系得到较大改善。西藏自治区80%以上的县设立了防疫站。国家不断加大对民族地区地方病和传染病的防治工作，使过去流行的克山病、结核病和大骨节病等基本得到控制。国家通过多种途径培养少数民族卫生人才，不断壮大少数民族卫生专业队伍。新疆维吾尔自治区少数民族卫生技术人员已占全区卫生技术人员的三分之一。

国家大力扶持民族医药机构建设。截至2008年年底，15个民族设有本民族医药的医院，全国共有民族医院191所，床位8 694张。其中藏医院70所，蒙医院51所，维医院39所，傣、朝、壮、苗、瑶等民族医院31所。从2006年开始，国家重点建设包括藏、蒙、维、傣、朝、壮、苗、土家8种民族医药在内的10所民族医院，努力推动民族医学整体诊疗水平的提高。截至2013年，全国民族医院达到199所。

3. 大力支持牧区、边疆地区建设

中国的主要牧区都在少数民族地区，畜牧业是蒙古、藏、哈萨克等十几个少数民族的基础产业。从1953年开始，国家对牧区实行低于农业区和城市的税收、保护牧场、提倡定居等特殊政策。改革开放以后，对牧区实行了牲畜归户、草场承包、自主经营的政策。1987年，国务院召开全国牧区工作会议，确定27个国家重点扶持的牧区贫困县，设立牧区扶贫专项贴息贷款。1999年，中国政府强调，要把草原建设摆到与农田基本建设同等重要位置，促进畜牧业与农业的协调发展。2005年，国家全面取消农牧业税。经过几十年不懈努力，民族地区已成为中国重要的农畜产品生产基地。内蒙古的牛奶产量占全国的五分之一，位居全国第一。新疆的羊毛、羊绒产量位居全国第二。

牧区羊群

中国边疆绝大部分地区是少数民族聚居区。1979年，国家制定实施《边疆建设规划（草案）》，提出在8年内安排边疆建设资金400亿元。1992年，实施沿边开放战略，确立13个对外开放城市和241个一类开放口岸，设立14个边境技术合作区。1996年，国务院制定促进边境贸易发展和对外经济合作的优惠政策。1999年，国家实施振兴边境、富裕边民的兴边富民行动。2007年，制定并实施《兴边富民行动"十一五"规划》。2009年，决定推进兴边富民行动覆盖全国所有边境县和新疆生产建设兵团边境团场。截至2009年年末，中央政府累计投入兴边富民行动专项资金14.46亿元，兴建项目2万多个。2016年，中央财政安排少数民族发展资金145.9亿元，专项支持推进兴边富民行动。

4. 不断加大财政支持力度，积极组织对口支援

中华人民共和国成立以来，中央和地方各级政府逐步加大对民族地区的财政支持力度。从20世纪50年代开始，国家对民族地区实行"统收统支、不足补助"、提高预备费的设置比例（比一般地区高2个百分点）等财政优惠政策。1980年至1988年，中央财政对5个自治区和少数民族较为集中的贵州、云南、青海等省，实行年递增10%的定额补助制度。1994年，国家进行分税制改革，对民族地区实行政策性转移支付。2000年起，

除拨付一般性转移支付和专项转移支付外,还设立民族地区转移支付。据统计,1978年至2008年,中央财政向民族地区的财政转移支付,累计达20 889.4亿元,年均增长15.6%。从1959年到2008年,中央给予西藏的财政补助,累计达2 019亿元,年均增长近12%。从自治区成立的1955年到2008年,中央给予新疆的财政补助,累计达3 752.02亿元,年均增长11%。1980年至2018年中央给予西藏的财政补助累计12 377.3亿元,占西藏地方财政总支出的91%。

另外,国家还通过设立各种专项资金帮助解决特殊困难,支持民族地区加快发展。比如,1951年设立少数民族发展教育补助费,1955年设立民族地区补助费,1964年设立民族自治地方机动金,1977年设立边境建设事业补助费,1980年设立支援经济不发达地区发展资金,1992年设立少数民族发展资金,等等。

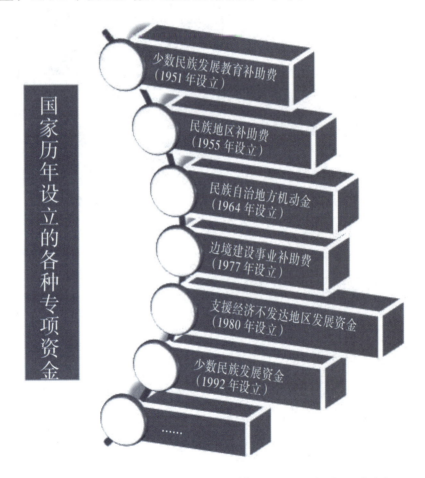

国家历年设立的各种专项资金
- 少数民族发展教育补助费（1951年设立）
- 民族地区补助费（1955年设立）
- 民族自治地方机动金（1964年设立）
- 边境建设事业补助费（1977年设立）
- 支援经济不发达地区发展资金（1980年设立）
- 少数民族发展资金（1992年设立）
- ……

国家还大力组织经济发达地区对欠发达民族地区开展对口支援。1979年,确定由北京支援内蒙古、河北支援贵州、江苏支援广西和新疆、山东支援青海、上海支援云南和宁夏、全国支援西藏。1996年,国务院确定由15个东部发达省市,对口帮扶西部11个省（自治区、直辖市）,同时动员中央各部门对口帮扶贫困地区。为促进西藏的发展,中央先后五次召开西藏工作座谈会,逐步加大对口支援力度。1994年以来,国家先后安排60多个中央国家机关、全国18个省（直辖市）和17个中央企业对口支援西藏。截至2008年年底，累计投入对口援藏资金达111.28亿元，安排6 050个对口援藏项目。2015年以来，累计实施对口援藏项目超万个，落实援藏资金超过400亿元。

在中央政府的领导和兄弟省市的大力支援下，经过民族地区各族人民的艰苦奋斗，民族地区经济社会发展取得了巨大成就，人民生活水平显著提高。2010年至2013年，民族地区GDP从4.2万亿元增加到6.4万亿元，人均GDP从22 196元增加到33 711元，农村居民人均纯收入从4 236元增加到6 579元，城镇居民可支配收入从15 926元增加到22 699元。2019年，民族地区GDP达到10万亿元。

民族地区经济社会的快速发展，为促进各民族繁荣发展奠定了坚实的物质基础。据2000年全国人口普查，有13个少数民族的人均预期寿命高于当时全国71.4岁的平均水平，7个高于汉族73.34岁的平均水平。赫哲族已由中华人民共和国成立之初的300多人增加到4 000多人。新疆被国际自然医学会列为世界上4个长寿地区之一，每百万人口百岁老人数居全国之首。西藏人均预期寿命由1951年的35.5岁增长到67岁，有80岁至99岁的老人13 581人，有百岁以上老人62人，成为中国人均百岁老人最多的省区之一。

5. 支持和帮助少数民族发展教育事业

中华人民共和国成立前，少数民族地区文化教育十分落后，文盲率在95%以上。中华人民共和国成立后，中央政府多次召开会议研究部署少数民族教育工作。在《中华人民共和国宪法》《中华人民共和国民族区域自治法》和《中华人民共和国义务教育法》中，都明确规定了支持和帮助少数民族发展教育的条款，在中央和地方各级政府教育行政部门中专门设立了民族教育行政管理机构，在中央和地方设置民族教育专项补助经费。特别是改革开放以来，民族地区在基础教育、职业教育、高等教育以及师资培养、"双语"教学和民族团结教育等各方面取得了前所未有的发展。2002年，国务院作出《关于深化改革，加快发展民族教育的决定》，进一步明确了加快民族教育改革发展的方针、政策，对民族教育事业的发展作出了全面部署。2007年，《国家教育事业发展"十一五"规划纲要》明确提出，坚持分区规划、分类指导的原则，强调公共教育资源向农村、中西部、贫困地区、边疆地区和民族地区倾斜。

近些年来，中央财政先后为民族地区教育事业投入290多亿元，极大地改善了民族地区的办学条件。全国建有民族小学20 906所、民族中学3 536所，其他各级各类学校也全部面向少数民族招生，并实行一定优惠。2004年，国家从西部农村地区开始实行"两免一补"（免杂费、免费提供教科书、补助寄宿生生活）政策，惠及绝大部分少数民族学生。2006年起，率先在西部实施农村义务教育经费保障机制改革。国家对特别困难的民族和地区，安排专项资金进行补助，如每年安排1.2亿元资金，对西藏农牧区中小学实行"三包"（包吃、包住、包学习费用）。

为增进各民族间的了解和沟通，发展平等团结互助和谐的民族关系，多年来中国政府致力于在民族地区开展"双语"（民族语言和汉语）教学，取得良好效果。截至2007年，全国共有1万多所学校使用21个民族的29种文字开展"双语"教学，在校学生达600多万人。

国家通过开展对口支援西部高校、与地方合作共建民族地区高校、加强特色学科建设和学位建设、扩大招生规模等措施，支持民族地区发展高等教育。民族地区已有普通高等院校167所，专任教师7.7万人，在校生123.5万人。国家还大力扶持民族地区发展职业教育。

经过70多年的努力，民族地区教育事业得到长足发展。截至2018年年底，全国各级各类学校少数民族在校学生总数为2 264.504 8万人（不含成人教育、特殊教育、学前教育）。其中，普通小学少数民族在校生数为1 175.965 3万人，占全国小学生总数的11.65%；普通初中少数民族在校生数为501.985 3万人，占全国初中学生总数的11.3%；普通高中少数民族在校生数为250.986 3万，占全国高中生总数的10.57%；普通中专少数民族在校生数为73.929 6万人，占全国普通中专生总数的10.37%；普通高等学校少数民族在校本专科学生数为248.878 8万人，占全国高校本专科生总数的9.04%，研究生数为12.799 5万人，占全国研究生总数的4.85%。少数民族群众的整体文化素质明显提高，55个少数民族都有自己的大学生，维吾尔、回、朝鲜、纳西等十几个少数民族，每万人平均拥有大学生人数，超过了全国平均水平。

6. 抢救和保护少数民族文化遗产

为了对少数民族古籍进行挖掘、整理、保护，国家专门成立了全国少数民族古籍整理出版规划小组和办公室。截至2008年年底，已搜集少数民族古籍数百万种，整理11万余种。《国家珍贵古籍名录》第一、二批已收录少数民族古籍377种，中国民族图书馆等5个单位列入第一、二批全国古籍重点保护单位。其中，纳西族东巴古籍文献已列入联合国教科文组织《世界记忆遗产名录》。中国政府设立少数民族三大英雄史诗《格萨尔王传》（藏族）、《江格尔》（蒙古族）、《玛纳斯》（柯尔克孜族）专门工作机构，收集、整理、翻译和研究取得重大成果。近年来，国家拨付巨资支持校勘出版《中华大藏经》计150部。

从20世纪50年代开始，国家组织3 000多名专家学者，历时30多年完成了《中国少数民族》《中国少数民族简史丛书》《中国少数民族语言简志丛书》《中国少数民族自治地方概况丛书》和《中国少数民族社会历史调查资料丛刊》等五种少数民族丛书的调查、编纂和出版，合计403册，1亿多字，发行50多万册。自50年代至今，国家组织开展了三次大规模的民族民间文艺资源普查、挖掘、抢救整理工作，并组织动员10

余万人，历时 30 年，完成了国家哲学社会科学规划重大课题《十部民族民间文艺集成志书》，出版 298 卷，合计 450 册，约 5 亿字。

20 世纪 80 年代以来，国家投入巨资对西藏拉萨的哲蚌（bàng）寺、色拉寺、甘丹寺，青海的塔尔寺，新疆的克孜尔千佛洞等大批全国重点文物保护单位进行维修。从 1989 年到 1994 年，共拨出 5 500 万元和 1 000 千克黄金、大量白银等珍贵物资对布达拉宫进行维修。2001 年起，共拨专款 3.8 亿元，用于维修布达拉宫、罗布林卡、萨迦寺。"十一五"期间，国家安排专项资金 5.7 亿元用于西藏 22 处重点文物的维修保护，安排专项经费 4 亿元用于新疆 20 余处全国重点文物保护单位、古遗址的保护。2002 年至 2015 年，中央财政累计投入非物质文化遗产保护经费将近 36 亿元，约有四分之一用于民族地区。

7. 繁荣发展少数民族文化艺术事业

20 世纪 50 年代初，国家建立了由各民族演员组成的中央民族歌舞团。近年来，国家通过实施万里边疆文化长廊建设，县级图书馆、文化馆和乡镇文化站、村文化室建设，以及广播电视村村通、文化信息资源共享等工程，大力完善民族地区公共文化服务体系，丰富和改善少数民族群众文化生活。截至 2008 年年底，全国民族文化事业机构达 10 282 个，其中艺术表演团体 651 个，艺术表演场所 191 处，图书馆 604 个，群众艺术馆 80 个，文化馆 643 个，文化站 6 859 个，博物馆 240 个。民族地区每 10 万人拥有的文化单位数已经超过全国平均水平。截至 2013 年，全国建立民族文字图书出版社 32 家，民族语言文字类音像电子出版单位 13 家，民族自治地方有广播电台 73 座，电视台 90 座，各类文化机构 50 834 个，少数民族传统文化得到保护。

全国 5 个自治区和云南、贵州、吉林等省建立了 24 所高等和中等艺术院校，专门培养少数民族艺术人才。中国作家协会少数民族会员比例已超过 10%，人数近 600 人。一大批优秀少数民族文艺人才，少数民族题材的优秀电影和少数民族文化歌舞品牌脱颖而出，少数民族歌舞传遍大江南北，在国内外产生了广泛影响。国家用法规的形式规定，每四年举办一次全国少数民族文艺会演，每五年举办一次全国少数民族传统体育运动会。定期举办少数民族题材电影、电视、文学"骏马奖"评选，开展各种类型的少数民族歌舞比赛，在中央电视台春节联欢晚会等推出少数民族文艺节目，推动了少数民族文化艺术精品的创作和各民族文化的交流。

总而言之，中国的少数民族地区，自中华人民共和国成立以来，各方面都得到了突飞猛进的发展。少数民族地区虽然基础差、底子薄，与汉族地区相比差距比较大，但是，通过政府实行正确的民族政策，对少数民族给以巨大的支援，加上 40 多年来的改革开放，少数民族地区与汉族地区的差距已变得越来越小。

思考题

1. 请说出中国少数民族的种类、人口、分布等基本情况。
2. 中国的民族政策都包含哪些内容?请谈谈自己的认识。

第五章　中国的政治制度

中国古代经历了漫长的原始社会、奴隶社会、封建社会。到了近代，中国的资产阶级政党虽曾企图在这块古老的土地上，建立西方式的资产阶级共和国，但是，中国民族资产阶级太软弱，封建势力太强大，帝国主义不允许中国独立，要把它变成殖民地，所以，资产阶级革命并未取得成功，它没有能够挽救中国日益严重的民族危机，更没有能够改变中国贫穷落后的面貌。

1921年成立的中国共产党，从一诞生起，就把推翻帝国主义、封建主义、官僚资本主义"三座大山"，把中国建设成为独立、自由、统一、民主、富强的社会主义国家，作为坚定不移的奋斗目标。1949年取得新民主主义革命胜利，1956年完成社会主义改造，在中国建立了社会主义的政治制度。那么，中国实行的政治制度是一种什么样的制度呢？本章作些介绍。

第一节　政治体制

中国的政治体制，有四项基本政治制度：一是人民代表大会制度，二是共产党领导的多党合作和政治协商制度，三是民族区域自治制度，四是基层群众自治制度。

一、人民代表大会制度

中国宪法规定："中华人民共和国是工人阶级领导的、以工农联盟为基础的人民民主专政的社会主义国家。"所谓"人民民主专政"，一方面是对人民实行民主，让人民做国家的主人，另一方面是对极少数危害社会、危害国家的坏人实行专政。

中国国土广大，人口众多，怎样让人民参与国家管理呢？中国采用的是人民代表大会制度。

1. 全国和地方人民代表大会的地位与职能

中国宪法规定："中华人民共和国全国人民代表大会是国家最高权力机关。"就是说，所有的国家机关都必须服从全国人民代表大会。

全国人民代表大会由全国各个省、自治区、直辖市人民代表大会以及人民解放军选出的代表组成。法律规定，代表总数不超过 3 000 人，名额的分配由全国人民代表大会常务委员会决定，具有广泛的代表性。各界代表所占的比例一般是：工人农民代表 20%，知识界代表 22%，干部代表 28%，民主党派和无党派爱国人士代表 19%，解放军代表 9%，香港特别行政区代表和澳门特别行政区代表分别为 1.2% 和 0.4%，归国华侨代表 1.2%，妇女代表 21%，少数民族代表 14.75%，55 个少数民族都有代表。全国人民代表大会每届任期五年，五年改选一次。

全国人民代表大会主要行使下列职权：① 修改宪法；监督宪法的实施；制定和修改刑事、民事、国家机构的和其他的基本法律；② 选举中华人民共和国主席、副主席；根据中华人民共和国主席的提名，决定国务院总理的人选；根据国务院总理的提名，决定国务院副总理、国务委员、各部部长、各委员会主任、审计长、秘书长的人选；选举中央军事委员会主席；根据中央军事委员会主席的提名，决定中央军事委员会其他组成人员的人选；选举国家监察委员会主任；选举最高人民法院院长；选举最高人民检察院检察长；③ 审查和批准国民经济和社会发展计划和计划执行情况的报告；审查和批准国家的预算和预算执行情况的报告；改变或者撤销全国人民代表大会常务委员会不适当的决定；批准省、自治区和直辖市的建置；决定特别行政区的设立及其制度；决定战争和和平的问题；④ 应当由最高国家权力机关行使的其他职权；等等。

全国人民代表大会每年举行一次。如果人大常委会认为必要，或者有五分之一以上的代表提议，可召开临时会议。会议公开举行，设有旁听席，决议的决定通过无记名投票表决，按少数服从多数的原则作出。

全国人民代表大会设有常务委员会，在全体会议闭幕以后，代表全国人大行使职权。人大常委会委员从全国人大代表中选举产生，设委员长一人、副委员长若干人、秘书长一人、委员若干人。被选为人大常委会委员的组成人员，不得担任行政机关、监察机关、审判机关、检察机关的职务。全国人大常委会委员长、副委员长连续任职不得超过两届。

全国人大会常务委员会主要行使下列职权：① 解释宪法，监督宪法的实施；制定和修改除应当由全国人民代表大会制定的法律以外的其他法律；在全国人民代表大会闭会期间，对全国人民代表大会制定的法律进行部分补充和修改，但是不得同该法律的基本原则相抵触；解释法律；② 在全国人民代表大会闭会期间，审查和批准国民经济和社会发展计划、国家预算在执行过程中所必须作的部分调整方案；③ 监督国务院、中央军事委员会、国家监察委员会、最高人民法院和最高人民检察院的工作；撤销国务院制定的同宪法、法律相抵触的行政法规、决定和命令；撤销省、自治区、直辖市国家权力机关制定的同宪法、法律和行政法规相抵触的地方性法规和决议；决定特赦；④ 在全国人民代表大会闭会期间，根据国务院总理的提名，决定部长、委员会主任、审计长、秘书长的人选；⑤ 全国人民代表大会授予的其他职权；等等。

全国人大常委会会议，一般两个月举行一次，有特殊需要时，可召开临时会议。会议由委员长主持，或由委员长委托副委员长主持。

全国人民代表大会及其常务委员会根据需要，设立若干机构，主要有：① 各种专门委员会，如民族委员会、监察和司法委员会、教育科学文化卫生委员会、外事委员会、华侨委员会、环境与资源保护委员会等，主要负责研究、审议和拟订提案，开展调查研究；② 调查委员会，是为调查某项特别问题设立的临时机构；③ 委员长会议，由全国人大常委会委员长、副委员长、秘书长组成的机构，负责处理人大常委会重要的日常工作；④ 代表资格审查委员会、工作委员会、办公厅等其他机构。

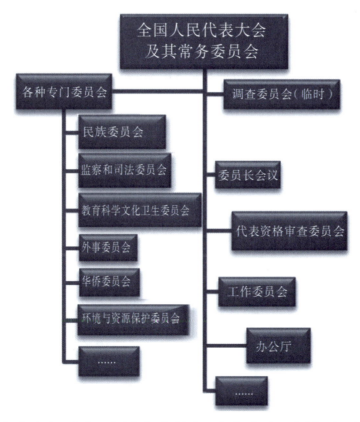

与全国人民代表大会相对应，中国宪法规定，在各个省、自治区、直辖市、自治州、县、自治县、市辖区、乡、民族乡、镇设立地方人民代表大会。地方各级人民代表大会是地方各级国家权力机关，它们在本地区内，代表人民讨论和决定本地区的重大问题，组织并监督本地区人民政府和其他国家机关，同时，接受上一级人民代表大会的指导与监督。

地方各级人民代表大会主要行使下列职权：① 在本行政区域内，保障宪法、法律、行政法规的遵守和执行；② 县级以上的地方各级人民代表大会，审查和批准本行政区域内的国民经济和社会发展计划、预算以及它们的执行情况的报告，讨论、决定本行政区域内各方面工作的重大事项；③ 县级以上的地方各级人民代表大会，选举并且有权罢免本级人民代表大会常委会的组成人员、本级监察委员会主任、本级人民法院院长和本级人民检察院检察长；④ 省、直辖市的人民代表大会和它们的常务委员会，在不同宪法、法律、行政法规相抵触的前提下，可以制定地方性法规，报全国人民代表大会常务委员会备案；设区的市的人民代表大会和它们的常务委员会，在不同宪法、法律、行政法规和本省、自治区的地方性法规相抵触的前提下，可以依照法律规定制定地方性法规，报本省、自治区人民代表大会常务委员会批准后施行；等等。

地方各级人民代表大会会议每年至少举行一次。县级以上地方各级人民代表大会常务委员会会议，每两个月至少开一次。

2. 人民代表的产生与权利

按照宪法规定，中华人民共和国公民，凡满18周岁者，除了因犯罪而被依法剥夺政治权利的人以外，不分民族、种族、性别、职业、家庭出身、宗教信仰、教育程度、财产情况和居住期限，都有选举权和被选举权，每个选民都在平等基础上参加选举。

人民代表的产生，分为直接选举和间接选举两种形式。县级以下（包括县）实行直接选举，由选民直接投票选举人民代表；县级以上实行间接选举，由下一级人民代表大会选举上一级人民代表大会的代表。各级人民代表大会的选举，一律采取无记名投票的方式。对选举中的违法行为，严格依法惩处。

直接选举由县级人民代表大会的常务委员会任命的选举委员会主持，间接选举由本级人民代表大会常务委员会主持。在选举前，选举委员会按居住情况，或者按工作单位划分选区，按选区进行选民登记，并审查选民资格，然后，在选举投票的30天前公布选民名单，发选民证。

各级人民代表大会代表的候选人，由各政党、各人民团体联合或单独推荐。选民或代表10人以上联名，也可以推荐。由于实行的是差额选举，所以，代表候选人的名额多于应选代表的名额，直接选举中，多三分之一至一倍，间接选举中，多五分之一至二分之一。正式候选人的名单，由各选区的选民小组或全体代表讨论、协商确定，选举前正式公布。

直接选举中，各选区设立投票箱或召开选举大会进行投票，全体选民过半数投票选举才有效，代表候选人获得参加投票选民的半数以上的票才能当选。选举结果由选举委员会或人民代表主席团根据选举法确定是否有效，并予公布。

通过直接或间接选举以后，当选的人就成了人民代表，参加人民代表大会。人民代表主要有以下权利：

第一，提案权。人民代表有权依照法律规定的程序，向人民代表大会提出属于本级人大职权范围内的议案。法律规定，全国人大的一个代表团或30名以上的代表联名，县级以上各级地方人大的10名以上代表联名，乡级人大的5名以上的代表联名，可以提出议案，议案列入议程被审议通过后，就成为人大的决议或法律。

第二，质询权。人民代表有权根据法律规定的程序，对政府等机关提出质询案，被质询的机关必须负责答复。法律规定，全国人大举行会议期间，一个代表团或30名以上代表，以书面形式，提出对国务院及其各个部门的质询案，由主席团决定交受质询机关答复。

第三，言论和表决免责权。人民代表在人民代表大会各种会议上的发言和表决，不受法律追究。

第四，视察权。人民代表可以根据工作需要，集体或个人视察某一地方或某个方面的情况。

第五，人身保护权。人民代表未经本级人大主席团或人大常委会许可，不接受逮捕或刑事审判。

第六，物质便利权。人民代表在执行代表职务时，依法享有国家给予的适当补贴和便利。

二、共产党领导的多党合作和政治协商制度

政党政治是当今世界各国政治制度的组成部分和重要特点。各国根据本国情况，有的实行多党制，有的是两党制，有的是一党制。中国的政党政治是在中国条件下形成的，它既不是多党制、两党制，也不是一党制，而是一党领导的多党合作制。它没有执政党和在野党相互对立、轮流执政的情况，而是一党执政，多党参政，合作管理国家。

1. 中国共产党的领导地位

中国共产党是1921年成立的。在中国近代史上，曾发生过多次革命，曾出现过许多革命政党与组织，但是，没有一个政党或组织能够挽救中国的悲惨命运，他们领导的进步运动最后都失败了。只有在中国共产党的领导下，中国才结束了半殖民地半封建社会，走上了民族独立、人民解放、国家富强的道路。中国共产党的领导地位是在中国近代革命中自然形成的。中华人民共和国成立以后，中国共产党又领导中国人民，把中国建设成了一个初步繁荣富强的国家，从根本上改变了过去那种贫穷落后的面貌。

中国共产党是中国特色社会主义事业的领导核心，代表中国先进生产力的发展要求，代表中国先进文化的前进方向，代表中国最广大人民的根本利益。

中国共产党在领导革命和建设的过程中，虽然也犯过错误，但自己最后都纠正了，而它为中国人民立下的丰功伟绩却是不可磨灭的。如果没有中国共产党的领导，就没有中国的民族独立和解放，就没有中华人民共和国的建立、发展和强大。因此，中国共产党得到了全中国各族人民和各进步党派的拥护和支持。

中国共产党对国家的政治领导，主要是大政方针的领导，并向国家政权机关推荐重要干部。实现该种领导的主要方式是，把党所确定的路线、方针、政策，通过全国人民代表大会的法律程序变成国家、政府的意志，并通过各级党组织和党员的作用，带动广大人民群众贯彻、实现。

中国共产党从中央到地方有一套完整的组织系统。党的最高领导机关，是中国共产党全国代表大会和它所产生的中央委员会，党代会一般每五年举行一次。在全国代表大会闭会期间，中央委员会执行全国代表大会的决议，领导党的全部工作。中央委员会一般每年举行一次，根据全国代表大会排序简称"几届几中全会"。在中央委员会全体会议闭会期间，由中央政治局和它的常务委员会行使中央委员会的职权，中央政治局会议不定期举行。中央政治局未举行全体会议期间，由政治局常务委员会代行其职权，决定日常党和政府的一些重要事宜。

2. 各民主党派的参政作用

除了共产党以外，中国还有八个民主党派，共产党吸收他们参政议政，请他们帮助共产党更好地发挥领导作用。

中国现有的八个民主党派是：中国国民党革命委员会（1948年1月成立），简称"民革"，成员主要是原国民党人士以及与国民党有历史联系的人士；中国民主同盟（1941年3月成立），简称"民盟"，成员主要是文化教育界的中上层知识分子；中国民主建国会（1945年12月成立），简称"民建"，成员主要是经济界人士及有关专家学者；中国民主促进会（1945年12月成立），简称"民进"，成员主要是文化、教育、出版、科学界及其他各界的知识分子；中国农工民主党（1930年8月成立），简称"农工党"，成员主要是医药卫生、人口资源和生态环境领域的中高级知识分子；中国致公党（1925年10月成立），简称"致公党"，成员主要是归国华侨、侨眷（juàn）；九三学社（1946年5月成立），成员主要是科技界的中高级知识分子；台湾民主自治同盟（1947年11月成立），简称"台盟"，成员主要是居住在大陆的台湾同胞。

中国各民主党派，大多数是在抗日战争和反对国民党统治时期成立的。他们原来的社会基础，主要是民族资产阶级、城市上层小资产阶级和附属于他们的知识分子，以及其他爱国民主人士。他们当时的政治主张，主要是反帝爱国和要求民主，与共产党当时的革命任务一致，于是，与共产党建立了团结合作关系，并对民主革命的胜利和新中国的建立作出了贡献。中华人民共和国成立以后，各民主党派都承认并参与了《中华人民共和国宪法》的制定。他们作为各自联系的某些社会阶层和爱国者的政治联盟，成为参政党，与共产党合作，共同为建设现代化的中国而奋斗。

中国共产党与各民主党派合作的政治基础是坚持社会主义道路和共产党的领导，合作的基本方针是"长期共存，互相监督，肝胆相照，荣辱与共"。民主党派参政的基本内容包括：参加国家政权，参加国家大政方针和国家领导人选的协商，参与国家事务的管理与监督，参与国家方针、政策、法律、法规的制定与执行。在国家采取重大措施或决定国计民生的重大问题时，中国共产党都事先同民主党派和无党派民主人士进行协商，取得统一认识，然后再形成决策；在国家权力机关人民代表大会及其常委会、常设专门委员会中，在地方各级人大中，民主党派和无党派人士均有一定比例的代表，以更好地参政、议政并发挥监督作用；在人民政协中充分发挥民主党派和无党派人士的作用；举荐民主党派和无党派人士在各级政府及司法机关担任领导职务。

3. 政治协商制度

政治协商制度，是中国政治制度的重要组成部分。它的内容是：在中国共产党的领导下，各民主党派、各人民团体、各少数民族和社会各界的代表，以"中国人民政治协商会议"为组织形式，就国家的大政方针以及政治、经济、文化和社会生活中的重要问题，进行民主协商。

1949年9月，在中国共产党的号召和组织下，由各个党派、团体、地区和军队等各方面代表参加，在北京召开了中国人民政治协商会议第一届全体会议。通过广泛协商，会议对全国解放后的一系列重大政治问题取得一致意见，为中华人民共和国的成立做了准备。从此以后，政治协商制度就作为一种政治制度确立下来了。长期以来，这种制度已成为广泛发扬民主、实现多党合作、坚持统一战线的主要形式与途径，一直在中国的政治生活中发挥着重要作用。

政治协商制度的作用，主要表现在政治协商和民主监督两个方面。

政治协商，就是通过各种形式，就国家的重要事务进行讨论与协商，并将协商中形成的建议、意见提交给政府等机关，供决策时考虑。政治协商内容很广泛，协商的渠道主要是通过各种层次的会议。此外，人民代表大会召开时，政协委员均列席会议，并就会议的重要内容进行讨论。

民主监督，就是对国家机关和国家工作人员的工作提出批评、意见、建议。政协各级组织及其成员通过各种方式，如视察、参观、调查等，联系各方面人士，听取意见，了解情况，研究问题，向国家机关及有关组织反映，协助他们改进工作，提高效率，克服官僚主义。特别是近些年来，提案已成为政协委员参政议政，开展民主监督的重要方式。

中国人民政治协商会议，是政治协商的组织形式，它分为全国委员会和地方委员会。政协全国委员会，由共产党、各民主党派、无党派人士、各人民团体、各少数民族、各行各界、台湾同胞、港澳同胞、归国侨胞的代表，以及特邀人士组成，每年举行一次全体会议。政协全国委员会全体会议的主要职权是：修改中国人民政治协商会议章程，监督章程的实施；选举全国委员会的主席、副主席、秘书长和常务委员，决定常务委员会组成人员的增加或者变更；协商讨论国家的大政方针以及经济建设、政治建设、文化建设、社会建设、生态文明建设中的重要问题，提出建议和批评；听取和审议常务委员会的工作报告、提案工作情况报告和其他报告；讨论本会重大工作原则、任务并作出决议。

政协全国委员会每届任期五年，由常务委员会主持会务，常务委员会由政协全国委员会主席、副主席、秘书长和常务委员组成。政协全国委员会根据工作需要，设立若干工作机构，成立提案、经济、农业和农村、人口资源环境、外事、社会和法制、文化文史和学习、港澳台侨等专门委员会。

与政协全国委员会相对应，省、自治区、直辖市、自治州、设区的市、县、自治县、不设区的市和市辖区，设立政协各级地方委员会，行使地方与政协全国委员会相应的职权。

三、民族区域自治制度

民族区域自治制度是中国在少数民族聚居地方实行的一项重要政治制度。民族自治地方设立自治机关，依照宪法和法律的规定行使地方国家机关的职权和区域自治权。坚持和完善共产党领导的多党合作与政治协商制度以及民族区域自治制度，对于巩固和发展广泛的爱国统一战线，促进民族团结，维护祖国统一，共同推进中国的社会主义现代化事业，具有重要意义。

四、基层群众自治制度

中国的基层群众自治制度，是指城乡居民群众以相关法律法规政策为依据，在城乡基层党组织领导下，在居住地范围内，依托基层群众自治组织，直接行使民主选举、民主决策、民主管理和民主监督等权利，实行自我管理、自我服务、自我教育、自我监督的制度。实行基层群众自治制度，是人民当家作主最有效、最广泛的途径。中国共产党十七大政治报告中，把中国的政治制度由人民代表大会制度、中国共产党领导的多党合作和政治协商制度、民族区域自治制度这三项制度，扩展为包括基层群众自治制度在内的四项制度，把国家层面的民主制度与基层范畴的民主制度有机地结合在一起，使社会主义政治制度体系的内容更为全面、更为丰富，结构更为完整，功能更为强大。这有利于不同类型和层次的民主制度发挥各自优势，有利于它们之间的衔接与互动，使中国的政治制度更好地成为亿万人民群众参与并造福于人民的制度。

体现基层群众自治制度的主要组织形式，在城市是"居民委员会"，在农村是"村民委员会"。城市居民委员会，在中华人民共和国成立之初就在一些大城市中产生了。1989年12月，第七届全国人大常委会第十一次会议通过了《中华人民共和国城市居民委员会组织法》，标志着城市居民委员会的组织建设进入了新的全面发展的时期。同城市居民委员会相比，村民委员会出现得比较晚。那是在1978年年底中共十一届三中全会后，在实行联产承包责任制的过程中，广西壮族自治区某些村自发创立的农民群众自治组织形式。1982年，第七届全国人大常委会在起草宪法修改草案时，把村民委员会和居民委员会一起写进了宪法，并对村民委员会的性质、任务和组织原则都作出了具体规定。1987年11月，第六届全国人大常委会第二十三次会议通过了《中华人民共和国村民委员会组织法（试行）》。1998年11月4日，第九届全国人大常委会第五次会议通过《中华人民共和国村民委员会组织法》，2010年10月28日第十一届全国人大常委会第十七次会议修订。中国农村基层群众自治组织在实践中不断发展壮大。

经过长期的发展，中国基层群众自治制度体系已基本确立，组织载体日益健全，内容不断丰富，形式更加多样，城乡基层群众自治正在社会主义民主政治建设中发挥着越来越大的作用。

中国国情和社会制度决定了绝不能照搬西方的政治模式，必须走中国特色社会主义政治发展道路。一方面，人民通过他们选出的代表组成全国人民代表大会和地方各级人民代表大会，行使当家作主的权力；另一方面，在基层建立健全群众自治组织和民主自治制度，群众的事情由群众自己依法去办，为社会主义民主政治奠定全面巩固的群众基础。把代表制民主与基层直接民主结合起来，充分发挥各自的功能和整体优势，是中国社会主义民主政治的突出特色。

第二节　政府机构

一、中央政府机构

在中国，国家的最高行政机关中央人民政府，称为国务院，它是最高国家权力机关全国人民代表大会的执行机关。国务院的任务是贯彻执行全国人民代表大会及其常务委员会制定的宪法、法律和决议。国务院向全国人民代表大会及其常务委员会负责并报告工作，接受其监督。国务院的职权主要是：根据宪法和法律，规定行政措施，制定行政法规，发布决定和命令；向全国人民代表大会或者全国人民代表大会常务委员会提出议案；统一领导各部、各委员会和全国地方各级国家行政机关的工作；等等。

国务院由总理一人、副总理若干人、国务委员若干人，以及各部部长、各委员会主任、审计长、秘书长组成。总理的人选，由国家主席提名，经全国人民代表大会决定，国家主席任免；副总理、国务委员、各部部长、各委员会主任、审计长、秘书长，由总理提名，经全国人民代表大会决定，国家主席任免。在全国人大闭会期间，根据总理提名，全国人大常委会也有权决定部长、委员会主任、审计长、秘书长的人选，由国家主席任免。国务院每届任期五年，总理、副总理、国务委员连续任职不得超过两届。

国务院实行总理负责制。总理作为政府首脑，对国务院工作拥有全面领导权、最后决定权和人事提名权，同时，负全面责任。国务院总理的权力虽然很大，但他的最后决定权必须以民主为前提。法律规定，国务院工作中的重大问题，必须经国务院会议讨论决定。

国务院根据需要设立若干行政部门，分别负责管理国家各方面的事务。2018年3月第十三届全国人大一次会议以后，国务院机构又一次进行了改革，机构设置如下：国务院办公厅、外交部、国防部、国家发展和改革委员会、教育部、科学技术部、工业和信息化部、国家民族事务委员会、公安部、国家安全部、民政部、司法部、财政部、人力资源和社会保障部、自然资源部、生态环境部、住房和城乡建设部、交通运输部、水利部、农业农村部、商务部、文化和旅游部、国家卫生健康委员会、退役军人事务部、应急管理部、中国人民银行、审计署。以上各部门，每个部设一名部长、数名副部长，每个委员会设一名主任、数名副主任，各个部委下设厅、局（司）、处、科。国务院直属特设机构：国务院国有资产监督管理委员会。国务院直属机构：海关总署、国家税务总局、国家市场监督管理总局、国家广播电视总局、国家体育总局、国家统计局、国家国际发展合作署、国家医疗保障局、国务院参事室、国家机关事务管理局。国务院办事机构：国务院港澳事务办公室、国务院研究室。国务院直属事业单位：新华通讯社、中国科学院、中国社会科学院、中国工程院、国务院发展研究中心、中央广播电视总台、中国气象局、中国银行保险监督管理委员会、中国证券监督管理委员会。以上构成了中央政府机构的管理运行系统。

二、地方政府机构

在中国，地方各级人民政府是地方国家权力机关各级人民代表大会的执行机关，是地方各级国家行政机关；地方各级人民政府对本级人民代表大会和上一级政府机关负责并报告工作。全国地方各级人民政府都是国务院统一领导下的国家行政机关，都服从国务院。

地方各级人民政府的最高行政长官分别称为省长、自治区主席、市长、州长、县长、区长、乡长、镇长，每个正职都配有数名副职。地方各级人民政府的正、副职领导人员，由本级人民代表大会选举产生并可罢免。地方各级人民政府的秘书长、厅长、局长、主任、科长的任免，由本级人民政府的最高行政长官提名，由本级人民代表大会常务委员会决定，并报上一级人民政府备案。地方各级人民政府的每届任期，县以上为五年，县以下为三年。

地方各级人民政府的职权主要是：执行本级人民代表大会及其常务委员会的决议，执行上级人民政府的决定和命令，发布决定和命令；执行国民经济和社会发展计划、预算，管理本地区的经济、文化事业和各项行政工作；保护国家、集体、个人的财产，维护社会秩序，保障宪法、法律规定的集体与个人的各种权利；向本级人民代表大会及其常委会，提出属于本职权范围的议案，办理上级机关布置的其他各种任务。

地方各级人民政府实行行政首长负责制。并且，根据实际需要及与上级政府机关各部门相对应，设立各种工作部门，如厅、局、委、处、科等。有的省、自治区人民政府，还设立了派出机关，称为"行政公署"，设专员一人、副专员若干人，代表省、自治区人民政府指导若干县人民政府的工作。有的县、自治县人民政府也设了派出机关，称为"区公所"。市辖区人民政府的派出机关，叫作"街道办事处"，它所辖的区域称"街道"，"居民委员会"是城镇居民的自治组织。

第三节　司法制度

在中国，司法有广义和狭义之分。广义的司法是指国家司法机关及司法组织在办理诉讼案件和非诉讼案件过程中的执法活动。狭义的司法指国家司法机关在办理诉讼案件中的执法活动。

中国的司法制度，包括侦查制度、检察制度、审判制度、监狱制度、司法行政管理制度、人民调解制度、律师制度、公证制度、国家赔偿制度等。公安机关、人民法院、人民检察院是贯彻执行司法制度的三大司法机关。公安机关是侦查机关，人民法院是审判机关，人民检察院是监督机关。国家的最高公安机关是公安部和国家安全部，地方公安机关叫作公安厅、公安局。国家的最高审判机关是最高人民法院,地方法院分为设在省级的高级人民法院、市(区)中级人民法院和设在县级的基层人民法院。国家的最高法律监督机关是最高人民检察院,地方法律监督机关为从省级到县级的各级人民检察院。为了使司法机关正确行使国家赋(fù)予的职权,保障国家法律的准确实施,依法治国,中国制定了比较完备的司法制度。

一、侦查制度

中国的刑事诉讼法规定,对刑事案件的侦查、预审,由公安机关负责。人民检察院对贪污案件、经济犯罪案件、渎(dú)职案件,以及应该直接由它侦查的案件,有侦查权。除公安机关和人民检察机关外,其他任何机关、团体、个人都无权行使这种权力。任何机关、团体、企事业单位和公民,如发现有犯罪事实或犯罪嫌疑的人,有权利和义务向公安机关、人民检察院、人民法院检举和控告。公安机关、人民检察院、人民法院对于检举、控告或自首的材料,应按管辖范围迅速审查,必要时要迅速立案。对刑事案件的侦查,有严格的规定与程序。逮捕犯人,必须经过人民检察院批准或人民法院决定,由公安机关执行。

二、审判制度

人民法院作为审判机关,依照法定程序和审判制度行使审判权。中国的主要审判制度和原则有:① 人民法院依法独立行使审判权,不受任何行政机关、社会团体和个人的干涉;② 以法律为准绳,以事实为依据,在法律面前人人平等,不允许任何人有任何特权;③ 公开审判制度,除涉及国家机密、个人隐私和未成年的犯罪案件外,一律公开进行审判;④ 审判合议制度,审判第一审案件,由审判员或由审判员与人民陪审员组成合议庭进行;⑤ 辩护制度,被告有权为自己辩护,也有权委托律师或其他人为自己辩护;⑥ 回避制度,当事人如果认为有关司法人员因与本案有关系不能公平办案,有权请求他们回避;⑦ 用民族语言进行审判的制度,在诉讼和审判活动中,可以使用当地的民族语言;⑧ 两审终审制度,地方法院的第一审案件判决后,当事人如不服,可以向上一级法院上诉,经上一级人民法院审判的第二审案件的判决和裁定,是终审的判决和裁定。中国目前判决的刑罚分为主刑和附加刑,主刑有管制、拘役、有期徒刑、无期徒刑、死刑,附加刑有罚金、剥夺政治权利、没收财产。

三、监督制度

中华人民共和国的法律监督由人民检察院执行。根据法律规定的职权，人民检察院进行下列法律监督工作：① 法纪监督，对于叛国案、分裂国家案以及严重破坏国家政策、法律统一实施的重大犯罪案件行使检察权；对于直接受理的刑事案件，进行侦查；② 侦查监督，对于公安机关侦查的案件，进行审查，决定是否逮捕、起诉或者不起诉；对于公安机关的侦查活动是否合法，实行监督；③ 提起公诉和审判监督，对于刑事案件提起公诉、支持公诉；对于人民法院的审判活动是否合法，实行监督等；④ 监所监督，对于刑事案件判决、裁定的执行和监狱、看守所、劳动改造机关的活动是否合法，实行监督。

人民检察院在检察活动中，遵循下列法治原则：依照法律规定行使检察权，不受行政机关、社会团体和个人的干涉；在适用法律上，对任何公民一律平等；在办理刑事案件中，同人民法院、公安机关分工负责、互相配合、互相制约。

以上是中国基本的政治制度与政权形式，它虽然已经形成了一个比较完整的体系，但是，还存在着一些不够完善的方面。随着经济改革的不断深入，中国的政治体制改革也在有步骤地进行。改革的方向是，使人民更充分地利用当家作主的权利，使共产党更好地发挥领导作用，使政府机关更加提高工作效率，真正建立起有中国特色的民主政治制度。

思考题

1. 中国的政治体制是怎样构成的？
2. 介绍中国的人民代表大会制度。
3. 谈谈中国的政府机构和司法制度。

第六章 中国的经济

经济是社会发展与人民生活的保障，经济状况如何，决定着一个国家的基本面貌。中国封建社会时期的经济，地主阶级土地所有制占统治地位，是自给自足的农业自然经济。由于中国的农业和手工业技术发展比较早，尽管各个朝代的经济发展很不平衡，但从总体上讲，中国的封建经济在同时代的世界上，一直处于先进地位。

可是，到了十七八世纪，西方发生产业革命，世界进入了工业经济时代，中国却仍然停留在封建农业经济上。19世纪中期，西方资本主义势力侵入中国，中国原来自给自足的封建经济终于被打破了，然而，却被半殖民地半封建的经济所代替。在帝国主义、封建主义、官僚资本主义"三座大山"的压迫下，加上接连不断的战争破坏，近代中国的经济始终处于十分落后的状态。

中华人民共和国成立以后的经济，是在贫弱的基础上建立起来的，经过70余年的发展，取得了举世瞩（zhǔ）目（mù）的成就。

第一节 前进历程

从1949年中华人民共和国成立至今，中国的经济发展经过了以下四个时期：

第一个时期：1949—1957年，国民经济恢复和社会主义改造时期

中华人民共和国成立后，人民政府首先利用三年时间恢复国民经济，采取了以下重大步骤：

第一，没收官僚资本。官僚资本，主要是指以"四大家族"（蒋介石、宋子文、孔祥熙和陈果夫、陈立夫）为代表的封建买办性国家资本主义经济。"四大家族"凭借着他们的官僚地位和帝国主义的支持，控制着全国银行资本的三分之二，工业资本的三分之二，交通运输业固定资产的五分之四。蒋介石政府被推翻后，官僚资本全部被人民政府没收，变成了国有经济。

第二，完成土地改革。中华人民共和国成立前，占农村人口不到10%的地主、富农，所拥有的耕地占全国耕地的70%以上，占农村人口90%以上的贫雇农、中农，耕地还不到全国耕地的30%。中华人民共和国成立以后，土地改革在全国范围内展开，到1952年年底基本完成。通过土地改革，农民分到了土地。从此，在中国延续了两千多年的封建地主阶级土地所有制被彻底废除，农业生产力得到了空前解放。

第三，统一国家财政。中华人民共和国成立前，中国的财政，混乱而不统一。中华人民共和国成立后，为了克服财政经济工作中的混乱现象，使中央政府能够集中使用财力和物力，扭转当时困难的财政经济形势，从1950年3月起，实行了国家财政经济的统一管理与领导，统一了全国的财政收支、物资调度、现金管理。

通过以上重大措施，人民政府掌握了全国的经济命脉，整顿了经济秩序。到1952年年底，国家的财政经济状况根本好转，国民经济得到了恢复，人民生活有了明显改善。

国民经济恢复以后，从1953年开始，中央人民政府制定了发展国民经济的第一个五年计划，经济进入了有计划的发展时期。

第一个五年计划经济建设的主要任务与成果：集中主要力量进行以156个大型项目为中心的工业建设，一批过去非常薄弱的基础工业建立起来了，例如飞机、汽车、拖拉机、发电设备、冶金设备、矿山设备、重型和精密仪器设备等新的制造工业部门，为工业化打下了初步基础；农业、水利建设也取得了很大成绩；工业总产值平均每年递增27.4%，农业总产值平均每年增长4.3%，国民经济发展得比较顺利。

第一个五年计划期间，在工农业生产发展的同时，对农业、手工业、资本主义工商业进行社会主义改造，建立了以公有制经济占主导、多种经济成分并存的社会主义经济制度。

第二个时期：1958—1965年，第二个五年计划和国民经济调整时期

第二个五年计划，仍然是以重工业为中心进行工业建设，并推进国民经济的技术改造，同时，巩固和扩大全民所有制和集体所有制。但是，政府在经济工作的指导思想上急于求成，脱离了当时中国的实际情况，搞了"大跃进"和"人民公社"运动，再加上连续三年全国性严重饥荒，结果，造成了国民经济比例关系严重失调，国家遭受了严重的经济困难。

从1961年开始，中国政府对国民经济实行"调整、巩固、充实、提高"八字方针，取得明显效果。到1965年时，国民经济扭转了原来的困难局面，而且有了较大发展。与1957年比，在工业方面，布局有了明显改善，部门比较齐全，产值有较大增长。在农业方面，生产基本恢复和超过了1957年的水平。在科学技术方面，第一颗原子弹试验成功，标志着中国在某些领域已达到了世界先进水平。

第三个时期：1966—1976年，第三和第四个五年计划时期

1966年，中国开始实施第三个五年计划。经过前几年的调整，中国经济出现了欣欣向荣的局面，无论是经济增长速度，还是经济效益，都达到了较高水平。但是，就在此时"文化大革命"开始了，政治上的动乱和理论上的错误，给中国经济建设带来了严重破坏，重大经济关系出现了新的混乱和比例失调。

"文化大革命"期间，以周恩来和邓小平为代表的政治家，曾努力整顿经济秩序，虽然使国民经济几次出现了好的转机，但还是受到了"四人帮"的严重干扰与破坏。

在第三和第四个五年计划期间，中国的经济取得了一些成绩，比如粮食保持了比较稳定的增长，工业交通、基本建设和科学技术有比较明显的成果，但从全局看，损失是巨大的，不但原来的经济发展规划未能实现，而且经济形势一步步恶化，几乎到了崩溃（kuì）的边缘。

第四个时期：1978年以后，改革开放，经济发展最好时期

1976年10月，"四人帮"被打倒，持续了10年的"文化大革命"结束。1978年12月，中共召开十一届三中全会，明确宣布以实现"四个现代化"为目标，以经济建设为中心，中国经济终于跨入了正常、快速发展的好时期。到20世纪末，所制定的第五、六、七、八、九个国民经济五年计划，全部按时或提前完成。改革开放政策的大力实行，使中国经济冲破了旧的经济体制的束缚，充满了活力，农业连年丰收，工业蓬勃发展，市场十分活跃，外贸和外汇储备迅速增加，国家实力大大增强，人民生活水平步步提高。

当然，中国经济在改革开放后的发展过程中，也曾出现过一些问题。比如，某段时间工业生产发展速度过快，固定资产投资规模过大，消费资金增长过猛，物价上涨过高，一定程度的比例失调和不稳定，等等。但是，政府都能比较及时地进行调整与纠正。20世纪90年代后，中国经济进入了快速、持续、健康发展的良性循环轨道。进入21世纪后，中国经济仍继续保持着强劲的发展势头，无论是经济总量还是人均水平都大幅度提高，综合国力明显增强，国际地位和影响力显著提高。

第二节　经济成就

中华人民共和国成立以来，经过70余年的建设，特别是改革开放40多年的高速发展，中国已由一个贫穷落后的国家变成了初步繁荣昌盛的国家，经济面貌发生了根本变

化。中华人民共和国成立初期,中国的经济总量和人均水平都非常低,1952年GDP只有679亿元,占世界世界经济总量的比重微小。到1978年增加到3 645亿元,占世界的比重达到1.8%。改革开放以后,经济总量迅猛扩张,从1979年至2008年年均增长9.8%,比同期世界经济增速快6.8个百分点。2008年GDP达到30.067万亿元,占世界的比重提高到6.4%。2020年GDP超过100万亿元,占世界的比重预计达到17%。

中国GDP和在世界经济中的排名(按当时汇率)不断上升:1970年为272亿美元,居世界第13位;1980年为3 015亿美元,居世界第7位;2000年为1.08万亿美元,超过意大利居世界第6位;2005年为2.05万亿美元,超过法国居世界第5位;2006年为2.59万亿美元,超过英国居世界第4位;2008年为4.22万亿美元,超过德国居世界第3位;2010年为5.9万亿美元,超过日本成为仅次于美国的世界第二大经济体。2020年,中国GDP达到14.7万亿美元,稳居世界第2位。

一、农　业

中国是个古老的农业国。半殖民地半封建的近代中国,由于种种原因,农业非常落后,有80%的人处于饥饿、半饥饿状态,几乎每年都有几万到几十万人饿死,遇到自然灾害死亡的人就更多了。例如:1931年,华东地区闹洪灾,370万人死亡;1943年,仅河南省就饿死了300万人;1946年,各地饿死1 000万人;1947年,全国饥民竟达1亿多人,占全国人口总数的22%。中华人民共和国成立以后,很快就建立和发展起了工业,但是,并没有改变农业国的性质。中国80%的人口在农村,农业是国民经济的基础,长期以来,庞大人口的吃饭穿衣问题,一直是政府首先关心的问题。经过几十年的发展,特别是在实行改革开放政策以后,中国

农业机械收割

依靠只占世界耕地面积7%的耕地,终于解决了占世界人口20%以上的庞大人口的吃饭问题,确实是了不起的成绩。

中华人民共和国成立后农业生产的发展变化,主要体现在以下几个方面:

第一,农业生产条件显著改善。中华人民共和国成立前,农业生产条件非常差,完全靠天吃饭,缺乏抵御自然灾害的能力。中华人民共和国成立以来,一是大搞农田水利基本建设,建成了大量防洪、排涝、灌溉等工程设施。到2000年,已建成大中型水库8.5万座,总蓄水容量4 924亿立方米,农田有效灌溉面积由1952年的1 996万公顷增加到

了 5 385 万公顷。截至 2012 年，全国有效灌溉面积已达到 6 340 万公顷。农田水利基本建设的不断加强，有效地增强了农业抵抗自然灾害的能力。二是努力推广农业机械化和农业科学技术。到 2011 年，全国农作物耕种收综合机械化率达到 54.5%，农村初步形成了农业机械化网络，化肥和农药的使用日益普遍，农业科学技术的发明和应用项目不断增加，大大提高了农业生产率。优质农产品的培育应用，重大动植物疫病防控技术水平的提升，先进实用技术的开发推广，农田有效灌溉面积和农机总动力的增加，促进了科技与农业的紧密结合，为农业发展提供了动力和支撑。以粮食生产为例，主要得益于科技进步，粮食单位面积产量从 2005 年的 4 642 千克/公顷提高到 2010 年的 4 973 千克/公顷，提高了 7.1%，因单位面积产量提高而增产粮食共计约 3 450 万吨，占粮食增产总量的 55% 左右。2019 年，全国粮食单位面积产量达到 5 720 千克/公顷。

第二，农业总产值和主要产品产量有较大幅度增长。到 2000 年，全国农业增加值达到 14 212 亿元，扣除价格因素，比 1952 年增长 42 倍，比 1978 年增长 1.77 倍。粮食产量 46 218 万吨，比 1949 年增长 3.1 倍，比 1978 年增长 52%，人均产量由 1949 年的 211 千克和 1978 年的 319 千克提高到了 366 千克。棉花产量由 1949 年的 44.4 万吨增加到 442 万吨，增长了 8.9 倍；猪牛羊肉产量由 220 万吨提高到 4 838 万吨，增长了 20.9 倍。人均棉花和猪牛羊肉产量，分别比 1949 年增长 3.2 倍和 8.3 倍。油料产量增长 10.5 倍，水产品产量增长 94.1 倍。其中，谷类、棉花、油菜籽、水果、猪牛羊肉等主要农牧产品的产量，居世界第一位。到 2011 年，全国人均粮食产量达到 425 千克，超过粮食安全标准 25 千克，比 2002 年增长 19.1%；人均棉花、油料和糖料分别比 2002 年增长 27.7%、8.8% 和 15.9%；人均猪牛羊肉、禽蛋、牛奶和水产品分别比 2002 年增长 17.8%、18.2%、166.8% 和 35%。

2017 年，中国农业总产值达到创纪录的 11.465 万亿元，其中农作物产值达到 6.172 万亿元，占农业总产值的 53.8%，畜牧业产值达到 3.024 万亿元，占比为 26.4%，渔业产值为 1.232 万亿元，林业产值为 4 990 亿元。中国作为农业大国，猪肉消费量和供应量超过全球总量的一半，园艺产品、大米和棉花供应量占三分之一，小麦、玉米和家禽供应量占全球总量的 20% 左右。

第三，农业经济结构发生了明显变化。长期以来，中国的农业经济结构不太合理，种植业、粮食生产比重过大，妨碍（ài）了农业经济的全面发展。1978 年以后，调整了农业政策，打破了单一经营的局面，强调因地制宜，多种经营，增加了其他经济作物的面积，加强了农村乡镇企业、建筑业、运输业、商业的发展。农业经济结构的调整，促进了农村经济的全面发展，缓和了农产品供不应求的矛盾，增加了农民的收入，吸收了农村剩余的劳动力，使中国的农业经济从自给半自给经济向商品经济转变。近年来，中国农业克服国际金融危机严重冲击、农产品价格大幅波动、自然灾害频繁发生等不利影响，保持着持续稳定发展的势头，农林牧渔业全面发展，结构不断优化，传统农业向现代农业加速转变，农产品优质率、生产集中度和加工转化水平明显提高。

第四，农业的产业化、商品化、社会化程度明显提高。长期以来，中国农业具有明显的自然经济特点，近些年已发生较大变化：粮食、生猪、蛋类的生产规模不断扩大，水果、蔬菜的生产也在加速规模化。而且，绝大部分农产品已走向市场，在许多地区已逐步形成了由产前、产中到产后的农业服务体系，向农民提供信息、资金、销售等多种服务。农业生产自然经济特征的不断弱化，农业产业化、商品化、社会化程度的提高，有力地促进了中国农业的发展。2010年，参与产业化经营的农户已占农户总数的40%以上，全国龙头企业9万多家，实现销售收入约4万亿元。参与农业产业化经营的农民，其市场意识、合作意识、经营能力都有明显提高。2017年，家庭农场、农民专业合作社、农业产业化龙头企业等新型农业经营主体，总量达到280万个。同时，新型职业农民不断壮大，总数超过1 270万人，成为农业现代化发展的引领力量。

70余年来，中国的农业虽然有了很大进步，但在世界上仍处于比较落后的地位。除了自然条件比较差，旱涝灾害比较多外，主要还是农业机械化程度较低，科学技术尚不够普及，就整体来讲还未从根本上脱离"靠天吃饭"，主要依靠体力劳动，生产率不高的局面。比如，美国国土面积与中国差不多，自然条件和农业现代化程度却比中国好得多，其农业人口仅占总人口的3%，却养活着97%的非农业人口，平均每年每个农业劳动力生产的粮食在7 000千克以上，是世界上最大的粮食出口国；日本农村人口与城市人口的比例是1∶10，占10%的农村人口却养活着90%的城市人口，平均每年每个农业劳动力生产的粮食是2 850千克。而中国，2002年农村与城市的人口比例才上升到61∶39，平均每年每个农业劳动力生产的粮食仅1 000千克。截至2018年，随着城镇化速度的加快，中国农村常住人口已下降到40.42%，但仍有数亿农业劳动力在从事粮食生产，这说明中国农业的发展水平还比较低，农业现代化的道路任重而道远。

二、工　业

工业是国民经济的主导，工业的发展水平决定着一个国家的发达程度。中华人民共和国成立前工业极其落后，中华人民共和国的工业建设是在一片废墟上开始的。70余年来，从自我封闭的计划经济，到改革开放，走向市场经济，与世界经济接轨，中国的工业化进程不断加快，用半个世纪时间走完了西方资本主义上百年的工业化路程。当今中国，从沿海到内地，从重工业到轻工业，从一般产业到高新技术产业，从国有大企业到乡镇企业、"三资"（合资、独资、合作）企业，已基本形成了门类齐全、布局合理的现代工业体系。70余年来，中国的工业生产快速增长，1952年增加值仅为119.8亿元，1978年提高到1 607亿元，2012年已达到19.986万亿元，是1952年的1 665倍、1978年的124倍。2018年中国工业增加值首次超过30万亿元，工业制造能力保持全球第一。

1. 煤炭工业

中国煤炭储藏量居世界第一，可是，1949 年全国原煤产量仅 3 200 万吨。中华人民共和国成立以来，煤炭产量以平均每年 9.2% 的速度增长，1989 年达到 10.54 亿吨，1996 年 13.8 亿吨，2008 年 27.9 亿吨。2012 年，产量在 1 000 万吨以上的煤炭企业集团，全国已达到 50 家。2013 年，中国煤炭产量总数提高到 36.6 亿吨，成为全世界最大产煤国，煤炭产量占到全球总产量的 50% 以上，是 1978 年 6.1 亿吨的 6 倍。2017 年，中国十大煤矿企业是：神华集团有限责任公司、山西焦煤集团有限责任公司、冀中能源集团有限责任公司、山东能源集团有限公司、晋能有限责任公司、河南能源化工集团有限公司、大同煤矿集团有限责任公司、山西潞安矿业（集团）有限责任公司、山西晋城无烟煤矿业集团有限责任公司、阳泉煤业（集团）有限责任公司。2020 年，中国原煤产量 38.4 亿吨，继续保持世界第一产煤国地位。

2. 石油工业

中华人民共和国成立以前，中国的石油几乎全部靠进口；中华人民共和国成立以后，中国加紧发展石油工业。20 世纪 50 年代中期，开发了新疆克拉玛依油田，60 年代初，开发了大庆油田，中国石油基本实现自给。60 年代以后，又发现和开发了山东胜利油田、天津大港油田、河北任丘油田、辽宁辽河油田等。70 年代至 90 年代，又在渤海、东海、南海发现和开发了海上油田。1978 年，中国的石油产量突破 1 亿吨，石油工业进入稳定发展阶段。到 1989 年，中国已有年产 300 万吨以上的大型油田十多个，石油年产量达 1.4 亿吨。2011 年，中国原油产量提高到 2.07 亿吨，居世界第 4 位，占世界石油总产量的 5.2%。不过，因中国已成为世界第二大经济体，石油需求大量增加，每年仍需进口。2020 年，中国原油产量接近 1.95 亿吨，进口量达 5.4 亿吨。

3. 电力工业

1949 年，中国的年发电量仅 43 亿千瓦时，居世界第 25 位。1978 年提高到 2 566 亿千瓦时。1989 年达到 5 848 亿千瓦时，上升到世界第 4 位。2008 年 34 668.8 亿千瓦时，居世界第 2 位。2011 年达到 47 130.2 亿千瓦时，超过美国位居世界第一。中国主要是靠火力发电，大型火力发电站全国有 68 座。其次是水力发电，建成大中型水力发电站 100 多座。著名的大型水力发电站有葛洲坝水电站、新安江水电站、刘家峡水电站、长江三峡水电站。其中 2009 年新建成的长江三峡水力发电站，是世界最大的水力发电站，年均发电量 847 亿千瓦时。除了火力、水力发电外，中国已建成或正在建设秦山、大亚湾、岭澳、田湾、红沿河、宁德、阳江等核电站。长期以来中国属于缺电国家，近些年情况已根本好转。2020 年，中国年发电量达到 7.42 万亿千瓦时，居世界第一位。

4. 冶金工业

钢铁工业是基础工业，是一个国家工业化的支柱。中国的冶金技术已有 2 000 多年历史，但是，近代冶金工业并不发达，中华人民共和国成立时，全国年钢产量才 15.8 万吨。经过几十年的奋斗，到 1988 年，中国的年钢产量已增长到 6 100 万吨，由中华人民共和国成立初期的世界第 26 位，跃居世界第 4 位。1996 年突破 1 亿吨，超过日本上升到世界第 1 位。2013 年增长到 7.17 亿吨，占全球钢产量的 46.3%，超过第 2 至第 20 名的总和。2020 年达到 10.65 亿吨。多年来，中国主要有 12 大钢铁基地：上海宝山钢铁公司、首都钢铁公司、鞍山钢铁公司、本溪钢铁公司、

钢铁车间

武汉钢铁公司、包头钢铁公司、攀枝花钢铁公司、马鞍山钢铁公司、太原钢铁公司、唐山钢铁公司、上海钢厂、天津钢厂。近年经过重新组合，钢产量位居全国前 10 位的是：宝武集团、河钢集团、沙钢集团、鞍钢集团、建龙重工、首钢集团、华菱钢铁、山东钢铁、马钢集团、本钢集团。

5. 机械电子工业

机械电子工业包括机床、汽车、轮船、电机、仪器仪表、电子产品以及其他各种机械设备的制造。1988 年，全国机械电子工业企业，已从 1949 年的 2 000 多个增加到 10.5 万个，占全国工业企业总数的 25%，是中国工业中最大的行业。中国国内各部门的技术装备，80% 可以自己制造。从 1992 年至 1996 年，电子工业年均增长率达 27%。中国的机电工业不但已基本满足国内需要，而且大量出口，1996 年出口额占全国出口额的 31.8%，创汇 482.5 亿美元，2002 年出口额已增长到 1 571 亿元。2010 年，装备制造业增加值占规模以上工业增加值的 9.6%，装备制造业总量规模位居世界前列。近年，机电产品出口已占中国出口总量的一半以上。2020 年，机电产品出口额 10.66 万亿元，占全国出口额的 59.4%。

6. 化学工业

中华人民共和国成立以前，只在上海、天津等城市有 8 家较大的化工厂。中华人民共和国成立以后，化学工业得到了较快发展。20 世纪 50 年代，重点建设了吉林、兰州、太原三大化工基地，改造和扩建了一些老厂，建立了一大批地方中小型化工厂。60 年代，大力加强了化肥工业的建设。70 年代，石油化学工业迅速兴起，成为中国化学工业的支

柱。80年代末，中国化学工业已有20多个行业，产品约4 000种，产值每年以17.7%的速度增长，其中化肥和化学纤维年产量居世界第1位。从2006年到2009年，专用化学品行业发展迅速，投资以每年30%～60%的速度增长，企业达9 695家，精细产品3万多种，总产值9 633亿元，居各化工行业之首。2010年，中国化学工业营业收入首次超过美国跃居世界第一。截至2018年年底，中国化工企业共计23 513家，其中中石化、中石油、中海油等500强企业总收入达11.620 7万亿元，占全行业总收入13.78万亿元的84.3%。

7. 纺织工业

中国的纺织工业发展得比较早，历史长，基础好。中华人民共和国成立以后，有了更大发展。棉纱、棉布、丝、丝织品、亚麻布等产量，从1985年开始一直居世界第1位。到1988年，共有企业42 528家，职工总数888.6万人，总产值1 936亿元，占全国工业总产值的16.7%。1996年，中国的纺织品出口居世界第4位，服装出口居世界第1位。进入21世纪以后，中国的纺织工业又取得长足进步，到2005年，规模以上企业有3.5万家，总产值超过3万亿元，纺织品出口占全国出口总额的四分之一。从2000年到2012年，纤维加工总量占全球比重从25%提高到约55%，出口贸易额占全球比重从15%提高到36%左右，中国作为世界纺织大国的地位得到巩固和提升。2018年，全国规模以上纺织企业3.7万家，累计主营业务收入53 703.5亿元，纺织品服装出口总额为2 767.3亿美元。

8. 轻工业

轻工业主要是生产消费品。中华人民共和国成立初期，轻工业只有十几个行业、几万种产品，产值仅66.1亿元。到1998年，轻工业产值已上升到1.68万亿元，比原来增加250多倍。与1978年相比，电冰箱、洗衣机、空调等家电产量，增幅达600倍至1 000倍，自行车、日用陶瓷、皮鞋、电风扇、电熨斗、电饭锅、电冰箱、洗衣机等主要产量跃居世界第一。每年都有上万种新产品投放国内外市场，1998年出口额达549.63亿美元，占全国外贸出口的三分之一。2005年，轻工业产值提高到4.78万亿元，产品出口额上升到1 941.3亿美元。2012年，全国共有各类轻工企业9.6万家，产值达18.05万亿元，产品出口额达到5 075.15亿美元，占全国出口总额的24.8%，在世界市场上占有重要份额。2017年，全国轻工业规模以上企业11.5万家，累计完成主营业务收入24.25万亿元，产品出口额达到5 998亿美元。

9. 高新技术产业

中国高新技术起步较晚，但近20多年来发展迅猛，成为带动中国工业实现跨越式发展的重要因素。代表当今工业发展水平的高新技术产业，如微电子、计算机、核工程、生物工程、航天工程、通信工程、新材料、新能源、环保产品等蓬勃发展。其中，电子计算机工业、通讯设备制造业、新型材料制造业等，成为拉动全国经济增长的支柱产业。2001年，全国年产值超过亿元的高新技术企业已达1 539家，总产值从1995年的4 098亿元增加到1.226 3万亿元，产品出口额达到94亿美元。2011年，总产值达到8.79万亿元，是2001年的7倍多，其中移动电话、彩电、计算机、部分药物等主要高技术产品，产量居世界第一。2012年，全国高新技术产业总产值突破10万亿元，产品出口额达6 012亿美元。2014年，中国高新技术产业增加值与美国基本持平，产品出口额提升到6 605.3亿美元，约占全球的24%。2018年，中国高新技术产品出口额达到7 468.66亿美元。

三、交通运输和邮政通信业

交通运输是国民经济的命脉，包括铁路、公路、水运、航空、管道运输五个方面。中华人民共和国成立以前，交通运输业十分落后，发展十分缓慢。中华人民共和国成立以来，尤其是1978年改革开放以后，交通运输业迅速发展。全国交通运输总长度从1949年的18.74万千米，发展到1978年的123.51万千米，2008年已达到473.18万千米，分别是1949年的25.2倍、1978年的3.8倍。全国各省、自治区、直辖市都有火车相通，县县都有汽车来往。全国各主要城市，世界各主要国家，都有飞机通航。截至2017年年底，中国"五纵五横"综合运输大通道基本贯通，综合交通网络初步形成。

1. 铁路运输

中国1876年开始有铁路，比世界第一条铁路晚了半个世纪。中华人民共和国成立前夕，只有铁路2.18万千米，主要集中在东北和东部地区。中华人民共和国成立以后，迅速修复和改造旧铁路，大力建设新铁路，特别是20世纪90年代后进入了高速发展时期。2010年年底，全国铁路营运里程已达到9.1万千米，居世界第二，其中高铁营运里程达到8 358千米，居世界第一。2017年，全国铁路营运里程达到12.7万千米，是2010年的1.4倍，其中高铁营运里程达到2.5万千米，是2010的2.6倍。经过70多年的努力，一个比较合理的铁路网骨架已在全国基本形成，构成了以北京为中心的便捷的全国铁路网。2020年年底，中国高铁营运里程达到3.79万千米，成为世界上高铁里程最长、运输密度最高、成网运营场景最复杂、安全可靠性和运输效率领先的国家。

2. 公路运输

中华人民共和国成立以前，全国公路绝大部分是土石路面，许多比较偏僻的地方没有公路。中华人民共和国成立后加紧公路建设，到2011年，公路总里程已达到410.64

万千米，是1949年的51倍。公路建设任务最艰巨的是川藏公路、青藏公路、新藏公路等，全是在海拔3 000米以上的崇山峻岭之中，路途遥远，环境恶劣，施工艰难，但多数于20世纪50年代就建成了，有力地促进了偏远少数民族地区经济和社会的发展。如今，从大中城市到小城镇和乡村，公路网遍及全国各个角落。中国的公路分为一、二、三、四级和高速公路，干线公路一般都在三级以上。高速公路是改革开放后于1988年才开始建设的，但发展神速，到2001年通车里程已达到1.9万千米，跃居世界第2位。2012年年底，中国公路总里程424万千米，其中高速公路达9.6万千米，实现了全国省际及大部分中心城市之间的高速公路连接。2017年，中国高速公路通车总里程达到12.537 3万千米，超过美国居于世界第一。截至2019年年底，中国公路总里程达到484.65万千米，其中高速公路总里程14.26万千米。

3. 水路运输

水路运输包括河运与海运。中国通航河流有5 600条，至1999年已开辟航道11.65万千米，是1949年的1.7倍。2017年年底达到12.7万千米，港口仅万吨以上泊位就有2 366个。内河运输以长江、珠江、松花江、淮河、京杭运河为主干，构成了水上运输网，其中长江是最大的内河运输航线，年运货量占全国内河运输的80%。海上运输包括沿海运输和远洋运输。沿海运输分为以大连、上海为中心的北方航区和以广州为中心的南方航区，主要航线有十几条，是中国南北运输的又一条大动脉。远洋运输以上海、广州、青岛、天津、大连等港口为主。截至2011年，拥有和经营现代化商船近800艘，航线到达160多个国家和地区的1 500多个港口，船队规模位居世界第二。2012年，中国沿海港口共有千吨级以上生产性泊位4 020个，其中万吨级以上泊位1 876个。截至2017年年底，中国千吨以上海运商船达到5 206艘，船队规模跃居世界第一，全球集装箱吞吐量前20名港口中，中国港口占了一半。

4. 民航运输

中华人民共和国成立前，国内国际航线仅有45条，通往60个城市，航线总长7.9万千米。中华人民共和国成立后，大力发展民航运输事业，到1999年年末，已有国内航线700多条、国际航线100余条，通往国内100多个城市、国外50多个国家与城市，航线总长152万千米，使用机场140多个，拥有客机900多架。到2008年，航线达到1 532条，航线总长246.18万千米，拥有机场152个。其中：国内航线1 235条，形成了以大城市为中心枢纽、连接全国各地四通八达的航空运输网络；国际航线297条，通航46个国家104个城市，形成了以北京、上海、广州等城市为起点，连接世界主要国家和地区的航空运输网络。2012年，定期航班机场达到182个，拥有民航飞机3 000多架，运输规模居全球第二。截至 2017 年年底，中国境内定期航班通航机场 228 个，通航城市 224 个，机队规模达到 3 261 架，航线里程近 700 万千米，民航服务覆盖了全国 88.5% 的地级市和 76.5% 的县；国际航线 784 条，定期航班通航 61 个国家 167 个城市。

5. 管道运输

管道运输是一种新型的流体货物运输方式。中国 1958 年年底才在新疆修建了第一条输油干线管道，全长 147 千米。20 世纪 60 年代以后，随着大庆等油田的相继开发，在东北、华北、华东地区修建了 20 多条输油管道，总长度 5 998 千米。1970 年开始修建的从大庆到抚顺的千里输油管道，标志着中国的管道运输业正式诞生。到 1989 年，已有输油管道 59 条，全长 6 868 千米，输气管道 159 条，全长 6 310 千米。到 2003 年年底，油气管道总长度达到 45 865 千米，居世界第 6 位，其中，原油管道 15 915 千米，天然气管道 21 299 千米，成品油管道 6 525 千米，海底管道 2 126 千米。截至 2015 年年底，中国已建油气管道总长度约 11 万千米，其中天然气管道 6.4 万千米，原油管道 2.6 万千米，成品油管道 2 万千米，形成了横跨东西、纵贯南北、覆盖全国、连通海外的油气管网格局。2017 年，中国境内油气管道总长度约 13.31 万千米。

6. 邮政通信

中华人民共和国成立前，邮政通信事业十分落后，很不方便。中华人民共和国成立以后，特别是改革开放 40 多年来，发展迅速。如今，不但已建成了业务种类齐全、网点密布、沟通城乡、覆盖全国、连通世界的邮政网，而且建成了包括光纤、数字微波、卫星通信、程控交换、移动通信、数据通信等覆盖全国、通达世界的公用电信网。截至 2012 年年底，全国邮政局所达到 5.4 万个，80% 以上支局实现电子化，邮路总长 402.8 万千米，全年快递业务量 56.85 亿件，位居世界前列；全国固定和移动电话用户总数达到 13.903 1 亿户，其中移动电话 11.121 6 亿户，电话网络规模位居世界第一，电话普及率达到 103.2 部/百人；网民数达到 5.64 亿人，互联网普及率 42.1%，超过世界平均水平。截至 2017 年年底，全国电话用户 16.11 亿户，固定电话普及率由 1978 年的 0.4 部/百人提高到 14 部/百人，移动电话普及率由 1995 年的 0.3 部/百人提高到 102.5 部/百人。2018 年，全国电话用户总数达到 17.5 亿户，其中移动电话用户 15.7 亿，移动电话普及率达 112.2 部/百人，网民达到 8.29 亿人，其中手机用户 8.17 亿人。

四、人民生活

中华人民共和国成立 70 余年来，政治稳定，经济发展，社会安定，人民生活有基本保证，并逐步提高，特别是近 40 多年来，提高得很快。

第一，从就业情况看。中华人民共和国成立后，基本消灭了失业问题，城市人口中有劳动能力的人，都可以找到工作，待业率只有2.5%，农民从个体生产到集体生产，都有土地耕种。改革开放以后，在国有大中型企业向市场经济过渡的过程中，许多职工下岗，待业率和失业率上升，但国家除了保证下岗职工最低生活收入外，还开辟了许多再就业的渠道，过去的"铁饭碗"虽然没有了，但就业渠道增加了。在农村实行"包产到户"（家庭联产承包责任制），农民除了从事农业生产，还可以经营其他。随着农业生产效率的提高和国家发展建设的需要，每年都有大批剩余劳动力外出打工，有效地增加了农民的家庭收入。2020年年末，全国就业人员7.5064亿人，其中城镇就业人员4.6271亿人，登记失业率为4.24%；全国农民工总量达到2.856亿人。

第二，从居民收入看。1957年，城镇居民人均可支配收入235元，农村居民人均纯收入73元。2002年，城镇居民人均可支配收入提高到7 703元，是1957年的32.3倍，农村居民人均纯收入为2 476元，是1957年的34倍。随着收入的较快增长，居民手中的钱袋子越来越鼓了。1952年年末城乡居民储蓄存款额仅8.6亿元，到2002年年末达到86 911亿元。2012年年底，城镇居民人均可支配收入提高到24 565元，农村居民人均纯收入提高到7 917元。2020年，全国居民人均可支配收入达到32 189元，其中，城镇居民人均可支配收入43 834元，农村居民人均可支配收入17 131元。

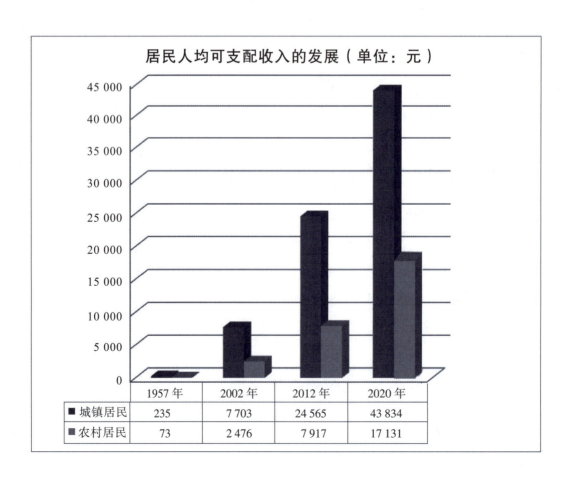

第三，从消费水平看。2000年，居民人均年消费水平已由1952年的76元提高到3 415元，消费结构基本改变了过去以吃穿为主的格局。2012年，城镇居民和农村居民用于吃穿的开支占消费总支出的比重，分别由中华人民共和国成立初期的80%和90%下降到36.2%和39.3%。人们对消费品的购买，从20世纪50年代至70年代的百元级"老三件"（自行车、手表、缝纫机）、80年代千元级的"新三件"（电视机、洗衣机、电冰箱），到90年代和21世纪的万元级、十万至几十万元级的电脑、私家汽车和上百万元的商品房，消费档次大大提高，生活质量明显改善。2012年，城镇居民家庭消费支出16 674.3元。2020年，城镇居民人均消费支出达到27 007元，农村居民人均消费支出达到13 713元。

第四，从居住条件看。中华人民共和国成立初期，中国城市的住房面积，平均每人仅4.5平方米。后来20多年间，在计划经济体制下，实行住房分配制，国家对住房建设投资少，新建住宅增加缓慢，人口增长过快，住宅面积不但没有增加，反而下降。到1978年，城市居民住宅平均每人才3.5平方米，数代同堂的现象非常普遍。改革开放以来，特别是20世纪90年代改革住房制度以后，城市进行大规模住宅建设，人均住房面积逐年提高，1990年6.7平方米，2002年22平方米，2012年已达到32.9平方米。在农村，农民富裕起来以后，出现了盖房高潮，人均住房面积1978年8.1平方米，1990年迅速增加到17.8平方米，2012年已达到37.1平方米。除面积扩大以外，房屋质量、配套性能、装饰水平也在不断提高，城市煤气、液化气使用日益普及，居住条件大大改善。2017年，城镇居民、农村居民人均住房建筑面积分别比1978年增加30.2平方米和38.6平方米。2018年，中国人均住房面积已达到40.8平方米。

第五，从社会福利看。20世纪50年代到70年代，社会福利制度主要有两项：一是公费医疗、合作医疗制度，国家正式职工看病、住院全部是公费，职工家属可以参加合作医疗，医疗费由合作医疗费中报销一部分，农村也部分实行了合作医疗制度；二是退休制度，国家正式职工一般情况下，男满60岁、女满55岁退休，退休后每月领取原工资60%～80%的退休金。80年代以后，国家大力推进社会保障体系改革与建设，逐步形成了以社会保险为主体，包括社会福利、社会救助、优抚安置、住房保障和慈善事业在内的制度框架。2010年以后，城镇居民社会养老保险试点开始启动，新型农村社会养老保险制度初步建立，全民医保体系初步形成，最低生活保障制度实现全覆盖，城乡社会救助体系基本建立。截至2020年年底，全国基本养老、失业、工伤保险参保人数分别达到9.99亿人、2.17亿人、2.68亿人。

总之，中华人民共和国成立70多年来，特别是改革开放以后，随着经济的发展，中国人民的生活水平不断提高，20世纪80年代解决了温饱问题，90年代基本实现了"小康"，进入21世纪后，开始向"全面小康"过渡，生活状况已经发生了巨大变化。不过，中国仍然是最大的发展中国家，与发达国家相比，中国人的经济收入、居住条件、消费水平、福利待遇等，还比较低。而且，城乡之间、地区之间、职业之间、社会群体之间，存在着较大差距。因此，又好又快地发展经济，满足人民日益增长的美好生活需要，是政府的首要责任和最大课题。

第三节　改革开放

40多年来，举世公认，中国进入了经济高速增长时期，是世界上发展最快的国家。中国为什么发展得这么快呢？除了政治稳定、社会稳定等原因外，根本原因是实行了改革开放政策。

中国的改革开放是从20世纪70年代末开始的。1978年年底，中国共产党召开了十一届三中全会，在总结中华人民共和国成立以来近30年经验教训的基础上，会议决定：一是彻底结束长达10年的"文化大革命"，把党和政府的工作中心转移到经济建设上来；二是实行改革开放，改革旧的经济体制，使经济冲破旧体制的束缚，充满活力，打开国门向世界开放，大力开展与国外的交流与合作。

那么，为什么要决定实行改革开放政策呢？这是因为：

第一，中华人民共和国的经济体制是20世纪50年代学习苏联的经验建立起来的，完全是高度集中的计划经济体制。在五六十年代，计划经济体制曾起过一定的积极作用。但是，随着时间的推移，计划经济体制越来越暴露出它的弊端。这就是：经济管理权力过于集中，容易脱离实际，脱离经济规律，限制经济组织和生产者的积极性，束缚生产力的发展。比如，农民种什么作物？种多少？工厂生产什么产品？生产多少？农业产品、工业产品出来后，往哪儿送？都由政府统一决定，农民、企业没有自主权。在这种体制下，生产者缺乏积极性，经济缺乏活力。从1949年到1978年，中国的经济建设虽然取得了巨大成就，但由于长期实行计划经济体制，加上不断地搞政治运动，特别是搞了10年"文化大革命"，使得中国与同期的发达国家如欧美国家、日本等相比，甚至与一些发展中国家如韩国、泰国、新加坡等相比，大大落后了，仍然是个贫穷的农业国家。不改革就繁荣不起来，不改革就会更落后，不改革就没有出路。

第二，自20世纪六七十年代以来，世界上的现代科学技术和现代经济发展迅速，经济全球化、一体化的趋势日益明显，国际上的交流与合作越来越重要。一个国家如果自我封闭，对外不开放，很少与其他国家发生关系，自己的经济和科学技术不可能快速发展。中国在80年代以前，对资本主义总是持简单排斥态度，担心其对社会主义产生坏的影响，片面强调自力更生，参与国际经济交流与合作较少。但实践证明，关起门来搞建设是不行的，资本主义并不可怕，其中有些符合经济和社会发展规律的东西，社会主义也是需要的。只有对外开放，加强国际交流与合作，积极吸收、利用国际上的资金、先进的技术以及管理经验，才能使中国的经济迅速繁荣起来。

正是因为以上原因，中国要实现工业、农业、国防和科学技术"四个现代化"，要摆脱经济落后的状况，迅速强大起来，就必须实行改革开放政策。以邓小平为核心的中国共产党第二代中央领导集体，总结几十年正反两方面的经验教训，面对国内外的现实，深刻地认识到了这一点，下定决心大胆地解放思想，改革开放。这一重大的战略决策，彻底改变了中国的命运，把中国引上了由贫穷走向富强的光明大道。如果没有改革开放，就没有中国40多年来翻天覆地的变化。

一、改　革

1. 农村经济体制改革

中共十一届三中全会以后，改革首先从农村开始。中华人民共和国成立初期，农村曾进行过土地改革与合作化运动。通过土地改革，原来占农村人口90%的没有土地或土地很少的农民，分到了土地。通过合作化，增强了农业的生产能力。因而，比起中华人民共和国成立前，中国农村发生了很大变化。可是，后来的经济体制和经济政策，越来越限制了农村经济的发展。主要问题是：强调人民公社"一大二公"，造成政社不分，管理过死，限制了农村经济按经济规律运行；过分强调生产集体化，经营与核算单位过大，不能充分调动农民的生产积极性；片面强调"以粮为纲"，不允许因地制宜地种植别的经济作物和从事其他经营活动，造成农业产量不高，农村经济得不到全面发展；禁止农民自由买卖，农产品只能由国家统购统销，农民没有地方赚钱。正因为以上这些问题，农村经济一直发展不上去，多数农民长期处于贫穷或比较贫穷的状态。1978年中共十一届三中全会以后，在农村进行了大胆改革：

第一，改革农业管理体制，取消人民公社。在行政方面成立乡政府，在经济方面建立各种公司，如农业公司、农贸公司、农业服务公司等，从而大大减少了对农村经济活动的行政干涉，使其能够按照自身特点和规律运行。

第二，改革生产经营形式，实行家庭联产承包责任制即"包产到户"。取消了原来集体干活、集体核算的生产队，把土地承包给农民家庭使用，订立合同，完不成生产任务自己受损失，超额完成可以多得利益。

第三，改革农村经济结构，鼓励因地制宜，多种经营，发展乡镇企业。在全国范围内必须保证一定的粮食产量，使十多亿人口有饭吃。但具体到某个地区、某个农民家庭，可根据自己的土地、气候等条件，自由决定种植什么。除了农业以外，还可以搞运输业、建筑业、乡镇企业、商贸业等。这样，农村就有了多方面的经济收入。

第四，改革农村流通体制，农民可以自由买卖多余的产品。过去，农民不能进入城市做买卖，改革以后允许了，农民不但可以自由出售自己的产品，还可以进城专门做买卖，可以去外地打工，有了比较多的赚钱机会。

以上这些重大改革，极大地增强了农村经济的活力。特别是"包产到户"的全面推行，使农民有了充分的自由，有力地调动了农民的生产积极性。很快，中国农村经济就摆脱了长期被动的局面，出现了全面振兴的大好形势：粮食大增产，蔬菜、鸡蛋、水果、肉类等农副产品马上丰富了起来，乡镇企业迅猛发展，农民的收入明显增加，盖新房，买电视……中国的农村改革成功了。

2. 城市经济体制改革

20世纪80年代初农村经济体制改革的成功，证明了改革是推动经济和社会发展的强大动力。随后，城市经济体制改革也开始了。城市是各种经济活动的中心，改革的重点是企业体制改革，同时，还涉及所有制、金融、财税、商业、外贸等其他方面的改革，比农村改革要复杂得多。

改革之前，中国企业体制存在的主要问题是：在管理上，政府和企业职责不分，国家对企业管得过多，企业缺乏自主权，影响了企业积极性的发挥；在生产上，过于强调计划经济，忽视市场的作用，生产指标的确定、原材料的调配、产品的销售，都是服从于国家计划，企业不承担风险，生产缺乏活力；在分配上，搞平均主义"吃大锅饭"，职工干好干坏、干多干少，工资都一样，不能调动积极性，生产效率低。

针对以上问题，在企业体制改革过程中，着重确立以下三个关系：

一是确立国家与企业的关系，所有权与经营权分离，承认企业是相对独立的经济实体，扩大企业自主权，政府部门不能干预应由企业自己决定的事务。

二是确立职工与企业的关系，建立多种形式的责任制，改革工资制度，把职工的劳动效率与物质利益密切联系起来，定任务指标，多劳多得，少劳少得。

三是确立计划经济与市场经济的关系，在保证国家宏观调控的同时，充分发挥市场对生产的引导作用，按价值规律办事，逐步建立社会主义市场经济体系。

通过企业体制改革，给了企业主宰自己命运的权利，同时，也给企业带来了市场的巨大压力，机会与压力并存，极大地调动了企业和职工的积极性，增强了企业的活力，促进了工业生产的发展。尤其是非国有的中小企业，因为比较灵活，适应性较强，改革效果很快就显示出来了。国有企业，特别是国有大中型企业，由于过去长期受计划经济体制的影响，改革难度要大得多，经过了艰苦的攻坚和转变过程。到 2000 年，国有企业改革和脱困目标基本实现，现代企业制度初步建立和逐步完善，企业内部机制发生了深刻变革，中国企业开始走上了良性循环的轨道。

3. 所有制改革

改革开放之前，中国只有国有经济和集体经济，没有私营经济，认为私营经济是资本主义，社会主义不能有。单纯的公有制经济加上计划经济的管理体制，大大限制了中国经济的发展。

改革开放以来，国家对非公有制经济的认识及政策的制定，经历了从探索到完善的过程。1982 年修改的宪法，提出个体经济是社会主义公有制经济的补充；1988 年的宪法，增加了允许私营经济在法律规定的范围内存在和发展的内容；1993 年，提出"国家实行社会主义市场经济"；1997 年中共十五大，将非公有制经济纳入社会主义初级阶段的基本经济制度框架内；1999 年宪法修正案，明确非公有制经济是中国社会主义市场经济的重要组成部分；2004 年宪法修正案，将"公民的合法的私有财产不受侵犯"写入宪法。国家对非公有制经济认识的逐步提高和政策的逐渐完善，越来越有利于促进非公有制经济的发展，调动广大人民群众的积极性和创造性。

通过改革，中国形成了以公有制经济为主导，国有经济、集体经济、私人经济、中外合作经济、外商独资经济并存的经济制度。重点国有企业基本都实行了股份制，建立了以市场为导向的现代企业制度，在中国经济中起着支柱作用。非公有制经济得到了飞速发展，创造的 GDP 由改革开放前的百分之零点几，增加到了占据中国经济的半壁江山，对促进经济增长、扩大就业、增加税收和活跃市场等，发挥着越来越大的作用。

4. 金融体制改革

1993 年 12 月，为了国民经济持续健康快速发展，《国务院关于金融体制改革的决定》公布。通过改革，确立了中国人民银行作为独立执行货币政策的中央银行的宏观调控体系，实行了政策性银行与商业银行分离的金融组织体系。中国工商银行、中国银行、中国建设银行和交通银行等，改为国家控股的股份制商业银行并成功上市，资产质量和盈利能力明显提高，银行业发生了重大变化。另外，逐步对外开放了金融业，2006 年年底实现了全面开放，许多外国金融机构在中国设立了分支机构。1996 年 12 月，中国开始实行人民币经常项目下的可兑换，提前达到了国际货币基金组织协定的要求。2007 年，人民币实现了与外币兑换汇率在一定程度上的自由浮动。

2005 年 4 月，国务院批准启动股权分置改革试点工作。尔后，中国资本市场在股权分置改革、提高上市公司质量、证券公司综合治理、发展壮大机构投资者以及健全和完善市场法制等五个方面，取得了重大进展或阶段性成果。股权分置改革后，发行管理制度更加突出了对股票发行的市场价格约束和投资者约束。中国的资本市场越来越活跃，也越来越规范化，在中国经济中发挥着越来越大的影响和作用。

5. 住房制度改革

改革开放以前，城市居民的住房都是由政府和工作单位分配，叫作"福利分房"。住房长期处于十分紧张的状态，几代同室的现象普遍存在。1994年7月，国务院作出《关于深化城镇住房制度改革的决定》，开始全面推进住房市场化改革。通过向城镇职工出售原公有住房，打开了城镇住房商品化的大门，逐步完成了住房私有化的进程。1998年7月，国务院下发了《关于进一步深化城镇住房制度改革加快住房建设的通知》，废除了住房实物分配的制度，确立了商品房的市场主体地位。

住房从福利化到市场化的改革，大大缓解了住房紧张的问题。后来，各个地区、各个城市，一批接一批居民搬进了新居，房子面积越来越大，居住条件越来越好。不过，近些年也出现了房价不断攀（pān）升，低收入者买不起的问题。为此，2007年8月，政府出台了《关于解决城市低收入家庭住房困难的若干意见》，将调控方向由调市场转向调保障，明确廉租房取代经济适用房作为住房保障体系的中心。总之，除了城镇居民中少部分困难户，中国人民的住房问题普遍得到了根本缓解。

其他还有商业改革、交通运输改革、教育改革、科技管理体制改革、医疗卫生制度改革、财政税务改革、人事制度改革、政府机构改革等。经济管理体制改革的核心是从计划经济逐步向市场经济过渡。所有改革的根本任务是建立起适应社会主义市场经济的管理、运行机制，最大限度地调动人的积极性，最大限度地解放和发展社会生产力，最大限度地满足人民的需要。

二、对外开放

40多年来，中国在各方面进行改革的同时，还实行了对外开放政策。对外开放的一个重大步骤，就是开放沿海城市，建立经济特区和经济开发区。

1. 创立经济特区

1979年，中共中央、国务院批转广东省委、福建省委关于对外经济活动实行特殊政策和灵活措施的报告，决定在深圳、珠海、汕头和厦门试办特区。1980年5月16日，正式将四个"特区"命名为"经济特区"，在经济特区实行特殊的经济政策和经济管理体制：第一，特区的经济发展，主要依靠利用外资，以中外合资、中外合办、外商独资"三资企业"为主，产品主要是为了出口；第二，特区比内地享有更多的经济自主权，比如对引进建设项目的审批权，一般相当于省一级，有的方面比省级还大；第三，对到特区投资的外商，在税收、土地使用费、进出境等方面，给予优惠和方便。这些特殊的政策，使特区成为吸引外资的窗口、技术的窗口、管理的窗口、知识的窗口、对外政策的窗口。四个经济特区的创立，标志着中国的对外开放迈出了历史性的第一步。当时在缺少对外经济交往经验、国内法律体系不健全的形势下，经济特区为中国的进一步改革和开放、扩大对外经济交流，起到了极为重要的作用。

2. 开放14个沿海港口城市

1984年，中国进一步开放了上海、天津、大连、秦皇岛、烟台、青岛、连云港、南通、宁波、温州、福州、广州、湛江、北海共14个沿海大中港口城市。在这些城市实行经济特区的政策，扩大和开放它们的自主权。其中包括：扩大这些城市开展对外经济活动的权力；对在这些城市投资办厂的外国人、华侨、港澳同胞、台湾同胞给予优惠政策；放宽这些城市利用外资建设项目的审批权限等。

3. 开辟沿海经济开发区

1985年，中国开辟了长江三角洲、珠江三角洲和闽南漳州、泉州、厦门三角区为沿海经济开发区。1988年年初，中央又决定将辽东半岛和山东半岛全部对外开放。在这些地区，建立贸（易）—工（业）—农（业）一体化的生产结构，即按出口贸易需要发展加工工业，按加工工业需要发展农业和其他原材料生产。以此为中心，调整农业结构，搞好技术引进和技术改造，共同开发资源，联合生产名优产品，使这些地区成为对外贸易和扩大对外经济联系的窗口。

4. 开发开放海南岛

1988年，中国宣布开放海南，并成立海南省，使海南成了中国最大的经济特区。海南岛是仅次于台湾的中国第二大岛，面积很大，资源丰富，但长期得不到开发，经济落后。国家把它宣布为经济特区后，大量外资进入，掀起了开发、建设的高潮。

5. 开发开放上海浦东

1990年4月，宣布开发开放上海浦东。上海是中国的老工业基地，有技术、人才等方面的优势，但由于种种原因，优势和潜力未能得到充分发挥。开发开放浦东，目标是要把浦东建设成为中国扩大对外开

上海浦东

放的重要窗口和基地、21世纪现代化上海的象征。通过浦东的开发开放，带动整个上海的发展，充分发挥上海的优势和潜力，进一步带动全国的经济发展。

通过以上步骤，中国沿海地区逐步形成了全面开放的形势。实践证明，中国建立经济特区和经济开发区、开放沿海港口城市的重大决策非常正确，取得了巨大成功。就拿深圳来说，原来那里是一片荒滩野岭，可是成为经济特区后，仅用了10年时间，就变成了一座与香港并立的繁华的现代化城市。随着经济的高速发展，深圳人民生活水平明显提高，较早地步入"小康"社会。珠海、汕头、厦门特区也取得了可喜的经济成就，其他14个沿海开放城市的经济也快速发展。浦东经过十几年的开发、建设，已成为中国以及整个亚洲的一颗明珠，上海重新跨入了现代化国际大都会的行列。

沿海地区的对外开放和经济的快速发展，大大推动了内地的对外开放和经济发展。20世纪90年代以后，中国又开放了长江沿岸的主要城市和内地的省会、自治区首府及一些边境市、县、镇。2000年，伴随着西部大开发战略的实施，对外开放进一步扩大到广大西部地区。至此，中国由东向西，由南往北，从沿海到内地，形成了多层次、多渠道、全方位的对外开放格局。通过开放，把大量国外资金吸引到了中国，中国成了世界上吸收外资最多的发展中国家。截至2012年年底，中国累计批准外商投资企业76万多家，外商直接投资约1.3万亿美元。《财富》500强企业中，已有400多家来到中国投资。截至2018年年底，外商在华投资企业累计95.9万个，当年中国实际使用外资金额达1 349.7亿美元，是1990年实际使用外资金额的13.1倍。外资的大量引进，弥补了国内建设资金的不足，促进了出口的增加和外汇的平衡，同时也引进了国外先进的技术和管理经验。

6. 外贸体制改革和加入世界贸易组织 (WTO)

1994年1月，国务院作出《关于进一步深化对外贸易体制改革的决定》，提出对外贸易体制改革的目标是：统一政策、开放经营、平等竞争、自负盈亏、工贸结合、推行代理制，建立适应国际经济通行规则的运行机制。1996年4月1日，对4 000多种商品进口关税进行大幅度削减，关税总水平降至23%，使得中国的对外贸易飞速发展。2001年12月，中国正式成为世界贸易组织成员，进一步促进了中国的改革开放，标志着中国改革开放进入新的阶段。中国认真履行加入世贸组织的各项承诺，深化涉外经济体制改革，促进贸易投资便利化，放开外贸经营权，大幅度降低关税，取消进口配额、许可证等非关税措施，金融、商业、电信等服务业开放也不断扩大，在更加开阔的领域、以更加开放的姿态面对国际社会，在经济活动等方面加速与国际接轨与融合，积极参与国际合作与竞争，中国经济在世界多边贸易和经济全球化的进程中，发挥着越来越大的作用。近年来，中国提出并实施共建"一带一路"、设立自由贸易试验区、谋划中国特色自由贸易港、举办中国国际进口博览会等，进一步标志着中国的大门越开越大。

通过40多年的改革开放，中国实现了三个伟大转变：一是从高度集中的计划经济体制向充满生机和活力的社会主义市场经济体制转变；二是从封闭半封闭社会向全方位开放的社会转变；三是人民的生活从温饱转向小康的社会转变。40多年的改革开放，使中国经济进入了前所未有的良好发展时期，经济总量和吸引外资额上升到世界第二，贸易总额和外汇储备额上升到世界第一，综合国力和对世界经济的影响力大大增强。特别是1997年亚洲金融危机和2008年国际金融危机爆发以后，许多国家受到严重打击，世界经济低迷，但中国经济依然保持了7%左右的增长率，成为全球经济最具活力、增长最快的地区，带动了世界经济的复苏。

思考题

1. 中华人民共和国成立后中国的经济发展经过了怎样的历程？
2. 中华人民共和国成立后中国取得了哪些主要经济成就？
3. 谈谈你对中国改革开放政策的了解与认识。

第七章 中国的科技

科学技术是经济发展的杠（gàng）杆（gǎn）和重要标志。中国古代是先进国家，近代以来变得十分贫穷落后，当代重新走上了繁荣昌盛的道路。这些历史变化也反映在了科技方面。了解中国，也需要对中国的科技有所了解。

第一节 古代科技

1. 农业生产技术

中国是世界上农业起源最早的国家之一。黄河流域和长江中下游地区，一直是农业发达地区。中国人在长期的农业实践中，积累、总结了丰富的经验，不断改进生产工具和耕作技术，并把先进的农业技术传播到了国外。中国古代留下的农学著作，据说有六百多种，在古代世界各国中数量最多。其中，北魏贾思勰（xié）的《齐民要术》是世界上最早最完备的农业科学著作，此外还有元代的《王祯农书》、元代司农司编纂的《农桑辑要》、明代徐光启的《农政全书》，它们被称为中国的"四大农书"，代表了中国古代农业科学技术的成果。

与农业密切相关，中国古代水利技术也有很高的成就。传说中"大禹（yǔ）治水"的故事，几乎老幼皆知，它从一个侧面说明，中国人从远古时代就开始了大规模的治水活动。保存至今的四川的都江堰、陕西的郑国渠、河北的漳水十二渠，都是战国时代留下的著名水利工程，它们标志着在两三千年以前，中国的水利工程技术就已达到了比较高的水平。后来，各个时代有作为的朝廷和地方官吏，都很重视水利建设，以促进农业的发展。

2. 冶金技术

从世界范围看，中国冶炼技术的出现，比古代埃及和欧洲晚。古代埃及和欧洲，约七千年前就有了红铜的冶炼,中国炼黄铜约开始于六千年前。但是,中国的青铜冶炼技术,却是世界上最早最先进的。商代时,中国的青铜冶炼和铸(zhù)造技术已非常成熟,制造了大量精美的青铜器,从而开辟了世界闻名的"青铜文化"时代。中国炼铁,也比欧洲晚了几百年,但后来者居上,生铁和钢的冶炼与广泛应用,比欧洲早了两千多年。中国在春秋战国时期,就已熟练掌握了生铁冶炼技术,西汉时又发明了炼钢技术。东汉时期,中国的农具、兵器已全部使用钢铁。中国先进的冶炼技术,使中国古代的钢铁生产,曾长期处于世界领先地位。而欧洲,一直到14世纪以后,才广泛应用钢铁的冶炼技术,据说欧洲的生铁冶炼和浇铸技术,是从中国传过去的。中国古代,除了铜和钢铁之外,金、银、铅、锡、汞、锌等其他金属的冶炼技术,也达到了相当成熟的程度。

3. 医学药物学

中国的医学和药物学是个伟大的宝库。早在原始社会,中国人就已开始对天然植物的药用性有了认识,流传着"神农尝百草"的传说。到了春秋战国时代,医药学大大发展,出现了著名的医生。齐国的扁鹊(què)就是一位杰出的代表。他的医术十分高明,能用砭(biān)石、针灸(jiǔ)、按摩、熨(yù)帖(tiē)、手术、吹耳、导引等多种疗法为人治病。东汉末年的名医华佗,已能用麻醉药进行复杂的手术。在宋、金、元时期,中国已经有了非常精细的医学分科,如大方脉、小方脉、风科、眼科、产科、针灸科、金簇(cù)科、齿咽喉科等,特别是在针灸学和解剖学方面,有较大发展。中国古代的医生,在长期的医疗实践中,不断总结经验,留下了许多珍贵的医学、药学著作。中国现存的医学文献近8 000种,其中最有代表性的著作有:战国晚期的《黄帝内经》,中国最早的医学著作,标志着中国医学理论的初步形成;汉代的《神农本草》,中国第一部完整的药物学著作,记载药物365种,初步奠定了中国的药物学理论基础;明代李时珍的《本草纲目》,记载药物1 892种,是一部中国药物学知识、经验的总结性世界名著。中国的传统医学,内容极其精深、丰富,与西方医学相比,具有特殊的医疗效果,非常值得研究。中医独特的治疗方法,不仅在中国广泛应用,而且已被越来越多的外国人接受。

中国传统医药

4. 建筑技术

建筑既是一门艺术，又是一门技术。中国历史漫长，经历了无数朝代，每朝每代都留下了大量精彩的建筑艺术，包括城郭、宫殿、寺庙、陵墓、楼、亭、阁、榭、桥、塔等，显示了中国古人高超的设计能力和建造技术。比如，河北省赵县有座古桥，叫赵州桥，是隋朝建造的，已有1 400年历史，是中国现存最古老的单孔石拱（gǒng）桥。该桥完全用石块砌（qì）成，全长58.2米，石拱跨度37.7米，桥面宽9米，结构合理，造型优美，工艺精巧，风格独特，虽经历了漫长的历史岁月，仍坚固完好，保留着当年的风姿，成为珍贵的历史文物。该桥是由著名工匠李春设计并主持建造的，涉及地质、水文、力学、物理等各方面的知识和复杂的施工技术，这表明中国古代的桥梁建筑技术已达到了很高的水平。再如大同的悬空寺，西安的鼓楼，杭州的六和塔，苏州的园林，北京的故宫、天坛，等等，建筑技术和艺术都令人赞叹。

中国古代在建筑科学技术方面，不但留下了无数名胜古迹，而且还留下了许多著作。其中，宋代李诫所著的《营造法式》最有代表性。该书共36卷，涉及建筑、结构、用料、制作、施工等各个方面，全面反映了宋代的建筑工程技术和艺术水平，不仅是中国而且是世界上最古老的优秀建筑学著作。

5. 纺织印染技术

中国自古以来就是纺织大国，特别是丝绸的制造，世界闻名，这与中国古代纺织和印染技术密切相关。中国很早就有了养蚕业和简单的纺织工具，发展到汉代，丝织技术以及印染技术已相当发达。1972年，在湖南长沙马王堆汉墓中发现了大量丝织品，种类、颜色、花纹各式各样，华丽精美，纺织和印染技术非常之高。唐宋时期，中国的丝织和印染工艺已达到了娴熟精湛的程度，丝织品的花色品种和数量，都比以前有更明显的增加。

中国用传统技术和工艺生产的丝绸等纺织品，无论是古代还是现在，国内还是国外，都特别受欢迎。早在汉代和唐代，中国的丝绸就通过"丝绸之路"源源不断地进入中亚和欧洲。据说，古罗马的凯（kǎi）撒（sā）大帝，曾有一次穿着一件中国丝袍到剧场看戏，光彩夺目，引起了全场的轰动。由于中国的传统纺织技术和工艺独特，丝绸产品精美，所以，在中国的国际贸易中，丝绸贸易历来占有很大的比重，中国的纺织技术也慢慢流传到了国外，对促进欧洲纺织技术的发展，起了重要作用。

除以上介绍的五个基本方面外，中国古代科技在其他方面也有很高的成就。在数学方面，中国最古老的数学专著《九章算术》的出现，祖冲之对圆周率数值的精确计算，算盘和珠算的发明；在天文、历法、地学方面，张衡"浑象仪""地动仪"的创造，郭守敬对星星的观测和"授时历"的编制；还有在化学、生物学、物理学、酿（niàng）酒、制陶等方面的科学技术及其他发明创造，举不胜举。

第二节 四大发明

谈到中国古代的科技成果，有几项必须特别提出来加以介绍，这就是指南针、火药、造纸术、印刷术"四大发明"。这四大发明，是中国古代最重大、最有代表性的科技成果，也是中国古代对世界文明作出的最杰出的科技贡献。

1. 指南针

这是一种指示方向的仪器，根据磁学原理制造，在地质勘（kān）测、航海等事业中不可缺少。当今世界，科学技术高度发展，判断方向的仪器已非常现代化，人类远渡重洋，走遍全球，甚至航行宇宙，已不在话下。然而，世界上最初的方向仪器——指南针，却是中国发明的。大约在战国时期，中国人把天然磁石磨成底部圆滑的小勺状，放在又平又滑的"地盘"上，让它自由旋转，等它静止的时候，勺柄总指向南方一个方向，这就是最初发明的指南针，中国古人称之为"司南"。"司南"的产生表明，当时中国人已认识到了磁的物理性能。后来，中国人进一步发明了人工磁化方法，并且，把指南针和写着方位标记的方位盘连在一起，可以更精确地表示方向，制造出了更为先进的罗盘。指南针及罗盘自诞生以后，被广泛应用于地质勘测、航海、军事、生产，以及日常生活等各个方面，更重要的是极大地促进了世界航海事业的发展。

2. 火药

这是中国一千多年以前发明的。早在商周时期，中国人就在冶金过程中发现，木炭很容易燃烧，还在炼丹过程中发现，硫磺和硝石具有燃爆性能。到了汉代，又发现木炭、硫磺、硝石三者混在一起，点燃后会引起猛烈的爆炸。于是，人们有意识地把以上几种物质按比例混合在一起，并研究、掌握了控制其爆炸的方法，从而发明了火药。

自中国发明火药以后，人类就获得了一种前所未有的巨大力量。很快，火药就被应用到了武器上。唐末宋初，中国人在弓箭上边加上火药，发明了"火药箭"，增强了杀伤力，那是火药武器的早期形式。北宋末年，中国人用火药制造出了"霹雳炮""震天雷"等爆炸性极强的武器，在战争中发挥了巨大的威力，这是武器史上的一大革命。同时，火药还被中国人应用到了矿山开采、爆竹制作以及其他爆破方面，明显增强了人类改造自然的能力。

中国所发明的火药和火药武器，于1225年至1248年间，经印度传入阿拉伯国家，又从阿拉伯地区陆续传到了欧洲各国。英、法等国家直到14世纪中期，才懂得了火药和武器，但是，他们后来者居上，在火药的利用和火药武器的研究、制造方面，越来越先进。而中国，后来却长期停滞不前，远远落在了后面。然而，中国作为火药的发明国，对世界的巨大贡献是不可磨灭的。

3. 造纸术

在人类发明纸张以前，文字只能刻在石头上或甲骨上，铸在金属上，或写在竹简、布帛（bó）等上面，非常不方便，文化传播受到了极大限制。纸张的出现，使文字的书写和保存变得十分便利，文化的传播条件发生了巨大的飞跃，大大促进了世界文明的发展。然而，人们可曾知道，造纸技术也是中国最早发明的呢！

中国早在西汉时期就已经有了纸，不过，那是质量非常粗糙的麻纸。东汉时期有一位名叫蔡伦的人，在总结前人经验的基础上，对造纸术进行了革新，不仅材料来源广泛、使用方便，树皮、麻头、破布等都可以作原料，而且提高了纸的质量，并能够大量生产纸。蔡伦造纸术的发明，标志着中国造纸技术的成熟，同时使人类告别了用竹简、布帛等写字的时代。后来，历经各个朝代，中国的造纸技术不断革新，可用于造纸的材料更加广泛，纸的质量越来越高，品种、数量也越来越多。与此同时，还出现了一些总结造纸经验和技术的书籍，如宋代苏易简的《纸谱》、元代费著的《纸笺谱》等。尤其是明代宋应星的《天工开物》一书，对中国造纸技术的记载最为详细，成为中国和世界上总结古代造纸技术的珍贵文献。

中国的造纸技术，7世纪经朝鲜传到日本，8世纪经中亚传到阿拉伯国家，12世纪至16世纪时，陆续传到欧洲各国，后来又传到了美洲。中国造纸技术的西传，为欧洲文化的发展和交流创造了重要条件，对欧洲文艺复兴和世界文化科学事业的繁荣起到了很大作用。这是中华民族对世界作出的又一杰出贡献。

4. 印刷术

这是中国继造纸术以后，在文字传播技术史上的又一重大发明，其意义甚至超过了造纸术的发明。造纸术虽然解决了文字的载体问题，但是，在印刷术发明以前，书还是要一个字一个字地用手抄写，不但速度非常慢，而且复制很困难。中国印刷术的诞生，终于解决了这一重大难题，给人类文化的传播带来了新的巨大飞跃。

中国印刷术的发明，经历了雕版印刷和活字印刷两个阶段。在此之前，中国的造纸业和印章雕刻工艺的发达，已为印刷术的发明准备了一定的条件。雕版印刷大概发明于唐朝中期，当时主要是用于刻印佛经、儒家经典和历法、医药书籍等。比起用手来抄写，它的效率不知提高了多少倍。然而，早期雕版印刷还存在着严重缺陷：每块雕版上的字都是固定在一起的，不能拆下来重新排列组合，每换一次印刷内容，就得重刻一次版，结果，造成了雕版和劳力的极大浪费。到了北宋庆历年间，有一个叫毕昇的人，发明了活字版印刷，终于把印刷技术提高到了成熟的阶段。所谓活字版印刷，就是先用胶泥制成一个一个的汉字印，用火烧硬，然后照稿件把字印排列在字盘上，用松脂之类的东西临时固定住，再把版面压平，这样便可以印刷了。印刷完毕之后，还可以拆散字盘，将字重新排列组合，再印别的内容。这样，就不必一块一块地雕版了，既节省了劳力、费用，又提高了书籍的出版速度。毕昇的伟大发明，给印刷技术带来了质的飞跃。后来，元代的王桢又创造性地把毕昇的泥活字改为木活字，并发明了转盘活字法。明清时代，中国还普遍采用了锡、铜、铅等金属活字，从而使印刷技术又有了新的提高。中国的印刷技术，先是传到朝鲜、日本等国家，然后又传到了阿拉伯和欧洲，为世界现代印刷技术的发展奠定了基础，再一次为发展人类文明作出了重要贡献。

第三节 当代科技

中国古代科技以"四大发明"为突出代表，曾长期处于世界领先地位。可是，自16世纪以后，随着中国封建社会的日趋衰落，西方资本主义的迅速兴起，中国不仅在政治、经济上，而且在科技上也失去了优势。进入19世纪中叶以后，外国列强不断侵略中国，清朝政府腐败无能，战争连绵不断，社会混乱不堪。在那样的情况下，受西方的影响，中国的科技事业有了一定的进步，比如，翻译介绍了西方的数、理、化等近代科学知识，引进了某些先进科学技术，创办了科学研究机构和科学杂志，出现了专业科研队伍和少量科学家，取得了某些科学成果，等等。但是，在飞速发展的西方科技面前，中国的进步太微不足道了，终于被远远抛在了后面，由一个在历史上科技先进的国家，变成了科技十分落后的国家。

1949年中华人民共和国成立以后，奋起直追。由于政府的高度重视，社会和科研条件的根本改善，科学技术工作者的艰苦奋斗，中国的科技事业又迅速发展起来。特别是改革开放以来，强调"科学技术是第一生产力"，提出了"科教兴国"的口号，科技实力持续增强，取得了一系列举世瞩目的科研成果，整体水平已位居发展中国家前列，有些科研领域达到国际先进水平。中国科技事业的发展，主要体现在以下几个方面：

第一，科研机构与科技队伍不断发展壮大。中华人民共和国成立之前，中国的科研机构只有30多个，科学技术人员不超过5万人，专门从事科学研究工作的人员不足500人。不仅科研机构少，而且科研设备条件很差。所谓的科研实际上主要是地质、生物、气象学等地域性调查，还有一些不必依赖试验设备的研究工作。涉及现代科学研究领域，则几乎是一片空白。中华人民共和国成立以后，政府大力抓科研机构和科技队伍的建设。到"文化大革命"前的1965年，全国科研机构已增至1 700多个，自然科学技术人员已达245.8万人，专门从事科学研究的人员12万人，初步形成了由中国科学院、高等学校、产业部门、地方科研单位、国防部门五方面组成的科技队伍。"文化大革命"中科研机构和科研队伍遭受严重破坏，"文化大革命"结束后很快得到了恢复和加强。在大力推进四个现代化建设的过程中，中国制定了科技事业的发展战略和鼓励科技人员的一系列政策，科研机构更加充实、完善，科技队伍更加壮大、精良。到2008年年底，全国科技人力资源总量已达4 600万人。同时，科技人力投入不断增加，科技研发人员的水平与素质不断提高，全国研究与试验发展（Research and Experimental Development，简称R&D）人员达196.5万人，其中科学家和工程师159.2万人，研发人员总量仅次于美国，居世界第2位。2012年，中国研发人员总量达到320万人，上升到世界第1位。2018年，全国按折合全时工作量计算的研发人员总量为419万人/年。70多年逐步形成的众多的科研机构和宏大的科技人才队伍，为中国科技事业的兴旺发达提供了保证。

第二，高科技取得了举世瞩目的成就。20世纪50年代，中国在高科技领域尚是一片空白。进入60年代后，中国仅用了四五十年时间，不但填补了这块空白，而且在该领域突飞猛进，取得了举世瞩目的成就。

在核技术方面。1964年10月16日，中国成功地爆炸了第一颗原子弹，打破了当时极少数国家的核垄断。1967年6月17日，中国首次爆炸了氢弹，表明中国的核武器提高到了新的水平。1971年9月，中国的第一艘核潜艇试验成功，标志着中国成为当时世界上五个独立掌握核技术的国家之一。和平科学利用核资源，是人类文明进步的标志之一。中国自80年代以来，实现了核技术由只为国防建设服务向为工业、农业、科学技术和国防四个现代化服务的战略性转移，积极致力于核技术在工业、农业、医学、环保等领域的应用，初步形成了具有一定规模和水平、较完整的体系，取得了显著成绩。2009年核技术应用产值已达1 000亿元人民币，为国民经济发展作出了突出贡献。"动力堆乏燃料后处理技术"是核工业发展中的世界性难题，从20世纪90年代中期开始，中国加大了对核燃料循环体系建设的投入。2010年12月21日，取得了"热调试"的成功，标志着中国已掌握了动力堆乏燃料后处理技术，成为世界上极少数几个能够形成核燃料循环的国家之一。近年来，中国的核技术应用产业年增长率保持在20%左右，年产值达数千亿元。

在航天技术方面。1964年6月，中国成功发射了自行研制的第一枚运载火箭。1966年和1980年，分别成功发射了中程和远程火箭。1970年至1999年，成功发射了40多颗人造卫星。1981年9月，中国首次使用一枚大型火箭，将三颗不同用途的科学试验卫星送进地球轨道。1982年10月，中国使用潜艇从水下向指定海域发射运载火箭获得成功。1984年4月，使用长征3号火箭成功发射了静止轨道试验通讯卫星，并准确地将其定点于赤道上空。这些表明，中国的运载火箭与人造卫星的研究、发射、跟踪等项工程体系以及综合技术，已位居世界前列。1999年11月至2002年12月，无人飞船神舟一号、二号、三号、四号相继发射成功并顺利返回地面，标志着中国的航天技术达到了新水平。2003年10月至2016年6月，神舟五号、六号、七号载人航天飞行圆满成功，

卫星基地台

神舟八号、九号、十号飞船与天宫一号，神舟十一号与天宫二号目标飞行器顺利实现空间交会对接，中国实现了载人航天工程的重大突破，成为世界上第三个独立掌握空间出舱技术的国家。2007年10月嫦娥一号、2010年10月嫦娥二号探月卫星发射成功，标志着中国航天跨进了深空探测的新领域。2017年，长征三号乙运载火箭成功发射两颗北斗三号全球组网卫星，标志着中国北斗卫星导航系统步入全球组网新时代。2018年，中国航天发射次数达39次，首次位居世界第一。2021年6月神舟十二号载人飞船发射成功，这是空间站建造阶段的首次载人飞行任务。2021年10月神舟十三号载人飞船发射成功，进一步验证航天员长期在轨驻留、再生生保等一系列关键技术。

在计算机和微电子技术方面。中国起步较晚，但发展很快。电子计算机技术，从1956年仿制苏联的产品开始，到1959年成功研制了第一台大型电子计算机。尔后，又借鉴西方技术，逐步进入自行设计和制造阶段。20世纪80年代，中国先后研制成功了第一代电子管、第二代晶体管、第三代集成电路计算机、第四代每秒运算1 000万次的向量计算机、每秒运算1亿次的"银河"巨型计算机。1992年，研制成功了每秒运算10亿次的"银河2号"巨型计算机，标志着中国已跨入世界巨型计算机的先进行列。近些年来，中国在计算机技术和微电子技术的研究、开发、应用上，又取得了一系列新的成绩：首台千万亿次超级计算机系统"天河一号"研制成功，名列世界第一；避错码被国际公认为量子信息领域最令人激动的成果；纳米电子学超高密度信息存储研究获突破性进展；6 000米自制水下机器人完成太平洋洋底调查任务；载人深海潜水器"蛟龙"号海上试验突破7 000米；高性能计算机曙光5000A跻（jī）身世界超级计算机前10位；首款64位高性能通用CPU芯片问世；下一代互联网研究与产业化获得重大突破；等等。

在生物工程技术方面。生物技术是全球发展最快的高新技术之一，已经成为国际科技竞争乃至经济竞争的重点。1965年，中国在世界上首次实现了胰岛素的人工合成，最先完成了酵（jiào）母丙氨酸转移核糖核酸的全人工合成，为世界生命科学研究作出了重大贡献。中国的基因工程研究始于20世纪70年代后期，已取得相当大的

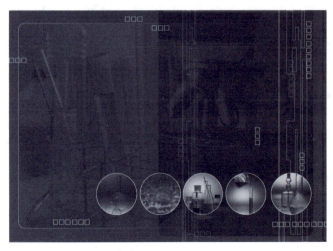
生物技术科研

进展,乙型肝炎表面抗原基因工程疫苗进入中期试验,达到了国际80年代技术水平。人γ-型干扰素基因工程研究,实验室纯品产率高于国外同类的研究结果。90年代以来,解决亿万人吃饭问题的杂交水稻技术不断取得重大突破,首次完成水稻基因图谱的绘制,完成人类基因组计划的1%基因绘制图,首个中国人基因组序列研究成果发表,首次定位和克隆了神经性高频耳聋基因、乳光牙本质Ⅱ型、汉孔角化症等遗传病的致病基因,体细胞克隆羊、转基因试管牛以及重大疾病的基因测序和诊断治疗技术均取得突破性进展,使中国的生物技术总体水平已接近发达国家。

高科技是一个国家科技水平的突出标志,新中国在高科技领域取得的辉煌成就,极大地鼓舞了中国人民的精神,并成为国民经济新的增长点,增强了中国的国力和国际竞争力。

第三,其他各领域科研成果层出不穷。据统计,中华人民共和国成立70余年来,平均每年取得科技成果近7 000项。特别是改革开放以后,科技成果每年以17%的速度递增。到2000年时,当年取得省部级以上重大科技成果已多达30 260项,其中获国家奖励的成果近300项。从1981年到2008年,累计取得省部级以上重大科技成果78.2万项,其中获得国家自然科学奖876项、国家技术发明奖3 017项、国家科学技术进步奖10 353项。截至2008年年底,专利部门累计受理国内专利申请403万件,授予专利权214万件,当年发明专利申请量的世界排名,中国从1997年的第22位跃升到第6位,发明专利授权量居世界第4位。2012年,全年受理国内专利申请188.6万件,授予国内专利权授权114.4万件。2020年,全年受理国内专利申请149.7万件,发明专利授权53万件。科学技术是第一生产力,大量科技成果被推广应用到农业、工业、文化教育、医疗卫生、交通运输、邮政通信、建筑等各个领域,产生了巨大的经济效益,有力地促进了国民经济的发展。以1978年至1988年10年为例,全国共推广应用了5 118项获国家级奖励的科技成果,增收节支达1 800亿元。1987年,仅籼(xiān)型杂交水稻在全国的推广,就使水稻增产了1 600亿斤,增值达159亿元。葛洲坝综合利用水利枢纽,综合经济效益达20亿元以上。近些年,中国大力推动科技、教育、经济相结合,促进科技成果及时向经济成果的转化,科技对经济增长的贡献率越来越高。

第四,与国外的科技合作大大加强。中国科学技术的发展,靠的是"两条腿走路",除本国不断研究、发明之外,还积极引进国外的先进技术,进行消化、吸收,促进本国科学技术的更新与改造。尤其是改革开放以来，随着国际交往与合作的活跃，国内现代化建设的需要，从国外引进的先进技术日益增加。据统计，仅从1979年到1989年10年，在通过引进技术改造现有企业方面，就与国外签订了2万多个项目、3万多个合同，成交额达150多亿美元，主要签约国有日本、联邦德国、美国、意大利、英国。国外先进技术的大量引进，加快了中国企业技术进步的步伐，使一些企业和产品的技术面貌发生了深刻变化，增强了中国技术自主开发的能力，提高了产品的国际竞争能力。截至2008年，中国已与150多个国家和地区建立了科技合作关系，与其中97个国家和地区签署了104个政府间科技合作协定，民间科技交流十分活跃。中国科技工作者参加了近千个国际学术组织，并在其中发挥了重要作用。中国积极参与人类基因组计划、伽利略全球卫星导航计划、国际热核聚变实验反应堆（ITER）计划等一批国际大科学工程，开展中医药、新能源与可再生能源等国际科技合作计划，建设了一批高水平的国际创新园、联合研究中心和科技合作示范基地。广泛而深入的国际科技交流与合作，使中国有机会接触最新的国际科研项目，参与顶尖的国际科研团队，体验先进的国际科研文化。

总之，中华人民共和国成立70多年来，科技事业蓬勃发展，取得了举世瞩目的成就，为经济发展、社会进步、民生改善、国家安全提供了重要支撑（chēng），整体水平已位居发展中国家前列，有些科研领域达到国际先进水平。不过，因为中国现代科技基础薄弱，起步太晚，虽然取得了辉煌成就，但许多领域和世界发达国家相比仍存在着相当大的差距。当今世界是科技的时代，科技的发展日新月异，中国按照"科教兴国"的战略，正在拼命追赶。为了加速发展科技事业，中国进行了科技管理体制改革，管理和运行机制不断完善，科技市场已经建立并迅速扩大，科技投入持续增加，广大科技人员的积极性被充分调动起来，科技在中国经济和民族振兴中，发挥着越来越突出的作用。

思考题

1. 谈谈中国古代四大发明。
2. 谈谈当代中国的科技发展情况。

第八章 中国的教育

教育在一个国家中占有重要地位，它关系到人才的培养和国民素质的提高，关系到科学、文化及整个社会的发展，所以，不同国家各个时代的政府，一般都重视教育。中国的教育历史悠久，内容丰富，不但从教育学的角度上值得研究，而且也是认识中国所需要了解的一个重要方面。

第一节 古代教育

早在原始社会后期，中国就有了教育的萌芽，当时曾出现了一种专门传授生产经验的场所，叫作"庠"（xiáng），可以看作是中国最原始的教育形态。到了商代，中国开始有了正式的学校。尔后，在漫长的奴隶社会和封建社会时期，中国学校的规模、名称虽有所变化，但教育的基本形式没有什么大的变更。中国古代的教育机构主要存在着三种类型。

第一种：官学。建立于西周时期，指的是政府办的学校，其中有"国学""乡学"之分，"国学"设在周王朝和各诸侯国的国都，"乡学"设在地方。教学内容以礼（礼仪）、乐（音乐）为中心，还包括射（射箭）、御（驾车）、书（写字）、数（数学），统称为"六艺"。教师由政府官员担任，学生均为贵族子弟。春秋战国时期，贵族官学衰落，私人办学兴起。到了汉代，官学再次兴起，分为中央官学和地方官学。汉武帝罢黜（chù）百家，独尊儒术，国家设太学博士，专门讲授儒家经典。隋唐时期，经济繁荣，文化昌盛，教育事业得到很大发展，从中央官学到地方官学，从官学到私学，形成了较完备的教育体系，一直延续到宋、元、明、清。由于自隋朝以后中国实行了科举制度，即通过设科考试选拔官吏，所以，后来的官学完全服从于科举制度，成了当官的阶梯。

第二种：私学。西周以前，只有官学，没有私学。进入春秋时代，儒学的创始人孔子首开个人讲学之风。他提出"有教无类"的主张，贵族平民都可以入学，据说弟子达三千人，于是，中国古代产生了新的办学形式——私学。战国时期，儒家、墨家、道家、法家等"百家争鸣"，各个学派的代表人物，纷纷通过招收弟子，个人讲学，宣传自己的思想政治主张，因而私学兴旺，成为与官学并立的教育场所。春秋战国时期的私学，促进了学术、文化的繁荣，培养了大批人才，为后来的私学树立了榜样。私学教育虽然没有官学那么正规，但办学形式灵活、自由，有利于不同学术思想的发展，同时，打破了贵族对教育的垄断，为一些平民提供了学习的机会。自汉代以后，私学成为中国封建教育制度的重要组成部分。

第三种：书院。书院教育开始于唐代，盛行于宋代，是高级形式的私学教育。比起传统的私学，书院在机构、制度、教学上，都比较正规、完善。在长期的办学过程中，书院教育形成了独特的学风：强调学术研究、身心修养，提倡自由讲学、百家争鸣，学术研究与教学活动紧密结合；在教学方法上，注重在教师指导下的学生自学、个人钻研、相互问答、导师讲解三者结合，培养学生的独立钻研精神。进入书院学习的

白鹿洞书院

学生，一般不是为了参加科举考试，而是为了向知名学者求学问。宋代的"四大书院"，即白鹿洞书院（江西庐山）、岳麓（lù）书院（湖南长沙岳麓山）、石鼓书院（湖南衡阳石鼓山）、应天府书院（河南商丘），至今仍享有盛名。书院教育作为中国古代教育的主要形式之一，对人才培养和学术发展起了重要作用。不过，自进入明清时代以后，书院教育尽管仍很兴盛，但官学化的倾向越来越严重，多数也和官学一样，成了为参加科举考试做准备的场所。随着近代教育的兴起，1905年清政府宣布废除科举制度，延续千年的书院教育历史结束了，原来那些古老的书院改成了新式学堂。

中国古代教育的三大类型，虽各有不同之处，但基本特征是相同的：教育的核心内容是尊孔读经，教育的主要对象是富贵阶层，教育的目标是培养官僚和御用文人。另外，与西方古代教育比较起来，中国古代教育有一个重要特征，那就是以政治思想、伦理道德教育为本，缺乏数、理、化等自然科学内容。

中国古代的教育，作为奴隶社会和封建社会的意识形态，对维护奴隶制度和封建制度，起到了十分重要的作用。同时，其中凝（níng）结着中国古代历代人的智慧，包含

着无比丰富的中国传统文化，对中国民族文化的传播与发展，对中华民族精神的形成，起到了非常重要的作用。在数千年的中国古代教育史上，出现了许多杰出的教育家，如孔子、孟子、荀子、董仲舒、韩愈、朱熹（xī）、王夫之、戴震等，他们丰富的教育思想，不但为中国，也为世界教育史、文化史作出了贡献。

第二节 近现代教育

从1840年鸦片战争开始，中国进入了半殖民地半封建社会，教育也随之发生了变化。由于封建教育的没落，改革维新思潮的活跃，西方资本主义的影响，中国教育开始向世界近代教育转变。

1840年鸦片战争以后，清朝政府中的顽固派仍继续推行封建主义教育。但是，从欧洲来的传教士已开始在中国设教堂，办学校，建医院，发行书刊，推广近代资本主义教育。当时，在清朝政府内部出现了革新派，他们初步提出了向西方学习，改革中国社会和文化教育的主张。1862年，洋务派在北京创办了第一所官办外语专门学校——京师同文馆，接着，陆续开设了一些新式学校，主要是外语学校（同文馆、广方言馆）、军事学校（武备、水师学堂）、技术学校（机器、电讯学堂）。而且，开始向国外派遣留学生。"戊戌变法"中，康有为、梁启超、谭嗣同、严复等资产阶级改良派，进一步提出了一系列设立新式学堂、建立资本主义教育制度的主张和改革方案。到了20世纪初，中国的新式学堂纷纷建立，知识分子的数量迅速增加，出国留学成为风气。1906年，有1.3万余人去日本留学，加上去美国等其他国家，共有两万多人出国留学。

1911年，武昌起义爆发，辛亥革命成功，清政府垮台，中国建立了资产阶级共和国。1912年，南京临时政府成立了教育部，著名教育家蔡元培任教育总长，公布了几个重要教育改革令，主要内容是：彻底废除封建的教育制度和教育内容，颁（bān）布新的教育宗旨，提出了德、智、体、美"四育平均发展"的方针；制定了新学制，初小四年，高小三年，中学四年，大学六年到七年（含预科三年），大学设文、理、法、商、医、工等科；改革课程和教学方法。这样，中国的教育体制基本具备了近代学校的特点。然而，随着北洋军阀的上台，中国陷入了混乱局面，教育改革成果也随之丧失。

在"五四"新文化运动中，一些进步的知识分子和教育家，大力提倡和推动各种教育改革，如使用白话文、男女同学、普及教育、大学实行学分制、改革教育管理体制等。1922年，北京政府教育部公布了新学制，体现了五四运动及以前教育改革的综合成果。

当时，美国杜威等人的实用主义教育思想传到了中国，对学制、课程、教材、教学法的改革也起了促进作用。

自1921年中国共产党成立以后，中国出现了两个教育系统：一是共产党领导的革命根据地的教育系统，一是国民党统治地区的教育系统。

中国共产党从一开始就重视教育。起初，主要是办补习学校、自修大学等，传播文化，宣传革命思想。1931年在江西苏区建立了中央革命根据地，开始正式兴办教育，当时有业余教育，也有正规教育，有培养干部的学校，也有一般的文化学校，有初等、中等教育，也有高等教育，还有扫盲教育。特别是中国共产党领导机关转移到了延安，建立了陕甘宁边区以后，陆续创办了抗日军政大学、陕北公学、鲁迅艺术学院、延安大学等。解放战争时期，解放区的教育事业进一步扩大。中国共产党所领导的革命根据地的教育，宗旨是提高革命队伍和民众的文化水平与政治觉悟，为民族独立和人民解放斗争服务。

中华人民共和国成立前的教育事业，除共产党领导的革命根据地外，绝大部分是在国民党政府的管理之下，基本延续了1922年北京政府教育部公布的"六、六、五"学制：初小、高小六年，初中、高中六年，大学五年（包括预科）。

1937年7月，日本向中国发动了全面侵略战争以后，全中国共108所大学，有91所遭到战争破坏，40%的中学陷入日本占领区。为此，北方的一部分重点大学，被迫迁移到了内地，如北京大学、清华大学和南开大学三所大学迁到昆明，成立了西南联合大学。直到抗日战争胜利以后，受破坏的学校才开始恢复。

从整体来看，中国的近代教育情况比较复杂，一方面，结束了封建的教育制度，建立了近代式的教育体系，推动了现代科学文化知识的传播，取得了历史性的进步；另一方面，由于帝国主义的侵略，封建主义教育根深蒂固的影响，战争的破坏，社会不安定，经济贫穷，中国的教育仍然极其落后。主要表现在：一是带有浓厚的半殖民地半封建色彩；二是各种学校数量太少，加上人民生活十分贫困，因而学生入学率非常低，全国80%的人口是文盲。当时中国的教育发展水平，比起几乎是同时起步向近代教育转变的邻国日本，落后了将近一个世纪。直到中华人民共和国成立以后，上述状况才逐步有了根本改变。

第三节 当代教育

一、曲折的道路

1949年10月中华人民共和国成立，中国教育进入了一个崭新的发展阶段。新中国成立初期，为了改变教育极其落后的状况，振兴中国的教育事业，在努力恢复和发展国民经济的同时，政府采取了一系列措施，对原来的教育事业进行了整顿和改革。

首先，接管了国民党遗留下来的各种私立学校和受外国控制的学校，掌握了国家的教育主权。从1952年到1956年，政府逐步将全国的私立学校全部改为公立学校。在接管旧学校的过程中，对旧的教育进行了改革。

1957年以后，中国政府试图进一步进行教育改革，但改革思想出现了偏差，过分强调了生产劳动和政治运动，盲目确定教育发展目标，错误批判和伤害了一批知识分子，造成了一些不必要的损失。从1961年到1963年，政府对教育政策等进行调整，使教育事业得到了稳定发展。1965年，中国的高等学校发展到434所，在校大学生67万人，在校中学生1 432万人，适龄儿童入学率达85%，半工半读、成人教育也有较大发展。

然而，1966年发生了"文化大革命"，中国的教育事业遭受严重破坏。广大教师特别是专家、教授，受到打击、迫害，大学停止招生4年，教育质量下降，不少学校被撤销。10年间，全国少培养了约10万名研究生、100多万名合格的大学本科和专科毕业生、200多万名中专生，从而导致整个社会出现了人才青黄不接、知识严重缺乏的危机。

1976年10月打倒"四人帮"，特别是1978年年底中共十一届三中全会以后，中国纠正了"文化大革命"的错误，实施了正确的知识分子政策，恢复了高考招生等有效的教育制度，加强了政府对教育事业的领导。同时，对教育结构进行了调整，比如，加快职业学校的发展，加强幼儿教育、成人教育、少数民族教育、研究生培养等。

1986年4月，第六届全国人民代表大会第四次会议通过并颁布了《中华人民共和国义务教育法》，开始在全国范围内有步骤地实行九年义务教育。40多年来，在改革开放政策的推动下，中国教育面向现代化，面向世界，面向未来，走上了顺利发展的轨道。

二、巨大的变化

中华人民共和国成立后教育事业的发展，尽管曾经历过一些曲折，但那不是主要方面，而取得的成就却是巨大的，同中华人民共和国成立前相比较，中国教育的面貌发生了根本性变化。

第一，<u>学校和学生数量大大增加</u>。中华人民共和国成立前夕，全国仅有普通大学205所，在校大学生11.7万人，中学约5 000所，中学生100多万人，小学30多万所，小学生约2 500万人。当时，全国4.7亿人口，平均1万人中不足3个大学生、38个中学生、532个小学生，小学和初中入学率仅为20%和6%左右，全国80%人口是文盲。

中华人民共和国成立以后，从1949年至1989年40年间，普通高等学校发展到1 075所，在校大学生增加了16.8倍，达208.21万人；普通中学（包括高中）发展到8.96万所，在校生增加了41.87倍，达4 454.02万人；小学发展到77.72万所，在校生增加了4倍多，达1.237 3亿人；幼儿园17.26万所，在园幼儿1 847.66万人。到2004年，普通高等学校增加到1 731所，在校研究生81.989 6万人，本科生1 333.5万人；普通高中15 998所，在校生2 220.37万人；普通初中63 060所，在校生6 475万人；普通小学394 183所，在校生11 246.23万人；幼儿园117 899所，在园幼儿2 089.4万人。全国基本普及九年义务教育和扫除了青壮年文盲。从2006年起，西部农村地区免除九年义务教育阶段学生的学杂费，2008年，全国城乡义务教育阶段学生的学杂费全部免除，中国全面实现了九年免费义务教育。

截至2018年，全国共有各级各类学校51.89万所，各级各类学历教育在校生2.76亿人，各级各类学校共有专任教师1 673万人。学前教育毛入学率81.7%，小学学龄儿童净入学率99.95%，初中阶段毛入学率100.9%，高中阶段毛入学率88.8%，高等教育毛入学率48.1%。全国各级教育普及教育水平不断提高，国民受教育机会进一步扩大。尤其需要指出的是，全国高等教育毛入学率达到48.1%，其中普通高校本专科招生多达791万人，研究生招生85.8万人，标志着中国高等教育已进入大众化阶段。

2018年，全国共有普通高校2 663所（含独立学院265所），各种形式的高等教育在学总规模3 833万人，其中博士生38.95万人，硕士生234.17万人，普通本科生1 697.33万人，专科生1 133.7万人，成人本专科生590.99万人，网络本专科生825.66万人；高中阶段学校2.44万所，在校生3 931.24万人，其中普通高中1.37万所，在校生2 375.37万人，中等职业教育（含技工学校）学校1.03万所，在校生1 551.84万人；初中学校5.2万所，在校生4 652.59万人，初中毕业生升学率95.2%；小学16.18万所，在校生10 399.25万人；幼儿园26.67万所，在园幼儿4 656.42万人；特殊教育学校2 152所，在校生66.59万人；各级各类民办学校18.35万所，占全国比重35.35%，在校生5 378.21万人，占全国比重19.51%。

第二，<u>建立和完善了完整的教育体系</u>。中华人民共和国成立以前，中国的学校不仅数量少，而且结构不完整，布局不合理。大学门类少，学科很不齐全，并且，绝大多数集中在大城市和沿海省份。中学仅一部分县以上的城市才有，许多内地、边远、落后地区，甚至连小学也没有。中华人民共和国成立以后，经过几十年的发展，每个省、自治区、直辖市都有若干所大学，有许多中、高等专科学校，每个县、区都有若干所中学，每个城镇居民区、村庄都有小学，即使是地方偏僻、经济落后、人口分散的山区和少数民族地区，儿童也可以就近入学。

从学校的种类来说，除了普通大、中、小学教育外，自20世纪80年代以来，随着国民经济和社会发展的需要，职业技术教育、专科教育、成人教育、特殊教育有了较大发展。从终身教育来说，仅成人高等教育机构就有广播电视大学、职工业余大学、农民高等学校、管理干部学院、教育学院、函授学院、夜大学等十几类。从普通高等学校来说，分为综合性大学和文、理、工、农、林、医、财经、政法、师范、体育、艺术、外语等大学十几类，不但学科门类比较齐全，而且许多学科具有世界先进水平。近些年，一些原来是专业性的大学也增添或加强了人文社科方面的学科。

经过70余年的发展，从沿海到内地，从城市到乡村，从幼儿园到大学，从正规学校到业余学校，从一般教育到职业教育和特殊教育，从基础教育到高级人才的培养，在全国形成了一个布局比较合理，学校和学科种类比较齐全的教育体系。近些年来，随着国家经济和科学技术的快速发展，国家对教育的投入不断增加，各级各类学校现代教育装备水平明显提高，教育信息化和远程教育得到了快速发展。在全面普及九年义务教育、高等教育连续扩招学生的基础上，大力推进教育公平，建立起了覆盖各个教育阶段、公办民办、家庭经济困难学生的资助体系，建立起了覆盖40多万所农村和边远地区学校的远程教育网络，使全国城乡儿童、青少年和人民群众享有了更加平等的教育机会、更加优质的教育资源。2018年，全国合计资助各类学生1.35亿人次，资助金额达2 042.95亿元。

第三，教师队伍不断壮大和优化。据1999年统计，普通高等学校教师由1949年的1.6万人发展到42.6万人，增长了25.63倍；普通中等学校教师由6.7万人发展到459.6万人，增长了68.6倍；小学教师由83.6万人发展到586.1万人，增长了7倍；幼儿教师由1950年的1 700人发展到87.2万人，增长了513倍。为了培养足够的教师，提高教师队伍的素质，20世纪80年代以来，中国政府十分重视师范教育的发展，同时，加强了各级各类学校在职教师的培训工作。为了保证教师质量，1993年国家颁布了《中华人民共和国教师法》，2000年颁布了《〈教师资格条例〉实施办法》，开始全面实施教师资格制度。

近些年来，教师队伍层次结构不断优化。到2010年，全国小学、初中教师学历合格率保持在98%以上，基本达到了教师法规定的最低标准，2018年分别提高到了99.97%、99.86%；普通高中专任教师中具有本科及以上学历教师达94.81%，也基本达到了教师法规定的标准，2018年提高到了98.41%；2018年，中等职业教育专任教师本科及以上学历的比例达到92.1%；普通高校研究生以上学位教师比例为57.1%，大大超过《普通高等学校基本办学条件指标（试行）》合格标准，2018年达到了73.65%。

截至2018年年底，全国共有普通高等学校专任教师167.28万人，成人高等学校专任教师2.19万人，普通高中专任教师181.26万人，中等职业教育专任教师83.43万人，初中专任教师363.9万人，小学专任教师609.19万人，幼儿园专任教师258.14万人，特殊教育专任教师5.87万人。2010年，全国高校里有中国科学院和中国工程院全职院士588人。另外，国家还制定政策采取措施，面向海内外遴（lín）选支持长江学者特聘教授、讲座教授，培育支持高水平创新团队，培养支持新世纪优秀人才，培养支持青年骨干教师。教师是教育之根本，教师队伍的扩大和素质的提高，是各类学校教育质量的重要保证。

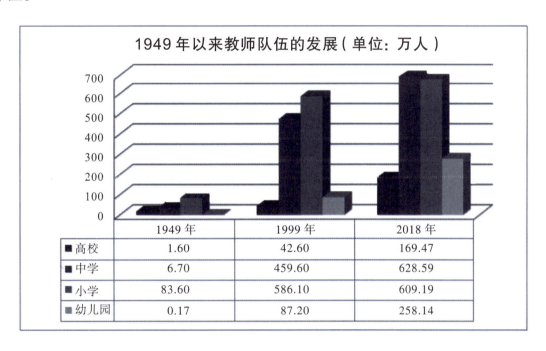

1949年以来教师队伍的发展（单位：万人）

	1949年	1999年	2018年
高校	1.60	42.60	169.47
中学	6.70	459.60	628.59
小学	83.60	586.10	609.19
幼儿园	0.17	87.20	258.14

第四，<u>为国家培养和输送了大量人才</u>。从1949年至1989年的40年，中国新培养出大学毕业生达620万人，是中华人民共和国成立前的30.5倍。到2000年，加上成人高等教育的毕业生，中国每万人拥有大学生的数量，已由1949年的3人增加到361人。从1977年至1997年，普通高等学校累计向社会输送大学本科毕业生82.91万人。1997年至2002年，随着高等教育大幅度扩大招生，每年毕业的大学本科生和硕士生、博士生的人数迅速增加，5年间本专科毕业生1 300万人，毕业研究生31万人。仅2006年至2010年"十一五"期间，高校和中等职业学校就为社会累计输送了5 486万名毕业生，其中研究生累计毕业166.7万人，年均增长15.1%；普通高等教育本专科累计毕业2 443.7万人，年均增长13.4%；中等职业教育累计毕业生2 875.6万人，年均增长9.5%。2012年，研究生毕业生达到48.6万人，普通高等教育本专科毕业生达到624.7万人，各类中等职业教育毕业生达到674.9万人。2018年，全国研究生毕业生60.4万人，普通高等教育本专科毕业生753.3万人，中等职业教育毕业生487.3万人。人才是关键，教育是基础，中华人民共和国成立以来的教育事业，为国家培养和输送出了亿万各类人才，有力地支撑了国家的发展和建设。

第五，教育对外交流与合作不断扩大。首先，是中国留学生的派出。从 1951 年开始到 1965 年 15 年间，中国共向 29 个国家派出了 1 万多名留学人员。"文化大革命"前期，留学生派遣工作一度停止，1972 年恢复。1978 年以来，作为对外开放的重要组成部分，中国向国外派遣留学生的数量逐年剧增，仅公派留学人员每年就派出 3 000～20 000 人。1985 年自费出国留学放开以后，"出国热"迅速升温，自费留学生数量迅猛增长。截至 2002 年年底，公派和自费的出国留学人员，累计已达到 45.8 万人，分布在 100 多个国家和地区，其中 30% 已学成回国。仅 2012 年一年，中国出国留学人数就达到 39.96 万，其中国家公派 1.35 万人，单位公派 1.16 万人，自费留学 37.45 万人，中国成为世界第一出国留学大国。2018 年当年，中国出国留学人员总数已增加到 66.21 万，其中国家公派 3.02 万人，单位公派 3.56 万人，自费留学 59.63 万人；同时，该年各类留学回国人员总数达到 51.94 万人。截至 2018 年年底，中国各类出国留学人员累计达 585.71 万人，随着中国经济社会建设事业的需要和吸引，完成学业后回国发展的留学人员逐年增加，累计已达到 365.14 万人，占完成学业留学生人数的 84.46%，他们中许多人为国家作出了突出贡献。

其次，是接收来华留学生。从 1950 年开始到 20 世纪 70 年代末，中国共接收 60 多个国家的留学生 9 757 人。改革开放以来，来华留学生的国别、数量激增，仅 1992 年一年，就接收了来自 126 个国家的 1.3 万名留学生，超过了改革开放以前 30 年的总和。从 1950 年至 2002 年，中国接收外国留学生累计 55 万人次，来自 170 个国家和地区。2002 年，接收来华留学生的大学，由原来的 20 余所增加到将近 400 所，有在校长期留学生 6.050 1 万人，短期留学生 2.532 8 万人，共计 8.582 9 万人。2012 年，在中国的各类外国留学人员达到 32.833 万人，来自 200 个国家和地区，分布在全国 31 个省、自治区、直辖市的 690 所高等院校、科研院所以及其他教学机构学习。2018 年，各类外国留学人员达到 49.218 5 万人，来自 196 个国家和地区，分布在中国 31 个省、自治区、直辖市的 1 004 所高等院校学习。获得中国政府奖学金的学生 63 041 人，占来华生总数的 12.81%，自费生 429 144 人，占来华生总数的 87.19%。其中接受学历教育的 258 122 人，占来华生总数的 52.44%，硕士和博士研究生 85 062 人。从洲别来看，亚洲学生总数最多，共 295 043 人，占 59.95%；非洲学生 81 562 人，占 16.57%；欧洲学生 73 618 人，占 14.96%；美洲学生 35 733 人，占 7.26%；大洋洲学生 6 229 人，占 1.27%。从国别来看，韩国学生最多，50 600 人，其次是泰国，28 608 人，第三是巴基斯坦，28 023 人，第四是印度，23 198 人，第五是美国，20 996 人，然后依次是俄罗斯 19 239 人，印度尼西亚 15 050 人，老挝 14 645 人，日本 14 230 人，哈萨克斯坦 11 784 人，越南 11 299 人，孟加拉 10 735 人，法国 10 695 人，蒙古 10 158 人，马来西亚 9 479 人。事实表明，中国已成为亚洲最大的留学目的国，也是世界上最具吸引力的留学目的国之一。

另外，中国还通过与外国互派专家、学者任教、讲学，互派代表团组考察、访问，参加或举办国际性学术会议，建立校际交流关系，中外合作办学与高等学校境外办学，参加联合国教科文组织的教育项目等，进行广泛的教育国际交流与合作。近年来，仅教育部批准的合作办学机构、项目就有1 765个。

教育是国家发展的基础之一，中国教育事业的不断扩大，显著地提高了全民族的文化水平，为中国的经济、科学、文化及其他各项事业的繁荣，创造了重要条件。

三、教育体制

1. 教育体系

《中华人民共和国教育法》规定：中国实行学前教育、初等教育、中等教育、高等教育的学校教育制度。教育体系由普通教育、职业教育和成人教育组成。普通教育包括学前教育、初等教育、中等教育和高等教育，是学历教育；职业教育是指使受教育者获得某种职业或生产劳动所需要的职业知识、技能和职业道德的教育；成人教育是指通过业余、脱产或半脱产的途径对成年人进行的教育。学前教育、普通初等教育、普通中等教育统称为基础教育，其中的中小学教育是九年制义务教育。

（1）学前教育

指对上小学前儿童所进行的教育，包括家庭教育和社会教育，社会教育主要是在幼儿园。幼儿园一般招收3岁以上的学龄前儿童，有公立的也有民办的，费用因地因园而异。

（2）初等教育

即小学教育，作为九年制义务教育的一部分，任何适龄儿童都必须接受，满6周岁即可报名入学。小学教育是6年制（少数地区5年）。设置的课程主要有语文（普通话）、数学、英语、自然常识、音乐、美术等。

（3）中等教育

普通中学：学制3年（小学学制5年的地区为4年）。设置的主要课程有语文、数学、外语、政治、历史、地理、物理、化学、生物、体育、音乐、美术、生理卫生、信息技术等。

普通高中：学制3年。设置的主要课程有语文、数学、外语、政治、历史、地理、物理、化学、生物、体育、音乐、美术、生理卫生、信息技术等。有的为了升大学分为文科班和理科班，开设的课程有所不同。

中等职业学校：包括职业高中、中等专业学校、技工学校。一类是从初中毕业生中招生，学制3—4年；另一类是从高中毕业生中招生，学制2—3年。学科种类有工科、农科、林科、医药、卫生、财经、管理、政法、艺术、师范、体育、旅游等。

（4）高等教育

普通高等学校：包括专科、本科、研究生。专科学制2—3年。本科学制通常为4年，但医学本科5年，少数工学本科5年。硕士研究生学制2—3年，博士研究生3年。

高等职业学校：有专科和本科之分，以专科为主，招生对象是普通高中毕业生和中职生（职高、中专、技校），通过参加每年的高考入学，基本学制3年。

（5）成人教育

成人高等教育：包括广播电视大学、职工高等学校、农民高等学校、管理干部学院、教育学院、独立设置的函授学院、网络教育学院、普通高等学校举办的成人教育（函授部、夜大学、教师进修班）、卫星电视教育以及高等教育自学考试等。

成人中等教育：包括成人中学、成人中等专业学校、成人技术培训学校、农民文化技术学校、农业广播电视学校和中专自学考试等。还有各种进修、培训、辅导性质的函授、面授学校。

成人教育主要是招收在职干部和职工，既有学历教育，也有非学历教育，学制2—5年。教学方式有的是全日制课堂集中讲授，有的是通过提供教材、录音录像资料远距离指导自学，有的是全脱产、半脱产学习，也有的采用业余方式学习。办学机构根据社会需要和自身条件，开设文、理、工、农、医、财经、政法、教育、体育等专业，在保证学历教育规格的前提下，尽可能根据求学者的需要确定教学内容。

2. 管理体制

中国的教育行政管理系统由中央、省（自治区、直辖市）、市（地区）、县四级组成。《中华人民共和国教育法》规定："国务院教育行政部门主管全国教育工作，统筹规划、协调管理全国的教育事业。县级以上地方各级人民政府教育行政部门主管本行政区域内的教育工作。县级以上各级人民政府其他有关部门在各自的职责范围内，负责有关的教育工作。" 教育部作为国务院主管全国教育事业的行政部门，负责贯彻国家制定的有关法律、法规和方针、政策，制定教育工作的具体政策，统筹整个教育事业的发展，协调全国各部门有关教育的工作，统一部署和指导教育体制改革。国务院其他少数相关部委也设立分管本部门、本行业教育事业的行政部门。1978年以来，国家先后颁布了《中华人民共和国学位条例》《中华人民共和国义务教育法》《中华人民共和国教师法》《中华人民共和国未成年人保护法》《教师资格条例》《中华人民共和国高等教育法》等法律和10多项教育行政法规。教育部颁布了200多项教育行政规章，有力地促进了各级各类教育的发展。

中国的教育体制是以政府办学为主体，社会各界共同办学。基础教育以地方政府办学为主；高等教育以中央和省（自治区、直辖市）两级政府办学为主，社会各界广泛参与办学；职业教育、成人教育主要依靠行业、企业、事业单位办学和社会各方面联合办学。近些年来，中央政府进一步简政放权，加大了各级地方政府对本地区教育统筹管理的权限，促进了教育与当地现代化建设的紧密结合。基础教育由地方负责、分级管理；农村义务教育在中央政府领导下，由地方政府负责、分级管理、以县为主；职业教育在国务院领导下，分级管理、地方为主、政府统筹、社会参与；高等教育由中央和省级政府两级管理、以省级政府管理为主。

中国的教育经费，以国家财政拨款为主，同时也通过多种渠道筹措教育经费。属中央直接管理的学校，经费从中央财政预算拨款；属地方管理的学校，经费从地方财政预算拨款；农村乡、村和企事业单位办的学校，经费由主办单位解决，国家给予适当补助；社会团体、人士开办的民办学校，费用由主办者自行筹措（包括向学生收费、向社会募捐等）。除上述经费来源外，国家提倡各类学校通过开展勤工俭学、向社会提供服务等多种渠道，增加经费收入，改善办学条件。中国是发展中国家，长期以来教育经费严重不足，近些年来，政府投入的教育经费每年以百分之十几的幅度增长，但仍远远满足不了实际需要。

中华人民共和国成立以来，长期实行的是国立学校、公费教育的制度，近二十几年才出现了民办自费学校，非义务教育的公立学校也收取一定数额的学费。中国的大学，除为数很少的走读校外，学生一般都住校学习。为了鼓励和支持学生努力学习，各大学都设有奖学金和助学金制度。一些特殊院校，如体育学院、师范学院、民族学院等，国家为所有学生提供助学金。大学招收新生，每年通过全国统一考试择优录取。学生毕业以后，过去由国家统一分配，改革以后实行了双向选择、多种渠道就业。

四、发展目标与教育改革

国家的现代化最终要靠教育，有了发达的教育，才能有充足的人才，国家才能兴旺。中华人民共和国成立后到20世纪70年代末，中国的教育尽管有了很大发展，但也遭受过"文化大革命"的严重破坏，与发达国家相比，与中国现代化建设的需要相比，相差很远。为此，中国在改革开放后，格外重视教育的改革与发展，在制定国民经济和社会发展计划中，总是把教育放在十分重要的位置。1993年2月，政府颁布了《中国教育改革和发展纲要》，提出了到20世纪末中国教育发展的总目标：全民受教育水平有明显提高；城乡劳动者的职前职后教育有较大发展；各类专门人才的拥有量基本满足现代化建设的需要；形成具有中国特色的、面向21世纪的社会主义教育体系的基本框架。具体目标是：在全国基本普及九年义务教育，在大城市市区和沿海经济发达地区积极普及高中阶段教育；高中阶段职业技术学校在校生人数有较大幅度增加，使城乡新增劳动力上岗前都能得到必需的职业技术训练；高等学校培养的专门人才适应经济、科技和社会发展的需求，集中力量办好一批重点大学和重点学科，高层次人才的培养基本立足于国内，教育质量、科技水平和办学效益有明显提高；发展和完善多种形式、多种途径的成人教育，大力开展岗位培训，提高广大从业人员的思想文化素质和职业机能；在全国基本扫除青壮年文盲。经过十几年的努力，以上目标已基本实现。

进入21世纪以后，政府又于2010年7月颁布了《国家中长期教育改革和发展规划纲要》（2010—2020年），提出了国家教育改革和发展新的战略目标：到2020年，基本实现教育现代化，基本形成学习型社会，进入人力资源强国行列。具体目标是：实现更高水平的普及教育，包括基本普及学前教育、巩固提高九年义务教育水平、进一步提高高等教育大众化水平、扫除青壮年文盲；形成惠及全民的公平教育，包括建成覆盖城乡的基本公共教育服务体系、逐步实现基本公共教育服务均等化、缩小区域差距；提供更加丰富的优质教育，包括教育现代化水平明显提高、优质教育资源总量不断扩大；构建体系完备的终身教育，包括学历教育和非学历教育协调发展、职业教育和普通教育相互沟通、职前教育和职后教育有效衔接、继续教育参与率大幅提升、终身教育体系基本形成；健全充满活力的教育体制等。

改革是发展的强大动力，教育要发展根本靠改革。40多年来，中国为了加快教育事业的发展，提高教育质量和办学效益，更好地适应现代化建设的需要，按照制定的教育改革和发展目标，积极探索和推进教育改革，重点做了以下几方面的工作。

第一，改革办学体制，增强发展活力。改变长期以来由国家包揽办学的格局，在国家统筹规划的指导下，扩大各级政府的办学自主权，调动社会各方面办教育的积极性，逐步建立以各级政府办学为主、全社会积极参与、公办民办教育并举的新格局。

改革办学体制，主要体现在如何处理好中央政府、地方政府和各级各类学校等复杂关系，政府如何对各级各类学校进行规划、引导、管理、评价等方面。通过改革，政府由对学校的直接行政管理，向更加重视运用立法、拨款、规划、信息服务、政策指导和必要的行政手段进行宏观管理转变。在中小学校实行校长负责制，在高等学校实行党委领导下的校长负责制。依法保障教师政治地位、社会地位和职业地位，调动广大教师的主动性、积极性和创造性。

中华人民共和国成立以后，学校全部为公立没有私立。改革开放后国家开始允许和鼓励民办教育。20世纪90年代陆续出现了一些民办学校，2002年国家颁布了《中华人民共和国民办教育促进法》，民办教育迅速发展起来。到2004年，全国各级各类民办学校（机构）已有7.85万所，在校生达1 769.36万人（含独立学院学生）。其中民办普通高校和成人高校228所，在校生139.75万人，民办其他高等教育机构1 187所，注册学生105.33万人；民办普通高中2 953所，在校生184.73万人；民办中等职业学校1 633所，在校生109.94万人；民办普通初中4 219所，在校生315.68万人；民办普通小学6 047所，在校生328.32万人；民办幼儿园6.22万所，在校生584.11万人。截至2018年年底，全国共有各级各类民办学校达到18.35万所，占全国比例35.35%，各类在校生5 378.21万人，占全国比例19.51%。其中民办普通高校749所（含独立学院265所），占全国比例28.13%，本专科在校生649.60万人，占全国比例22.95%，硕士研究生在学1 490人；民办普通高中3 216所，占全国比例23.41%，在校生328.27万人，占全国比例13.82%；民办中等职业学校1 993所（不含技工学校），占全国比例25.39%，在校生209.70万人，占全国比例17.28%；民办初中5 462所，占全国比例10.51%，在校生636.30万人，占全国比例13.68%；民办普通小学6 179所，占全国比例3.82%，在校生884.57万人，占全国比例8.56%；民办幼儿园16.58万所，占全国比例62.16%，在园幼儿2 639.78万人，占全国比例56.69%。公办学校与民办学校共同发展格局的形成，对加快教育事业发展，增强教育发展的活力，满足人民的教育需求，提高国民文化素质，发挥了日益明显的作用。

改革开放以来民办教育的发展（单位：万所）

	2004年	2018年
高校	0.141 5	0.074 9
高中	0.458 6	0.520 9
初中	0.421 9	0.546 2
小学	0.604 7	0.617 9
幼儿园	6.220 0	16.580 0

第二，扩大高校自主权，提高办学效益。改变过去政府对高等院校管得过细过死的现象，通过立法，明确学校的权利和义务、利益和责任，确保学校依法办学的自主权，使高等学校具有自我发展、自我约束的能力，充满生机。

中国的高等教育，长期存在着条块分割、行业部门办学、学科设置偏窄、学校规模偏小等问题，不适应新形势下优化资源配置，提高质量和效益，培养高素质创新人才的需要。为此，从1998年到2000年，按照"共建、调整、合作、合并"的方式，国家将原由国务院有关部委管理的400余所高校，多数划转为中央和地方共建、以地方为主管理；全国有612所高校调整合并组建为250所综合性、多学科大学。经过三年的推进，基本形成了中央和省级人民政府两级管理、以省级政府为主的新体制，扩大了高校办学自主权，优化了高等教育资源配置。

长期以来，中国的大学就像个小社会，从教学、科研到后勤服务自成体系，沉重的后勤服务负担影响了办学效益的提高。1999年，国务院全面部署和推动实施高校后勤社会化改革。从2000年起，连续两年安排了引导性投资，大规模推进社会化学生公寓和餐厅等生活设施建设。经过三年时间，全国新建社会化学生公寓4 300万平方米，超过建国50年累计建设量的总和，新建和改造学生食堂530万平方米，接近建国50年累计建设量的总和。后勤社会化改革保证了高校大幅度扩招学生的顺利进行。

从20世纪90年代初开始，国家在高等教育阶段实行成本分担制，高校招生实行收费制度改革。为了帮助家庭经济困难学生完成学业，国务院从1994年起拨款10多亿元人民币，用于资助高校经济困难学生，并且建立健全了一套以"奖、贷、助、补、减免"为主要内容的资助政策体系，做到使学生不因家庭经济困难而失学。同时，还逐步推进了高校毕业生就业制度改革，彻底改变了大学毕业国家包分配的格局，实行毕业生和用人单位双向选择就业，适应了市场经济体制的要求。

第三，加强基础教育和职业技术教育、成人教育。建立检查、监督和奖惩制度，确保义务教育法的贯彻执行，改善办学条件，逐步实现标准化；发展多层次、多种形式、产教结合的职业技术教育，形成职业技术教育的网络；成人教育在办学规模、形式及有关制度上不断地发展、完善，主要是通过在职岗位培训等，增强成年人的科学文化水平，改造社会文化环境。

职业教育过去十分薄弱，是教育改革和发展的重点之一。1989年中共十三届四中全会以后，国务院先后颁布了《关于大力发展职业教育的决定》和《关于大力推进职业教育改革与发展的决定》，推动职业教育改革与发展进程。到2002年，中等职业学校在校生已达到1 120万人，是1978年的近9倍、1949年的近50倍。仅1989年到2001年13年，就培养了4 500多万毕业生。截至2012年，全国中等职业教育（包括普通中等专业学校、职业高中、技工学校和成人中等专业学校）共有学校12 663所，招生754.13万人，占高中阶段教育招生总数的47.17%，在校生2 113.69万人，占高中阶段教育在校生总数的46%，毕业生674.89万人。其中，普通中等专业学校3 681所，招生277.36万人，在校生812.56万人，毕业生265.31万人；职业高中4 517所，招生213.9万人，在校生623.05万人，毕业生217.44万人；技工学校2 901所，招生213.90万人，在校生423.81万人，毕业生120.51万人；成人中等专业学校1 564所，招生105.81万人，在校生254.27万人，毕业生71.63万人。高等职业技术（专科）院校达到1 297所，另外还有职业技术培训机构12.38万所。2018年，全国中等职业教育（含技工学校）共有学校1.03万所，招生559.41万人，在校生1 551.84万人，招生占高中阶段教育招生的

41.37%；民办中等职业学校 1 993 所（不含技工学校），占全国比例 25.39%，在校生 209.70 万人，占全国比例 17.28%；高等职业教育院校 1 418 所，招生 368.83 万人，在校生 1 133.70 万人，招生占普通本专科人数的 46.63%。

经过几十年的改革与发展，中职教育和高职教育已分别占据了高中阶段教育和高等教育的半壁江山。职业教育是面向全社会、面向人人的教育，以就业为导向、以服务为宗旨，从计划培养向市场驱动转变、从政府直接管理向宏观引导转变、从传统的升学导向向就业导向转变，推动了校企合作、工学结合的职业教育和培训体系的建立，不仅为国家培养了大批技术人才，提高了劳动者素质，而且为解决就业问题创造了有利条件。

第四，加强师资队伍建设，提高教师待遇和教育质量。通过人事制度、工资制度、福利制度的改革，改善教师的工作、学习和生活条件，调动教师的工作积极性。通过多种途径和措施，提高基础教育师资的水平，优化高等学校的师资结构，保证教育质量。

为了提高教师的社会地位，1985 年 1 月第六届全国人大常委会第九次会议通过国务院关于建立教师节的议案，确定每年的 9 月 10 日为教师节。在提高教师待遇方面，1993 年颁布的《中华人民共和国教师法》，明确规定"教师平均工资水平应当不低于或高于国家公务员的平均工资水平"，尔后国家多次提高教师工资标准。2001 年全国高等学校、中学、小学教师，月平均工资比 1995 年分别提高了 179.8%、100.4% 和 93.7%，教师成为越来越具有吸引力的职业。近年进行工资制度改革，教师实行绩效工资制，工资主要由基本工资、教龄工资、课时工资、绩效工资、特优津贴、山区补贴等构成。实际工资数额各地区有所不同，教师工资还受职称影响，高级职称教师每月实际收入在万元以上。住房方面，从"八五"计划开始，国家设立了"城市中小学教职工住房建设专项资金"，支持城镇教师住房建设。到 2000 年，城镇教师家庭人均住房面积已从 1993 年年底的 6.9 平方米提高到 10.8 平方米，超过了同期城镇居民的平均水平。近十几年来，中国教师的居住等生活条件又不断有了新的改善。

在提高教师地位、改善教师待遇的同时，国家采取一系列政策措施，扩大教师队伍、提高教师素质、调整教师结构、加强教师管理等各个方面，取得明显成绩。其间政府所发文件《关于深化教师教育改革的意见》《关于大力推进农村义务教育教师队伍建设的意见》《关于加强幼儿园教师队伍建设的意见》《关于加强特殊教育教师队伍建设的意见》《职业学校兼职教师管理办法》《关于加强高等学校青年教师队伍建设的意见》等，发挥了重要作用。2012 年 8 月，为了继续推进教师队伍建设，适应进入人力资源强国建设现代教育的需要，国务院又专门下发了《关于加强教师队伍建设的意见》，就如何提高全国各级各类教师质量、建立健全教师管理制度、切实保障教师合法权益和待遇、确保教师队伍建设政策措施落到实处等，进一步提出了明确要求。文件指出到 2020 年，加强教师队伍建设的重点任务是：幼儿园教师队伍建设以补足配齐为重点，切实加强幼儿园教师培养培训，严格实施幼儿园教师资格制度，依法落实幼儿园教师地位待遇；中小学教师队伍建设以农村教师为重点，采取倾斜政策，切实增强农村教师职业吸引力，激励更多优秀人才到农村从教；职业学校教师队伍建设以"双师型"（同时具备教师和技师资格）教师为重点，完善"双师型"教师培养培训体系，健全技能型人才到职业学校从教制度；高等学校教师队伍建设以中青年教师和创新团队为重点，优化中青年教师成长发展、脱颖（yǐng）而出的制度环境，培育跨学科、跨领域的科研与教学相结合的创新团队；民族地区教师队伍建设以提高政治素质和业务能力为重点，加强中小学和幼儿园双语教师培养培训，加快培养一批边疆民族地区紧缺教师人才；特殊教育教师队伍建设以提升专业化水平为重点，提高特殊教育教师培养培训质量，健全特殊教育教师管理制度。

第五，增加教育投资，改善办学条件。一方面，随着国民经济的发展，增加国家财政预算中教育经费的比重；另一方面，开辟多种渠道筹集教育资金。通过增加教育投入，改善办学条件，扩大教育事业，提高教育水平，推进教育手段现代化。

20世纪90年代以前，中国的教育经费在全国GDP中所占比例一直排在世界末尾。自1993年制定《中国教育改革与发展纲要》以后，不断增加教育投入，到2000年全国财政性教育经费提高到了占全国GDP的4%，2012年以后连续6年突破4%，2017年达到了占全国GDP比例4.14%。2018年全国财政教育支出32 222亿元，是2012年的1.46倍。除了中央财政拨款，地方政府和民间资本对教育的投入也大幅度上升，中国教育事业的发展有了更可靠的资金保证。

从"九五"计划开始，国家实施了面向21世纪重点建设100所左右高等学校和一批重点学科点的"211工程"（21世纪100所大学），投入专项资金87.55亿元，启动了创建世界一流大学和高水平大学的"985工程"（1998年5月确定，包括39所大学），加强了对高等学校的重点学科和公共服务体系建设，其中科研经费投入从1990年的14亿元增加到2001年的173亿元，增长了11倍多。随着国家财力的增长，中央和地方政府不断加大对"211工程"和"985工程"的投资力度："211工程"一期投入27.55亿元，二期60亿元，三期210亿元；"985工程"一期投入227.70亿元，二期225.83亿元，三期451.23亿元。政府对"211工程"和"985工程"建设的大力支持和资金投入，使中国的一批重点大学的整体办学水平和国际竞争力大幅提升，有力地推动了科教兴国战略和人才强国战略的实施。2015年，国家对新时期高等教育重点建设作出新布署，将"211工程""985工程"及"优势学科创新平台"等，统一纳入世界一流大学和一流学科建设。

全面推进以计算机和网络通讯为基础的教育信息化建设，是推动教育现代化的重要措施。从1994年开始建设的中国教育和科研计算机网（China Education and Research Network，简称CERNET），已成为世界最大的国家级学术互联网，连接

2 000多所教育科研机构，用户超过2 000万人。"211工程"高等教育公共服务体系——"CERNET地区主干网和重点学科信息服务体系"和"中国高等教育文献保障系统（China Academic Library & Information System，简称CALIS）"的重点建设，大大推动了高等教育信息化进程。2003年，国家启动实施"农村中小学现代远程教育工程"，投入专项资金支持农村中小学实施三种模式的远程教育设施配置。截至2011年，高校校园网已全面普及，不少中小学建有校园网，大多数农村中小学装备了信息终端设施，学校网络条件下的教学与学习环境明显改善。2018年4月，教育部正式下发《教育信息化2.0行动计划》，将教育信息化2.0定位于"互联网＋教育"的具体实施计划，要求"到2022年基本实现'三全两高一大'的发展目标，即教学应用覆盖全体教师、学习应用覆盖全体适龄学生、数字校园建设覆盖全体学校，信息化应用水平和师生信息素养普遍提高，建成'互联网＋教育'大平台"。

为了加快农村教育事业的发展，从2006年到2010年，中央财政和地方财政累计新增农村义务教育经费约2 182亿元。国家对尚未实现普及义务教育的农村贫困地区给予了特殊扶持，"九五"和"十五"计划的10年中，中央财政增加用于农村基础教育的投入约350亿元，先后启动实施了"农村中小学危房改造工程""国家贫困地区义务教育工程""农村寄宿制学校建设工程"等，新建了大批农村中小学校，显著改善了农村中小学办学条件。2018年印发的《中共中央国务院关于实施乡村振兴战略的意见》，明确强调要优先发展农村教育事业，要从各个方面加强和改善农村教育建设，全面推进农村教育事业的发展。

中国的教育改革已经取得了很大成绩，有力地推动了教育事业的迅速发展。但是，在这样一个底子薄、经济尚不发达的大国，加上庞大人口的制约，地区条件的差异很大，发展教育事业的任务仍然相当繁重。中国政府在"科教兴国"战略方针的指导下，正在继续推动教育的改革与发展，努力提高全国人民受教育的程度和文化素质，争取顺利实现《国家中长期教育改革和发展规划纲要》制定的规划和目标。

思考题

1. 请简单介绍一下中国古代的教育。
2. 略述中国近代以来教育的发展情况。
3. 请谈谈中华人民共和国成立后教育事业的发展与现状。

第九章　中国的传统思想

思想文化是一个民族诸种文化的核心，对其他文化起支配作用。中国传统文化源远流长，作为传统文化的核心——传统思想，异常丰富，出现过许多思想家和思想流派。几千年来，中国的传统思想一直深刻地影响着中国人的精神世界和行为，同时也大大丰富了人类的思想宝库。了解中国的传统思想，可以更深入地了解中国和中国人，同时，还可以从中吸取丰富的思想营养。

第一节　儒家思想

中国的传统思想主要有三大流派，即儒家思想、道家思想、法家思想，此外，还有墨家、农家、兵家、佛学等其他学派思想，其中，影响最大的是儒家思想。在长达两千多年的中国封建社会中，儒家思想居于思想统治地位，几乎渗（shèn）透并支配着中国的一切社会生活，至今仍在某些方面保留着深刻的烙（lào）印。儒家思想是中国传统思想的代表，所以需首先并着重介绍。

一、孔子与儒家学说的创立

孔子

中国的儒家思想是由孔子创立的。孔子（前551—前479），姓孔，名丘，字仲尼，春秋时期鲁国人，是中国古代伟大的思想家和教育家。

孔子所生活的春秋末期，正是奴隶制度已经衰落，封建制度正在兴起，中国社会发生大变动的时期。当时，各种社会思潮活跃，出现了许多学派。孔子所出生的家乡鲁国陬邑（今山东曲阜），当时是鲁国的国都，是西周初年著名政治家周公的封地，文化比较发达，对孔丘影响很大。

孔丘从小就喜欢学习，30岁时已有很高的学问，并在社会、治理国家、教育等方面，形成了自己的一套思想主张，成了知名的大学问家，所以，许多人都向他求教。孔子为了传授他的知识，宣传自己的思想主张，个人招收学生，首开私人讲学之风。

后来，孔子的名声越来越大，51岁时，被任命为中都宰官职（即中都县县长）。52岁时，被任命为鲁国大司寇，执掌全国的治安、司法大权。后又被任命为代理宰相。可是，后来孔子在政治上受到了当权者季孙氏的排斥，失去了国君的信任。孔子55岁时，怀着抑郁沉重的心情，离开了鲁国，开始周游列国。孔子在14年的周游生活中，到处游说（shuì），宣传自己的思想和政治主张，68岁时又回到了鲁国。

孔子回国后，仍不改变自己的政治主张，所以未能受到重用。于是，他专心致志地从事教育和古文献整理工作，创立了儒家学说和儒家学派。据说，孔子有弟子3 000人，优秀者72人，其中许多人后来成了各国的有用人才。孔子整理的儒家经典《诗》《书》《礼》《乐》《易》《春秋》，后来被称为"六经"，为研究中国上古历史提供了十分宝贵的资料。

孔子死后，他的弟子及再传弟子将他及其弟子的言行汇编成了一本语录集——《论语》。《论语》一书集中体现了孔子的思想，历来被视为儒家思想体系的奠基性著作。《论语》是研究孔子学说的主要资料，孔子本人在传统社会被尊为"圣人"。

孔子的儒家学说，包括哪些内容呢？概括起来，有以下五个方面。

第一，"礼"。孔子竭力主张以"礼"治国，"礼"是其思想的核心。他所说的"礼"，即"周礼"，从狭义上讲，包括祭礼、婚礼、丧礼、外交礼、作战礼等各种礼仪；从广义上讲，是指周代的一切典章制度和道德规范。周礼的基本原则是"君君，臣臣，父父，子子"，即周代社会各阶层的亲疏、尊卑、长幼宗法等级关系。孔子认为，周礼所规定的等级制度、社会秩序、道德规范、礼仪要求，是最完善、最理想的，只要每个人都能严格遵守，社会就能稳定，天下就会太平。针对春秋末期新旧势力斗争激烈，社会动荡不安，"礼崩乐（yuè）坏"的局面，孔子主张"正名"，要求人人"非礼勿视，非礼勿听，非礼勿言，非礼勿动"，也就是说，要用"君君，臣臣，父父，子子"等一套礼仪制度，把搞乱的秩序纠正过来。孔子在他的儒家学说中"礼"讲得最多，实际上，就是要人们承认奴隶社会宗法等级关系的合理性，恢复和继承周代的传统。

第二，"仁"。孔子还大力倡导"仁"，什么是"仁"呢？他的解释很多，主要内容是要"爱人"，即人与人之间要相爱。怎样才能做到"爱人"呢？他指出，一是"己欲立而立人，己欲达而达人"，自己要想站得住，也得使别人站得住，自己想要满足的要求，也应使别人满足；二是"己所不欲，勿（wù）施于人"，自己所不希望、不喜欢的，也不要强加于别人。如果人人都能做到这两点，人与人的关系就和谐了，社会也就安定了。孔子认为，凡是符合"礼"的思想、行为、道德，都是"仁"。他说"克己复礼为仁"，意思是，克制自己，使之符合"礼"的要求，就是"仁"。这说明，孔子所讲的"仁"和"礼"，精神实质是一样的，"礼"强调的是外在的行为规范，"仁"强调的是内心的道德自觉，二者结合，使社会安定而有秩序，人与人之间友爱和睦（mù），便是他的理想。

第三，"中庸"。"礼"与"仁"是孔子的理想原则，为了在政治生活和日常社会生活中实现这些原则，还应该有正确的思想方法。孔子认为，这个正确的方法就是"中庸"。所谓"中庸"，简单说，就是不走极端，而取中间，使两端既互相制约，又互相补充，达到令人满意的结合。如果只顾一端，不顾另一端，那就成了"极端主义"，其结果是"过犹不及"。孔子当时所指的最大的两端，就是"礼"和"仁"，按照"中庸"思想，不能单纯行"礼"而不顾"仁"，也不能单纯行"仁"而不顾"礼"，二者应该"中和"，达到"中正"，既合于"礼"，也合于"仁"。孔子的这种"中庸"之道，后来成为中国人处理问题的重要思想方法，影响极大。

第四，"天命"观。孔子之前，天命观在中国盛行，认为人间的一切都是"天"给的，在"天"面前，人无能为力，无所作为。而孔子，突破了旧的天命观，创造了新的天命观。一方面，他承认有天命，认为"死生有命，富贵在天"，天命不可知，不可抗拒，能给人带来幸或不幸。另一方面，他又认为，命不能决定人的精神道德，人虽不能决定自己在现实生活中的命运，但在道德生活中，可以通过学习和修养，达到很高的境界。鉴于这种思想观点，孔子对鬼神采取的是"敬而远之"的态度，既不否定，也不崇拜。孔子的这种态度，反映了对旧的天命鬼神观的动摇，对人生的重视，是当时中国人认识上的重要进步。

第五，教育思想。孔子不仅是伟大的思想家，而且是伟大的教育家。他首创"私学"，打破了"官学"的垄断，在中国教育史上具有重要意义。孔子有系统的教育思想，在教育对象上，他主张"有教无类"，不分等级、族类，只要向他求学，他都欢迎。在教学方法上，他主张"因材施教"，根据学生的不同程度、特点，用不同的方法进行教学，他提倡启发式教学，让学生"举一反三"，老师在学生独立钻研的基础上进行启发、开导。在学习态度上，他主张谦虚好学，"知之为知之，不知为不知"。在学习方法上，他强调要反复温习，"温故而知新""学而时习之，不亦乐乎"。他还强调学习应善于思考，学思结合，"学而不思则罔（wǎng），思而不学则殆（dài）"。孔子关于教育的一系列精辟论述，至今仍具有深刻的启发意义。

孔子所处的时代，已经过去2 500多年了，今天如何评价孔子呢？首先应看到，孔子在政治上是保守的。他当时所极力鼓吹的奴隶社会的西周制度，实际上已经没落，正在被封建制度所代替。他所看到的"礼崩乐坏",社会混乱,实际上正是新旧社会制度过渡时期出现的正常现象。在那种情况下,不应以鼓吹旧制度来统一、稳定社会秩序,而应通过宣传和扶植新制度来建立新的社会秩序,孔子的立场、观点恰恰相反。由于孔子政治上的保守性,使他不可能受到正处于夺取政权阶段的新兴地主阶级的重视,这是孔子一生政治上不得志的重要原因。其次要看到,孔子创立了一个完整的思想体系。重视现实,重视人生,重视道德,重视知识,重视教育,把社会政治和个人道德修养结合起来,维护现存的社会制度。因此,在孔子思想基础上形成的儒家学说和儒家学派,后来在封建地主阶级巩固了政权以后,很快就受到了重用,并经过历代儒学家的改造、发挥,成了中国两千多年封建社会的统治思想,对中国和中国人的影响最为深广。另外,还应看到,在《论语》一书中,对社会、对人生、对教育、对学习等,充满了精辟的哲理性论述。这些精辟的哲理性论述,从孔子本人来说,虽然有其特定的社会背景和含义,但是,也有着超越时代与空间的普遍意义,能永远给后人以启迪(dí),实际上成了人类共同的精神财富。《论语》中的许多话,已成了世人广泛传诵的警句、格言、座右铭。以上这些,都是孔子被称为伟人的思想家和教育家,受到中国和世界重视的原因。

二、孟子、荀子对孔子学说的发展

孔子死后,他的弟子们继承了他的事业,继续传播他的思想。可是,不久,儒家学派分化成了八个派别,其中,影响最大的是孟子的孟氏之儒和荀子(也姓孙)的孙氏之儒。在早期儒家中,孟子和荀子是继孔子之后最有名的思想家,他们对儒家学说又有新的发展。

1. 孟子

孟子(约前372—前289),名轲(kē),战国时代邹(zōu)(今山东邹城)人。他的一生与孔子一样,为实现其政治主张四处游说,到过齐、宋、滕、魏等国,曾在齐国任过官职。但是,他的主张得不到诸侯的信用,只好结束自己的政治生涯,与弟子们著书立说。《孟子》一书,和《论语》一样,也是儒家的经典著作。

孟子思想的第一个特点,是继承和发展了孔子"仁"的思想,把孔子的"仁"用于政治上,提出了"仁政说"。他认为:"民为贵,社稷(jì)次之,君为轻。"君主只有得到人民的拥护,才能当天子。因此,国君必须对国民实行"仁政",使他们有田地耕种,过上温饱生活,安居乐业,同时,也要使他们接受儒家教育,懂得礼仪道德,

孟子

和睦相处。如果国君不实行"仁政",引起国民不满,就应该更换。在"仁政"思想的指导下,孟子主张用和平方式统一天下,激烈反对诸侯之间的兼并战争。"仁政"思想表明,孟子作为思想家,已经看到了民众地位的重要性,具有进步意义。

孟子思想的第二个特点,是提出了"性善论"。这是他"仁政"思想的理论基础,也是对儒家学说的又一贡献。儒家教导人要修养德性,要"爱人",为善不为恶,但是,根据是什么呢?孔子没有作出正面答复。孟子把善和人性联系在一起,认为人性本来就是善的,恻(cè)隐之心,羞恶(wù)之心,辞让之心,是非之心,即"仁""义""礼""智"四种道德情感,也就是"良心",人天生下来就有,不需要培养和学习,这是人与禽(qín)兽的根本区别。人应该扩充这四种善的情感,方能成就事业,否则,就会丧失人性——善性,甚至变得连禽兽都不如。孟子的"仁政说",就是根据这样的理论推导出来的。他认为人都有同情心,把这种同情心扩展、应用到政治上,那就是"仁政"。孟子提出的"性善论"对后世影响很大,成为整个封建时代的正统观念。

2. 荀子

荀子

荀子(约前313—前238),名况,号卿(qīng),也叫孙卿,战国末期赵国人。他曾长期在齐国的稷下学宫从事研究与讲学,很受齐国重视。后因受诬(wū)陷到了楚国,做过楚国的兰陵(今山东兰陵)令,晚年定居在那里,直到去世。他的著作有《荀子》一书。

荀子的重要贡献,是对儒家的"礼"进行了改造。荀子也很重视"礼",但他所说的"礼",与孔子的"礼"相比,已具有不同的内容。孔子指的是周礼,荀子讲的是战国时期的礼,而且,荀子把"礼"与"法"结合了起来,除了道德内容以外,还使"礼"有了"法"的内容。针对孟子的"仁政"学说,荀子认为,在诸侯相争的情况下,光有仁政是不够的,还必须实行耕战政策,加强国家实力。荀子的这种思想观点,实际上是由儒家的"礼治"思想向法家的"法治"思想的过渡。结果,后来荀子培养的学生韩非、李斯,完全变成了法家。

作为政治思想的理论基础,与孟子的"性善论"相反,荀子提出了"性恶论"。荀子说:"人之性恶,其善者伪也。"就是说,人性天生就是"恶"的,"善"是后来培养、教化出来的。荀子认为,人生下来就有生理上的各种欲望,如好利、好色、好逸(yì)、恶(wù)劳等,并没有孟子所说的什么"善端"。如果任凭个人欲望发展,人与人之间必然发生争斗,造成社会混乱。因此,必须用"礼仪"来矫(jiǎo)正"性恶",以避免社会混乱。

在人与天的关系上,荀子针对以前的天命观,提出了一个十分重要的观点——"人定胜天"。荀子认为,"天"是客观存在的,它有自己的客观规律,不以人的意志为转移,但是，人在"天"面前并不是无所作为，人可以发挥自己的主观能动性，利用自然规律，达到改造自然的目的。荀子的"人定胜天"思想，既承认了客观规律，又强调了人的主观能动作用，比起孔子、孟子"听天由命"的思想，是一个重大的进步。

从荀子的观点我们看到，荀子与孔子、孟子相比，他的儒家思想已发生了较大的变化，实际上是吸收了法家等其他各学派的思想，代表了战国时期新兴地主阶级的要求。不过，因为荀子仍然属于儒家学派，而且和孔子、孟子一样是处于春秋战国时期，所以，他们还是被一起称为原始儒家。

三、汉代经学与宋明理学

1. 汉代经学

春秋战国时期，儒家虽然很活跃，但是他们仅是"百家争鸣"中的一家，而且，由于其政治上的保守性，并没有受到正处于激烈争夺天下的封建当权者的重视。秦朝统一中国以后，重视法家，强调以武力和刑罚巩固刚刚建立的封建集权，并曾"焚（fén）书坑儒"，残酷镇压原来六国的儒生，使儒家受到了沉重打击。可是，到了西汉中期，统一的中央集权的封建国家已经巩固，汉武帝为了加强统一的中央集权的思想统治，吸取了秦朝严厉实行刑罚政策导致灭亡的教训，决定"罢黜百家，独尊儒术"，以儒家思想统一全国的思想。当时，以董仲舒为代表的儒家学派，适应统治者的需要，以孔孟学说为主，吸收其他各家有利于封建统治的思想，建立了一整套封建统治学说，即汉代儒学，因该学说是以阐（chǎn）释儒家经典为特点，所以也称汉代经学。汉代经学标志着儒家学说进入了一个新的阶段，从此以后，儒家思想在中国的地位发生了根本性的变化，成了凌驾于其他思想流派之上的官学，取得了天下独尊的地位，并长期成为中国封建社会的正统思想。

董仲舒（前179—前104），广川（今河北景县）人。他从小就攻读儒家经典，成绩突出，后来受到汉武帝的赏识，"罢黜百家，独尊儒术"就是他提出来的，被汉武帝所采纳。董仲舒对以前原始儒家的思想，进行了第一次重大发展和改造，从而成了汉代新儒家学派的创建者和最有代表性的思想家。董仲舒的思想理论集中体现在他的《春秋繁露》一书中。

董仲舒首先是极力向汉武帝强调思想统一的重要性，把封建"大一统"说成是天经地义的，是必须遵循的法则，主张用儒家思想来统一中国人的思想。董仲舒继承、发展了先

董仲舒

秦原始儒家的"天命论",吸收了神秘主义的"阴阳五行"学说,主张君权神授的"天人感应"神学理论。他认为,"天"是自然界和人类社会的最高主宰(zǎi),而皇帝则是"天的儿子",体现着天的意志和统治权力,所以叫作"天子",因此,皇帝的权力是至高无上、神圣不可侵犯的。

董仲舒还根据孔子"君君,臣臣,父父,子子"的道德原则,以及"阳尊阴卑"的神学理论,提出了"三纲五常"学说。"三纲"即"君为臣纲,父为子纲,夫为妇纲",它们之间的关系就像天地阴阳一样,臣僚、子女、妻子属于"阴",君主、父母、丈夫属于"阳","阴"必须服从于"阳",臣僚、子女、妻子必须服从于君主、父母、丈夫。"五常"即"仁、义、礼、智、信",它是在"三纲"基础上提出的五项道德准则。董仲舒把"三纲五常"说成是"天"的意志,提出了"天不变,道亦不变"的论断,"天"是永恒不变的,所以,"道"即以"三纲五常"为核心的封建政治原则、伦理道德,也是永恒不变的。这样,通过董仲舒对儒家经典的解释和发展,实际上把儒家学说变成了一种神学。他提出的政治和道德信条"三纲五常",后来成了长期套在中国人身上的精神枷锁。

2. 宋明理学

儒家学说发展的第三个阶段,即宋明理学。宋明理学是在继承汉代经学基础上,吸取佛学、道家思想而构成的一个新的儒学体系,因为它以"理"(即天理)为本,所以称为理学。宋明理学的主要代表人物,是宋代的程氏二兄弟、朱熹和明代的王阳明。

"理"这一概念,在宋代以前就有了,但把"理"强调为哲学的最高范畴(chóu),则是从北宋程颢(1032—1085)、程颐(1033—1107)兄弟二人开始的。"理"即"天理",究竟是什么呢?他们认为,"理"是一种永恒的客观存在的不生不灭的东西,它时时刻刻存在于人和世界万物之中,"理"不仅是自然界的最高法则,而且是社会的最高原则,"理"体现在社会伦理方面就是"三纲五常","三纲五常"是神圣不可侵犯的"天理"。

朱熹

理学发展到南宋,最重要的代表人物是朱熹(1130—1200),字元晦(huì),号晦庵(ān),是中国封建社会后期最有影响的思想家,被尊称为朱子,他的学说被称为"朱子学",代表著作有《四书章句集注》等,及后人编纂的《朱子语类》等。

朱熹直接继承了二程"理"的观念,吸收了以前孔子、孟子、董仲舒及佛学的观点,把儒家道德上升为"天理",确认"天理"为万事万物的本位与法则,教导人们要"存天理,灭人欲",修养道德,成为圣贤。朱熹认为,世界上有"理"有"气",理气结合,形成万物,"理"的总体是"太极","太极"之理存在于人和万物之中,"三纲五常"就是"太极"之理。

朱熹还提出了"心性论"。他认为,"心"包括"性"和"情"两个方面,如果心使情从性(天理)上发出来,心就是道心,情就是善的,如果心使情从形气上发出来,心就是人心,情就不是善的,如果人心膨胀,情欲增多,乃至泯(mǐn)灭了道心,就会成为恶。也就是说,人既有为善的根据(人性是理,是善),也有为恶的可能(人有形体,有各种物质要求),而人心是能动的,人究竟为善为恶,全在人心的选择、决断,要使人为善成圣,就必须以道心为主宰,人心听命于道心。

朱熹还认为,虽然天理在人心,但人并不是生来就知道什么是天理,什么不是天理,要想认识天理,就必须依照儒家经典《大学》的教导"格物""致知"。所谓"格物",就是搞明白一个一个事物中包含的天理;所谓"致知",就是通过"格物"达到对儒家伦理的了解。"格物""致知"积累到一定程度,自然就会豁(huò)然贯通,成为圣贤。

朱熹把儒家经典《大学》《中庸》《论语》《孟子》编为"四书",他的《四书章句集注》一书,成为后来中国科举制度的必读教科书和标准答案。

宋代程朱理学发展到明代,主要代表人物是王守仁。王守仁(1472—1529),字伯安,号阳明,人称阳明先生,他的学说被称为"王学"或"阳明学"。

王守仁

王阳明年轻时就学习研究朱子学,后来,对朱子学发生怀疑,并受佛教启发,提出了"心学"。王阳明的"心学"与朱学有明显不同:朱熹认为,理对于"心"是外在的,王阳明认为是内在的,心即天理;朱熹是用道德规范去约束人,王阳明变为用道德自觉(良心)去约束人;朱熹的"理",既是自然规律,又是道德规范,主张通过"格物"从前者推出后者,王阳明的"心学"只涉及道德观念,不涉及自然规律。王阳明的"心学"比起朱子学来,大大提高了人的主观能动性,教导人们要自尊无畏,不要盲目服从外在权威。

王阳明为了宣传他的基本思想,还提出了"知行合一"说和"致良知"说。他主张既要"知",还要"行",要把作为天理的"良知"变为现实的"知"和"行",就要在"致"方面下工夫,使不正的念头"归正"。实际上,王阳明和朱熹只是方法上不同,根本观点还是一致的,二人都讲"存天理,灭人欲",都把"三纲五常"说成是天理,目的都是为了维护封建的伦理道德,这和过去的儒家完全是一脉相承的。

四、清代以后的儒学

中国进入清代以后,宋明理学开始衰落,一些知识分子认为理学空疏无用,抛弃理学,提倡经世致用之学，认为这才是真儒学。

经学家顾炎武（1613—1682）提出了"经学即理学"的口号，认为真正的儒学应研究"六经"，着眼于现实，是从事修己治人的实学。

与顾炎武齐名的思想家黄宗羲（1610—1695），受阳明学思想的影响，发展了儒学中的民主性精华，批评了以往的君主观，他要求废除君主的"一家之法"，恢复"天下之法"，变"君主民客"为"民主君客"，使国民成为君主的服务对象。

另外一个大哲学家王夫之（1619—1692），还提出了"道器"说，对宋明理学的"存天理，灭人欲"口号提出了批评，认为理离不开欲，理是调节欲的准则，去了欲也就不存在理了。

清代这些思想家的观点显然表明，比起宋明理学来，清代儒学已发生了很大的变化，更加重视现实世界，并开始有了现代民主思想的萌芽。

1840年鸦片战争以后，中国沦为半殖民地半封建社会，资本主义和民主思想不断增长，以维护封建统治秩序和封建伦理道德为宗旨的孔孟之道、汉代经学、宋明理学，日益暴露出它们的保守性，成为影响社会进步的最大障碍。于是，从太平天国开始，到辛亥革命、五四运动，一直到中华人民共和国成立之后，对儒家思想特别是其封建道德观，进行了猛烈的不间断的批判，批判儒家伦理道德，成了中国近现代史上的重要革命内容。在巨大的革命洪流面前，中国封建社会的精神支柱——在中国统治了两千多年的儒家思想，被彻底冲垮了。这期间，虽然也曾出现了以梁漱（shù）溟（míng）（1893—1988）、熊十力（1884—1968）等为代表的现代新儒家学派，企图吸收西方现代思想，将中国传统儒家思想加以改造，但是，随着资产阶级民主革命思想和马列主义在中国的传播，以及毛泽东思想在中国的诞生和发展，他们没有产生很大的影响。作为封建正统观念的儒家思想的历史终于结束了。

当然，在近现代革命对儒家思想的大批判当中，也曾出现过对儒家思想脱离历史阶段，不作分析，不区别糟粕（pò）与精华，全盘加以否定的极端倾向，但是，那些极端倾向后来都得到了纠正。今天中国人对儒家思想的态度是，实事求是，一分为二，对其在中国历史上起过的积极作用，给以充分肯定，对其所起的保守、消极作用，给以彻底否定，对其思想精华加以继承，对其精神糟粕加以批判。无论如何，儒家思想作为一份十分重要的中国文化遗产，是永远值得认真研究的。

第二节 道家、法家及其他学派

一、道家思想

中国的道家思想是由老子开创的,后来又有庄子等人。自汉武帝在中国实行"罢黜百家,独尊儒术"以后,其他各种学派都逐渐消失了,只有老子和他创立的道家学派,像影子一样伴随着儒家。道家思想的地位,虽然远不能与儒家思想相比,但作为中国传统思想的三大流派之一,作为一种人生哲学,在中国人中也有很大影响,特别是在失意不得志的知识分子中非常流行。

1. 老子

老子

关于老子的生平,没有准确的说法。相传老子就是老聃(dān),姓李,名耳,楚国苦县(今河南鹿邑)人,与孔子生活在同一时代,比孔子大几十岁。老子当过周代宫廷的小官,后来看到周王朝腐败,就离开了宫廷。老子和孔子一样,也是中国古代伟大的思想家,他的思想集中在后人编的《老子》(也叫《道德经》)一书中。老子的道家思想主要有些什么内容呢?

第一,"道"是"万物之宗"。

老子开创的学派叫道家,是由他的"天道观"来的。老子提出了"道"是"万物之宗"的根本观点。他认为,"道"是世界万物的本源和主宰,它在天地之前就有了。"道"是什么呢?没有形状,看不见,摸不着,也没有声音,没有味道,它是一种混混沌(dùn)沌、恍(huǎng)恍惚(hū)惚,超时间、空间,永恒不变的东西,世界万物都是由"道"产生出来的,同时,又都遵循着"道"。这种"道"的观念,是老子思想体系的核心与基础。

第二,矛盾对立,互相转化。

老子从"道"的观念出发,看到了世界万物是变化的,任何事物都处于矛盾对立、运动变化之中,比如有无、难易、长短、高低、美丑、前后、刚柔、强弱、荣辱、福祸、大小、生死、智愚、胜负等,它们中的任何一对都既互相对立,又互相转化。万物都力求生存、壮大,然而却未曾想到,就是在求生存时,实际是在走向灭亡;人们用智、逞强、争斗,本来是为了追求幸福,然而有多少人因此而遭受了祸殃。因此,老子说:"祸兮(xī)福之所倚(yǐ),福兮祸之所伏。"就是说,灾祸里包含着幸福,幸福里隐藏着灾祸。

辩证思想是老子思想中的精华，对后人很有启发意义。

第三，无为而治，顺其自然。

老子与孔子等思想家不同，他在对"天道"进行专门研究中，很重视自然现象。他得出的结论是：天道自然。意思是说，自然就是自然，不是为了什么，也不受谁支配，万物发育、生长，都是自然而然的事。比如，天降甘露，没有谁的命令就自然均匀；万物的生长变化，没有谁的命令就自然而然地进行。天地万物如此，人的行为也应如此。圣人治理国家，也应该只掌握一些大的原则，不要事事干涉，这样，百姓就自然而然地心悦诚服。用自然的原则对待事物，就是无为，无为就是顺其自然，一心想有所作为，反而不能成功，无为而治，方能把天下治理好。鉴于此，老子既反对儒家的"礼治"，也反对法家的"法治"。

第四，与世无争，清静求安。

这是老子的处世哲学。在这种思想指导下，老子主张做人应事事忍让，安于现状，不要积极进取，争强好胜。他认为，一切事物在弱小时，生机勃勃，一旦发展壮大，就离死不远了，强暴的人总是不得好死。天下最柔弱的东西是水，但水可以在坚硬的东西中穿来穿去，没有什么力量能战胜它，因而，弱能胜强，柔能克刚，水那样的品质，最接近于"道"。人处世也应如此，虽深知什么是雄强，却要安于柔雌，甘作天下的沟溪（xī）；虽深知什么是光彩与荣耀，却安于暗昧（mèi），不求人知；虽深知什么是出人头地，却安于卑微，甘作天下的川谷。这样做的结果，反而能得到好的结局，卑下反而能盈满，委曲反而能保全，置身于众人之后，反而能在众人之先。根据这样的道理，老子告诫人们，要忍辱，要知足，不要追求，归根结底，就是要与世无争，清静无为。

2. 庄子

庄子

庄子（约前369—前286），名周，战国时期宋国蒙（今河南商丘）人，与孟子生活在同时代。庄子曾做过地方小官，一辈子生活很穷，但却是个大思想家，成为老子之后道家的另一位代表人物。所以，后人把庄子和老子的道家思想合称为老庄哲学。庄子的思想集中在《庄子》一书中。

庄子的思想，基本与老子的思想一脉相承，但有些小的区别。老子认为世界上有大小、高低的差别，美丑、善恶的对立，而庄子完全否认那些区别和对立。比如，猴子在树上住，觉得很舒服，人却认为危险，相反，人住在房子里觉得舒服，但把猴子关在房子里，它却感到很难受。再比如，在香臭问题上，狗吃粪觉得很香，人则觉得很臭。所以，每一种物都有自己的好，自己的恶，都有自己的可，自己的不可，没有什么辨别是非的标准。

庄子还认为，"道"本身没有界限，界限是人为的，差别是捏（niē）造的。因为有了差别和界限，才有了是非、美丑、贵贱；因为有了大小、多少、成败，才有了斗争。谁都想证明自己正确，别人错误，于是就出现了各种各样的争斗。实际上，事物都是一样的，最好不去分辨，不去认识，不去干涉，忘掉一切，在虚无的境界里振作，在虚无的境界里安身。

庄子把世界看成是一个人为的、充满争斗的、难以捉摸的世界，认为人生在世，就好像处在一个靶场上，怎样才能不被箭射中呢？只能采取躲避的办法。一是不要做有用之人，认为无用之用才是大用。比如，树之所以长得越大越被人伤害，就是因它有用，如果长得小，没有用，就会保住自己的生命。二是要"无己"，即一定要忘掉自己，超脱一切。达到"无己"的方法，就是不受外部任何干涉和引诱的影响，对什么都无感情，麻木不仁，甚至连自己的存在也忘掉。如果达到了这样的程度，那就与大自然混为一体了，从而也就获得了人生的最大自由。

总而言之，庄子和老子，基本思想和处世哲学是一致的，那就是，顺其自然，安于命运，逃避现实，清静无为。这种极力鼓吹消极出世的道家思想，与主张积极入世的儒家思想截然不同，它很容易被处于逆境和失意地位的人所接受，成为他们的精神寄托。因而，在社会动乱，政治黑暗，天下不太平的年代，老庄思想很流行。老庄思想具有唯心、保守、消极的一面，同时也充满了很有价值的哲学观点，比如认为世界是在运动、变化的，事物的差别都是相对的，对立的双方是互相转化的，等等。所以，和儒家、法家思想一样，老庄思想成为中国古代宝贵的思想文化遗产。

3. 道家学说的命运

道家学派产生于战国时期，那时，作为"百家争鸣"中的一家，是与儒家相对立而存在的。秦始皇统一中国以后，主要依靠的是法家，道家同儒家一道受到了排斥，道家作为一个学派不存在了。但是，到了汉代初期，道家思想又兴盛了起来。主要因为，汉高祖刘邦接受某些文士"无为而治"的意见，看到了秦朝之所以灭亡，是因为皇帝欲望太强，法令太多，刑罚太残酷了，结果适得其反，"无为"才是治国的最好原则，于是，道家思想受到了重视。刘邦死后，曹参做了丞（chéng）相，一直实行"无为而治"的政策，皇帝带头节俭，减免人民的赋税，刑法宽松，社会经济得到发展，道家思想确实产生了好的效果。但是，也带来了一些问题，比如，人们不重视上下尊卑的秩序，诸侯王扩充自己的势力，等等。因此，到了汉武帝时，又企图用儒家思想加强统治，治理天下，实行了"罢黜百家，独尊儒术"的政策。这样一来，道家思想的黄金时代就随之结束了。不过，自东汉以后，经过魏晋南北朝，一直到隋唐，儒、道两家，加上从印度传来的佛学，逐渐出现了儒、道、释（佛学）合流的情况。道家思想对中国的政治、思想、科技、文化、艺术等方面都有深刻影响。

东汉时期，由于国家政治越来越不好，有些人认为是与儒家思想有关，曾重新兴起了道家思想，企图挽救社会危机。当时，社会上出现了一种称为"太平教"的道教组织，把一本名为《太平经》的书作为经典。《太平经》虽然是在探讨"治国之道"，但是，充满了神秘的宗教迷信色彩，并把老子神化，称老子为"太上老君"，要求人们供奉、崇拜。东汉末年张角领导的农民起义，也打着宣传《太平经》，推崇老子，信奉（fèng）道教的旗号。但是，新兴的道教并没有挽救东汉后期衰败的命运，张角的黄巾起义也失败了。魏晋南北朝时期，"玄学"和道教迷信盛行，人们把道家思想的治国救世之道，完全变成了追求长生不老的修炼成仙之道，这样，离老子、庄子原来的思想就越来越远了。此后道教作为中国的一种宗教，出现了许多流派，并流传到了国外。然而，我们必须明确，道教与道家思想虽然有联系，但二者并非一回事，决不能将它们混淆（xiáo）。

二、法家思想

法家是中国传统思想史上又一个重要学派，主要形成于战国时期。春秋后期，由于奴隶的不断暴动和封建地主阶级的兴起，原来维持奴隶主贵族阶级统治的"礼治"逐渐崩溃，失去了效力。于是，与儒家的"礼治"思想相对立，在各诸侯国出现了一股变法的潮流。

战国初年，魏国宰相李悝（kuī）（约前455—前395）著《法经》，率先在魏国进行变法。接着，吴起（？—前381）在楚国变法。战国中期，商鞅（约前390—前338）在秦国变法。还有韩国的申不害、赵国的慎到等，都相继在本国实行变法。这些人，当时在各国都是掌握实权的政治家，为了扫除残余的奴隶主贵族阶级的政治、经济统治，建立封建的政治、经济制度，发展、壮大新兴的地主阶级，他们积极主张通过"变法"的手段，打破旧贵族对政治的垄断，以官僚政治代替贵族政治，将国家权力集中于封建君主手中。在此基础上，他们进一步主张，明确制定和公布法令，统一全国上下的思想。这些积极主张并大力实行"以法治国"的政治家们，在各种思潮激烈竞争的春秋战国时代，他们的思想理论及实践，产生了极大的影响。由于他们的主张以"法治"为核心，所以被称为"法家"。法家的代表人物，除了前边提到的李悝、吴起、商鞅、申不害、慎到，还有更早一些的管仲、子产等人。但是，法家作为一个思想学派，最突出的代表人物则是后来的韩非，他是先秦法家思想之集大成者，并留下了一部重要的法家经典著作《韩非子》，对后世影响很大。

韩非（约前280—前233），又被尊称为韩非子。他原为战国末期韩国的公子，荀子的学生。因受荀子和早期法家思想的影响，韩非曾多次向韩国国君建议变法，但是，一直未被采纳。于是,他发奋著书,整理、阐述自己的法家理论思想。后来,韩非的著作被秦始皇看到了,十分赞赏,把他招到了秦国。最后,由于秦国内部的矛盾,韩非本人虽然遭到了秦国大臣李斯的陷害,但是,秦始皇正是运用韩非的学说,完成了统一六国的大业,这可以说是韩非学说和整个法家思想的伟大胜利。

韩非

韩非的学说,首先是,在荀子反对天命的思想基础上,批判吸收了老子思想中的辩证法因素,否定天命鬼神,崇尚人的力量,主张按事物的客观规律办事。韩非认为,国家兴亡是力量强弱对比的结果,与天命鬼神无关。他曾以赵国攻打燕国事情为例,指出,按当时卜卦说的,赵国是大吉,赵国应打胜,而结果如何呢?赵国却败了,这说明鬼神并不灵验,迷信鬼神是衰亡的象征。韩非认为,万事万物都有自己的发展规律,客观事物是可以认识的,人应该沿着事物的发展方向加以引导,按照事物的规律办事。为此,韩非很重视效验,他认为,认识的真伪和言论是否正确,应以行动的实效作为检验的标准,如果没有达到预期结果,虽讲得很好,做得很努力,但也没有用。所以,重视实际,不尚空谈,可以说是韩非学说,也是整个法家思想的特色之一。

韩非学说更突出的内容是,在对申不害、慎到、商鞅等早期法家思想进行总结的基础上,提出了以"法治"为中心,法、术、势相结合的观点。韩非认为,申不害只讲"术",不重视"法",商鞅只讲"法",不讲"术",都不利于君主的统治,正确的做法应该是法、术、势三者结合。韩非首先提出了有利于政权统一天下的准则,这就是"法"。他主张全社会都必须遵守"法",谁违反了"法",就对谁进行惩罚。他将法令叫作"名",把根据法令进行赏罚叫作"刑",这就是他著名的"刑名之术"。韩非又认为,为维护中央集权,不但要有"法",而且需要"术","术"是君主根据"法"控制官僚的手段,"法"是公开的,"术"是隐蔽的,有了"术",国君就可以独揽(lǎn)政权。除了"法"和"术"以外,韩非还主张"势"。所谓"势",就是政权,"乘势"就是掌握政权。他接受了慎到的"重势"说,加以发展,把"势"区分为"自然之势"和"人为之势",强调要重视"人为之势",也就是说,将"势"与"法"结合,以掌握和巩固政权。

另外,韩非还提出,为了适应中央集权的封建专制政权的需要,必须统一人们的思想。他主张独尊法家,禁止其他学说。根据韩非的主张,秦始皇在统一六国后,强制推行法家政策,对儒家等学派的文士进行了血腥的镇压。

总之,韩非的学说体现了对先秦法家思想的全面总结和集大成,并且通过秦始皇,把法家思想在政治上的统治推向了最高峰。然而,法家思想虽然帮助秦始皇建立了中国历史上第一个统一的中央集权的封建国家,但是,并没有能够使秦朝获得长治久安。由于秦始皇和秦二世单纯推行法家政策,实行严刑峻法,对异端学说、势力和老百姓进行残酷的压迫,反而导致了秦王朝的迅速灭亡。汉王朝建立以后,在汉武帝时代,与秦朝的做法相反,实行了"罢黜百家,独尊儒术"的新政策,儒家思想被提到了官学正统地位,于是,法家学派便从此消失了,以至后来,中国再也没有出现过什么新的著名法家学派。然而,法家学派虽然消失了,但法家思想并没有消失,它对加强封建统治政权仍然有用,终于又被历代封建统治阶级继承了下来,并与儒家思想结合,二者一柔一刚,一表一里,相辅相成,成为历朝历代封建地主阶级统治中国的重要工具。法家思想主要是一种政治学说,虽然其基本内容早已过时了,但作为中国古代重要的思想文化遗产,某些地方仍有一定的启发、借鉴作用。

三、其他学派

在中国传统思想史上,除了儒、道、法三个主要学派,另外还有一些学派,这里再介绍一下墨家和兵家。

1. 墨家

墨家的代表人物是墨子(约前468—前376)。墨子姓墨,名翟(dí),战国时代宋国人。墨子曾是儒家弟子,后因不满儒家学说,舍弃了儒家,而独创了墨家学派,其思想主要体现在《墨子》一书中。墨子在他的著作中,提出了十大主张,即"兼爱、非攻、尚贤、尚同、天志、明鬼、非乐、非命、节用、节葬"。这十大主张集中反映了他的政治、伦理、哲学思想。

墨子

"兼爱"是墨子学说的核心。所谓"兼爱",就是要把别人与自己同等看待。墨子认为,社会之所以动乱攻伐,互相残害,原因就在于人们互不相爱,如果人与人之间,都互相抱以爱和利益,就能保持社会的平等和安定。墨家的这种"兼爱"思想,从表面看,似乎与儒家的"爱人"相同,实际上并不相同,儒家主张的"爱"是有等级的,强调的是亲疏厚薄,而墨家的"爱"是平等的,具体的,更重视相互间的利益。

主张"兼爱",必然主张"非攻"。墨子认为,春秋战国时期的兼并战争都是不义的,违背了"兼爱"的原则。墨子反对攻伐别国的战争,但是,并不反对防御性战争,反而积极支持,他曾帮助宋国抵御楚国的进攻,就是突出的例子。

从"兼爱"思想出发,墨子在政治上提出了要"尚贤""尚同"。他说:"官无常贵,而民无终贱,有能则举之,无能则下之。"就是说,只要有才能,普通人也可以做官,如果没有才能，原来地位高的人也应降级。由此，他进一步主张，连"天子"也应由贤者担任，这叫"尚同"。在当时，这是很大胆的平等思想。

"天志""明鬼"是墨子"兼爱"说的理论根据。他认为，国无论大小，人无论幼长贵贱，都是属于天的，应一视同仁，大国攻小国，大家乱小家，强者欺弱者，富贵歧视贫贱，都是违背天意的，顺天意会得到天的报偿，逆天意必然受到惩罚，这就是所谓的"天志"。"明鬼"，就是要相信鬼神，鬼神可以帮助天"赏善罚恶"。

墨子的"天志"论，并不是认为一切都要听信"命运"，他还提出了"非命"的观点。他认为，贫富、治乱、安危等，是由"力"决定的，如果听任"命"，就会放弃努力，就不会取得成功，"天"喜欢努力图强的人，会赏赐他的成功。

此外，墨子的十大主张中，还有"非乐""节用""节葬"，都是劝诫人们的具体主张。

墨子出身于没落贵族家庭，曾做过宋国的官，后来地位比较低，当过手工业劳动者。他的学说，反映了战国时期处于动荡社会中的小生产者，希望改善自己的地位的平等要求。所以，自然不符合统治阶级的愿望，因而，秦汉以后，墨家作为一个学派便几乎绝迹了。但是，墨子学说中的平等思想和精辟的哲理性观点，有着一定的研究价值和启发作用。

2. 兵家

兵家是出现于春秋战国时代的军事思想学派，主要代表人物有孙武、吴起、孙膑（bìn）。他们杰出的军事思想，一直被后人学习和运用。兵家思想除了军事价值以外，在政治、经济等方面出也很有启发意义。

孙武

孙武，字长卿，春秋末期齐国乐安（今山东惠民）人，生卒年代不详。他家世代为齐国武将，本人从年轻时就醉心于军事研究，并亲自指挥过打仗。他的著作《孙子兵法》总结了春秋末期及以前的战争经验，是中国最古老的一部优秀军事著作，不仅在中国，而且在世界上产生了深远影响。

《孙子兵法》有6 000字左右，分为《计篇》《作战篇》《谋攻篇》《军形篇》《兵势篇》《虚实篇》《军争篇》《九变篇》《行军篇》《地形篇》《九地篇》《火攻篇》《用间篇》，共十三篇。该书从战争的作用、对战争的态度、决定战争胜负的因素、统军思想、作战原则、战略战术等各个方面进行了论述，内容丰富，论述精辟，见解深刻，非常值得研究。《孙子兵法》中的许多观点，如"知彼知己，百战不殆""攻其不备，出其不意""以逸待劳，以饱待饥""出奇制胜"等，早已成为众人皆知的至理名言。《孙子兵法》一书成了军事指挥员必读的教材。

吴起，前面介绍法家时已提到过。他是战国初期卫国人，先后在魏国和楚国当过大将军和国相，不但是了不起的政治家，积极推行变法图强的法家路线，而且是和孙武齐名的优秀军事家。他一生带兵打仗，研究军事，写出了一部杰出的军事理论著作《吴起兵法》，该著作与《孙子兵法》一样，在中国古代军事思想史上占有重要地位。

除了孙武、吴起之外，春秋战国时期还有一位优秀的军事思想家，那就是孙武的后世子孙孙膑。孙膑，战国中期齐国人，生卒年不详，曾当过齐国的军师。他的军事著作《孙膑兵法》，史书上有记载，但失传了，因此，长期以来，中国史学界对"孙子"到底是孙武还是孙膑，除了《孙子兵法》之外，是否还有个《孙膑兵法》，一直搞不清楚。直到1972年4月，在山东临沂（yí）的汉墓中同时出土了《孙膑兵法》和《孙子兵法》两部兵书，才揭开了谜底，也才使《孙膑兵法》这部失传了一千几百年的军事著作重见天日。

根据《汉书·艺文志》记载，原来的《孙膑兵法》共有89篇，现在人们看到的《孙膑兵法》，经整理、注释，分上、下两编，共30篇，11 000字。这部重要的军事著作，总结了战国中期及以前的战争经验，继承和发展了孙武、吴起等人的军事思想，与《孙子兵法》《吴起兵法》一起，奠定了中国古代的军事理论。

春秋战国以后，中国的各个历史时期，都出现了一些有名的军事家，并留下了许多军事著作。他们都在不同程度上，运用、发展、丰富了先秦兵家的军事思想。但是，在中国军事思想上，最有影响、最有代表性的军事思想家，还是孙武、吴起、孙膑。他们的军事思想，同儒家、道家、法家等学派的思想并列，构成了中国古代思想的一部分。

除了以上介绍的儒、道、法、墨、兵家外，在"百家争鸣"的春秋战国时代，中国还出现了农家、名家、阴阳家、纵横家等思想学派，不再一一介绍。

纵观中国传统思想中各学派的情况，可以得出以下几点基本看法：第一，儒家思想是中国传统思想的主要部分，它作为中国封建社会的正统思想，具有代表性，对中国和中国人影响最大。第二，道家、法家及其他学派思想，在整体上处于儒家思想的从属地位，但也是中国传统思想的重要组成部分，不同程度地对中国和中国人产生了影响。第三，儒、道、法等学派，因主张不同，互相对立，互相斗争，同时，也互相影响，互相吸收，而且后来逐步走向了融合。第四，中国的传统思想，既博大精深，内容、作用又复杂，一方面，有许多精华，开发了中国人的智慧，培养了中国人的美德，创造了中华民族的精神文明，另一方面，也有不少糟粕，束缚了中国人的思想，维护了封建统治阶级的利益，阻碍了社会的进步。因此，研究中国的传统思想，应该注意对其进行全面了解，综合分析，去其糟粕，取其精华。

第三节　儒学在国外

中国的传统思想，以儒家学说为代表，不但对中国影响巨大，而且在国外产生了广泛影响。本节着重介绍儒学在国外的情况。

一、儒学在亚洲

在世界上，受中国儒学影响最大的是亚洲国家，从而在亚洲形成了一个汉文化圈。其中，受影响最大的是古代朝鲜、日本和越南。

1. 在朝鲜

早在汉朝，中国儒学就传进了朝鲜半岛，在朝鲜的三国时期得到了广泛传播。其中，高句（gōu）丽（lí）推行儒学教育最早，372年就建立了太学，讲授"五经""三史"（《史记》《汉书》《后汉书》）。百济也积极推广儒家文化，聘请中国南朝博士讲《毛诗》《周礼》。新罗还专门派留学生到唐朝学习儒学。

新罗时期和高丽时期，统治者都信仰佛教，但政治思想和伦理思想都是儒家的。为了推行儒教，这两个王朝设太学，开科取士，印刷或进口儒学著作，建文庙，尊孔等，取得了明显效果。

李氏朝鲜取代王氏高丽以后，抛弃佛教，全力推行儒教，尤其是朱子学，尊朱子学为唯一的正统思想。在科举考试中，不仅文官要考汉文和儒学，而且武官也加试儒学，各种学校全部以儒家经典为教学内容。为了宣扬忠孝节义，除印刷出版儒家经典外，还编辑出版了大量通俗读物。经过长期教化，朝鲜原有的尚武之风被改变，李氏王朝成了儒家王朝，儒学达到了鼎盛。在朝鲜历史上，由于儒学、朱子学的传播和熏陶，出现了许多具有较高水平的汉学家。直到第二次世界大战以后，儒家思想才在朝鲜半岛失去了统治地位，但是，至今仍作为传统文化被人们研究、利用。

2. 在日本

日本与中国一衣带水，据说早在1700多年以前，《论语》就经朝鲜半岛传到了日本。当时，日本正处在从原始社会向奴隶社会过渡时期，有家族制度，但没有与之相适应的宗法等级思想和伦理道德观念，也没有文字。《论语》一书的传入，非常适合日本的需要，于是，儒学和汉文一起在日本扎下了根。

7世纪的日本，皇权与代表氏姓制度的旧贵族矛盾日益尖锐，为了加强皇权，圣德太子于604年制定了《十七条宪法》。该宪法除了第二条外，其余各条都是忠、信、仁、礼等儒家信条，比如"君臣有礼，位次不乱；百姓有礼，国家自治"等。646年，孝德天皇实行"大化改新"，按照中国唐朝的模式建立了中央集权的专制政体，使日本成为以儒家思想为指导的大一统封建国家。在中国的隋唐时代，日本派遣了大批使者、留学生、学问僧到中国，学习儒家经典，搜集儒家书籍，并在日本首都设大学寮（liáo），在地方设国学，推进以儒学为中心的汉文化教育。

日本的奈良时期、平安时期，中国的佛教在日本盛行。同时，日本仍继续推行儒教，并且特别注意将"三纲五常"的忠、孝、礼观念灌输到民间。孝谦天皇曾下诏，要求家家户户都要有《孝经》，经常背诵、实行，政府官员一定要从修习仁、义、礼、智、信的人中选拔。701年，日本开始祭孔，768年，尊孔子为文宣王，百官都参加祭孔典礼，到大学寮听讲儒经，或由天皇召博士入宫讲儒经。

1192年后，日本进入幕府时代，武士阶层控制国家政权。他们根据当时需要，取儒家忠、勇、信、礼、义、廉、耻和佛家不念生死的思想，形成了武士道精神。由于儒家思想是武士道精神的来源之一，所以后来儒学在日本继续受到重视，从1603年德川幕府成立到明治维新，是日本封建社会的高度发展时期，也是儒学的高度发展时期，这一时期，中国朱熹的理学在日本占据着统治地位，经过日本著名思想家藤原惺（xīng）窝及其弟子林罗山的努力，朱子理学成了德川时代的官学。明治维新以后，儒学仍为政府所重视，儒家伦理道德被规定为中、小学道德教育的重要内容。时至今天，儒家思想在日本仍有很深的影响，甚至在某些方面比中国保留的还多，如男尊女卑观念、忠孝意识、等级思想、重视礼节礼仪等。

3. 在越南

越南也是中国近邻，自古以来就接受中国文化。在历史上，从两汉到隋唐五代，越南曾作为中国的郡县长达一千多年，因而儒家文化也成了越南的传统文化。939年，越南建立吴朝宣布独立，尔后经过李朝、陈朝，但都继续提倡儒学，使儒学在意识形态中占据着统治地位。

儒学在越南的全盛时期，是后黎和阮（ruǎn）朝前期。后黎时期，越南在政治、文化、民俗等领域，全面推行儒家主张。皇帝不但制定崇儒法令，而且亲自执行。朝廷在科举考试中明确规定，报考者必须有父母在其德行方面的担保，如果言行均不符合儒家伦理道德，不准参加考试。为了使儒家纲常在民间大力普及，朝廷还颁布了《教化四十七条》，其基本内容是：臣尽忠，子尽孝，兄弟和睦，夫妻相爱，朋友守信，父母教子，师生重道，男尊女卑，等等。进入19世纪以后，阮朝继续推崇儒家，首先是加强了从皇子到百姓的儒学教育，对民间的伦理教化工作也抓得很紧。同时，阮朝在尊孔方面也达到了越南历史上的最高峰,不但大修文庙,题上尊号"至圣先师",而且皇帝亲临文庙向孔子顶礼膜拜。黎、阮两朝培养出了大批儒学大师。

1884年,法国占领越南,实行殖民统治,废止汉文、喃字和科举制度,推行法文和拉丁越文。从此以后,越南的儒学与汉文化传统就被割断了,但是,由于两千年历史传统的影响,越南的一些人仍在学习研究儒学和汉文化。

从朝鲜、日本、越南三国的历史可以看到,以儒学为代表的中国传统文化,曾对亚洲的一些国家产生了深远影响,给它们带去了文字和先进的哲学、伦理、政治思想和统治经验,对于这些国家从奴隶制走向封建制,从愚昧走向文明,起到了极大的推动作用,形成了一个巨大的汉文化圈。但是,自从资本主义产生后,儒学的作用从根本上发生了变化,它所维护的封建关系已经过时,它本身变得越来越保守,终于被新兴的资本主义意识形态和社会主义意识形态抛在了历史的后面。

二、儒学在欧洲

中国的儒家思想不仅在亚洲影响很大,而且传播到了欧洲,当然,这与亚洲不同,它仅是近代的事情,标志着东西方思想的初次融合。

中国与欧洲,在古代就通过丝绸之路有了交往,但真正把儒家思想传到西欧,并产生影响,则是通过明清时期欧洲来华的传教士。16世纪下半叶,意大利传教士首先来到中国,最著名的是利玛窦(Matteo Ricci,1552—1610)。利玛窦于1582年来到中国,在中国住了28年,因而,对中国的情况、传统思想有深入的了解。他曾刻苦学习儒家经典,知道儒家思想在中国的影响又深又广,认识到只有肯定儒学,并把儒学与天主教结合起来,才能在中国传教。于是,利玛窦一面用儒学论证天主教教义,向中国人传播,一面向欧洲翻译、介绍中国和儒学。他的著作在欧洲引起了强烈反响,因此他获得了"博学西儒"的雅号。在利玛窦之后,又从西方来了

利玛窦

许多传教士,他们多数和利玛窦一样,既讲圣经,又讲儒经。例如有一个叫艾儒略(Giulio Alèni,1582—1649)的欧洲传教士,在福建传教多年,被当地人称为"西来的孔子"。

1682年,传教士殷铎(duó)泽(Prosper Intorcetta,1625—1696)等人撰写的《中国之哲人孔子》在巴黎出版后,欧洲学者普遍认为,孔子是道德与政治哲学的最大学者,对儒家的赞美达到了最高峰。

儒家经典经传教士和旅欧华人的翻译介绍，源源不断地在西欧各国出版，使欧洲人开始关注中国，甚至形成了"中国热"。18世纪法国的先进思想家们，从儒学中受到了极大的鼓舞和启发。法国著名启蒙思想家伏尔泰（Voltaire，1694—1778），十分推崇孔子的德治思想，认为中国两千年来，从天子到庶（shù）民，都以修养道德为本，以孔子学说"修身，齐家，治国，平天下"，所以，能做到国泰民安。由于孔子思想的强大威力，那些想征服中国的人，最终都反而被中国的传统思想文化所征服。伏尔泰在自己的著作中常常赞美孔子思想，他把孔子画像挂在自己的礼拜堂中朝夕礼拜。法国百科全书派的代表人物霍（huò）尔巴赫（Paul Henri Dietrich d'Hiolbach，1723—1789），对孔子的德治思想也十分推崇。他认为，欧洲政府一定要学习中国，欧洲的基督教道德也应用儒家道德来代替。

18世纪的德国思想界，也流行过孔子热、儒学热。德国大哲学家、大数学家莱布尼茨（Gottfried Wilhelm von Leibniz，1646—1716），很欣赏中国的古老文化。他读过儒家经典，认为中国的政治、伦理可称为模范，如果欧洲能引进中国的儒学，中国能引进欧洲的自然科学，一定会增进人类的幸福。

当时在启蒙运动盛行的西欧，儒家思想为什么能引起那么大的反响呢？一个封建宗法等级制的东方思想体系，为什么可以帮助西方资产阶级启蒙运动呢？这是因为，当时法、德启蒙思想家的主要斗争目标是基督教文化，为了批判基督教文化，他们把中国儒学大大理想化了，按照自己的希望和理解，对儒学的积极作用作了夸大的解释。所以，越是热烈要求思想启蒙的人，越是热烈颂扬儒学。而当时的英国，新的社会秩序已经就绪，没有法国那样强烈的启蒙要求，所以对中国儒学的看法比较客观、实际，没有那么热烈的赞美。但是，不管怎么样，在18世纪的西欧，确实出现了一股"中国热""孔子热"。

世界进入19世纪以后，随着资本主义的迅速发展，中国封建社会的急剧衰落，西欧各国对中国的态度发生了根本性变化，儒家思想在他们心目中的地位越来越低了。但是，作为研究中国的一个重要方面，至今仍有不少欧洲学者在研究儒学，包括研究中国其他传统思想文化。

> **思考题**
>
> 1. 请介绍一下孔子与孔子思想。
> 2. 谈谈孟子和荀子的儒家思想。
> 3. 老子与庄子道家思想的特点是什么？
> 4. 法家的代表人物是谁？他的主张是什么？
> 5. 请说说儒学在中国的地位和在国外的影响。

第十章　中国的文学

文学是一个国家、一个民族文化的重要组成部分。中国具有数千年的文明史，其灿烂文化突出表现在文学方面。所以，要想了解中国文化，必须了解中国文学。

中国文学分为古代文学、近代文学、现代文学、当代文学四个时期。古代文学，是指从先秦到清代中期的文学；近代文学，是指从1840年鸦片战争到1919年五四运动前夕的文学；现代文学，是指从"五四"文学革命到中华人民共和国成立时的文学；当代文学，是指中华人民共和国成立以后的文学。

第一节　古代文学

中国古代文学遗产最为丰富，是中国文化的重要组成部分。中国古代文学史一般具体分为八个阶段：上古至战国时期文学，也称先秦文学；秦汉文学；魏晋南北朝文学；隋唐五代文学；宋代文学；元代文学；明代文学；清初至清中叶文学。

中国古代文学的每个阶段，都出现了大批作家作品，不同阶段有不同的突出成就与特点。有一种习惯的说法，即先秦散文、楚辞、汉赋、唐诗、宋词、元曲、明清小说，可以说，这是对古代不同时期文学突出成就与特点最高度的概括，提起其中的哪一个，马上就会使人联想起那一时代的杰出作家与作品。下边我们把中国古代文学最突出的成就，按历史顺序作一简略介绍。

一、《诗经》与《离骚》

中国最早的文学是神话故事，这一点与欧洲文学发源于神话是一样的。但是，由于那时没有文字记载，流传下来的极少。到了先秦时代，即秦代以前的夏、商、西周至春秋、战国时期，中国文学成就的突出代表是《诗经》与《离骚》。

《诗经》诗意图　　　　　　　　　《离骚》片段

　　《诗经》是春秋时期编的一部诗歌总集，也是中国最早的一部诗歌总集，收集自西周初年至春秋中叶（前11世纪至前6世纪），约500年间的诗歌305篇。其中，"国风"（包括周代15个诸侯国的民歌）160篇，"大雅"和"小雅"105篇，"颂"40篇。"风""雅""颂"本来是音乐的分类，"风"是各地的乡土乐曲，"雅"是周王朝直接统治地区的乐曲，"颂"是寺庙祭祀（sì）的乐曲。也就是说，《诗经》中所收的诗歌，都是乐曲的歌词。《诗经》中的诗，一般四个字为一句，称为"四言体"。比如："昔我往矣，杨柳依依。今我来思（旧读 sī），雨雪霏（fēi）霏。行道迟迟，载渴载饥。我心伤悲，莫知我哀。"（小雅《采薇》）

　　《诗经》的精华，是收在"国风"和"小雅"中的民谣，表现了当时各种各样的生活现实。其中有对社会的不满，有对爱情、幸福的向往，关于男女爱情的内容占有较大比重。这些诗歌，内容纯朴、健康，语言朴素、优美，表现具体、生动，而且经常用赋、比、兴（xìng）的艺术手法，有很高的艺术价值。因而《诗经》成为中国文学发达很早的标志，比欧洲最早的代表性文学作品荷马史诗《伊利亚特》和《奥德赛》还早一些。《诗经》的现实主义创作方法和艺术表现手法，对后来的中国文学，特别是对诗歌创作，影响很大。

　　《离骚》是中国文学史上第一个伟大诗人屈原创作的诗篇。屈原（约前340—约前278），战国时期楚国人，生于贵族家庭，具有深厚的文化修养和很大的政治抱负。他曾当过高官左徒，后来受到排挤、打击，被楚怀王放逐，由于极度悲愤，在湖南的汨（mì）罗江投水而死。他写了许多诗歌，有《九歌》《天问》《九章》《远游》等，其中成就最高、最有代表性的是《离骚》，全诗共370多句，近2 500个字，是中国古代最长的抒情诗。

　　《离骚》的"离"，是遭遇的意思，"骚"是不满、忧愤的意思。该诗以强烈的感情，表现了屈原对祖国的热爱，对理想的追求，对黑暗的批判，对坏人的仇恨，反映了诗人的光辉人格和坚持真理、追求真理的不屈精神。在艺术形式上，《离骚》打破了《诗经》以来"四言体"的限制，采取了比较自由的长短句形式，想象丰富、奇特，感情强烈、奔放，大量运用对比、夸张等艺术手法，感染力非常强。《离骚》的出现，创造了一种新的诗体——骚体诗，诗中的每一句都带有"兮"字。比如："民生各有所乐兮，余独好修以为常。虽体解吾犹未变兮，岂余心之可惩！""吾令羲（xī）和弭（mǐ）节兮，望崦（yān）嵫（zī）而勿迫。路曼曼其修远兮，吾将上下而求索。"吟（yín）咏（yǒng）起来，有一种特殊的节奏和情调。

在中国文学史上，《诗经》是现实主义文学的源头，《离骚》是浪漫主义文学的直接源头，它们都占据着很高的地位。

二、《史记》与建安文学

中国的汉代，赋和散文很发达，汉乐府民歌也很有名，同时还有五言诗的兴起。其中，在历史散文中出现了一部伟大的著作，那就是司马迁的《史记》。

司马迁（前145或前135—？）是西汉著名的历史学家、文学家。他用了11年的时间，完成了鸿篇巨制《史记》。《史记》包括本纪、表、书、世家、列传，共130篇，526 500字。本纪是记述历代帝王的政迹；表是各个历史时期的大事记；书是专类事件的始末文献，分别记述天文、历法、水利、经济、文化、艺术等方面的发展和现状；世家主要是记述贵族王侯的历史；列传主要是各种人物的传记。全书记述了从中国上古至汉初三千年的历史，开创了中国的纪传体史学，也开创了中国的纪传体文学，不仅具有巨大的历史价值，而且具有重要的文学价值。特别是本纪、世家、列传中写到

《史记》书影

的各种人物，虽是记载历史人物，却写得像小说人物一样，非常形象、生动、逼真，对后世散文、小说、戏剧产生了深刻影响。

汉代结束以后，是魏晋南北朝时期。这一时期，中国处于分裂和动荡（dàng）不安的状态，文学上出现了以"三曹"（曹操、曹丕、曹植父子）为代表的建安文学，他们的诗歌具有"慷（kāng）慨（kǎi）悲凉"的特色。比如曹操的《短歌行》："对酒当歌，人生几何？譬（pì）如朝（zhāo）露，去日苦多。慨当以慷，忧思难忘。何以解忧，惟有杜康……"此诗感伤离乱，叹息时光流逝，希望建功立业，充满了慷慨悲凉的情调，代表了当时文学的时代特色。

晋代出现的一位很有名的诗人，叫陶渊明（365或372或376—427）。他的诗主要表现对田园生活的感受，创造了平淡自然、远离世俗、悠闲自得的独特意境。因而，陶渊明被称为中国第一位"田园诗人"。陶渊明的散文《桃花源记》，描画了一个"世外桃源"的情景，风格、意境与他的诗歌一样，非常有名。

三、唐　诗

唐代是中国封建社会的鼎盛时代，也是文学全面繁荣的时代，特别是在诗歌方面，取得了辉煌的成就，达到了历史上的最高峰。这一时期出现的著名诗人和作品不计其数，仅现存的《全唐诗》，收录的诗人就达2200余人，诗歌近5万首。在唐代诗歌创作中，最著名的有三大诗人，即李白、杜甫、白居易。

李白

李白（701—762），字太白，从小喜欢文学、旅游、剑术等，一生漫游了许多名山大川，足迹几乎遍及半个中国。李白性格豪放，喜欢喝酒，才华横溢，42岁时，曾被推荐到首都长安（现西安）做官，但他蔑视权贵，喜欢自由，所以，受到了高官贵人的打击，只当了三年官就辞职了，继续漫游，最后，由于落魄（pò）、穷困而死。

李白是继屈原之后中国又一位伟大的浪漫主义诗人，他的一生主要是旅游、作诗。他的诗，流传至今的有900多首，反映了社会生活的各个方面，有歌颂与强权抗争、坚持正义的，有揭露统治者腐败、社会黑暗的，有描绘、歌颂祖国壮丽河山的，等等。因为他身处逆境，受到打击，所以，有些诗也多少反映出了他的孤独感、消极感或遁（dùn）世思想。李白在漫游无数名山大川中，创作了大量描写自然、叙事与抒情相结合的著名诗篇，艺术成就最高，影响最大，如《蜀道难》《早发白帝城》《静夜思》《望庐山瀑（pù）布》等。

李白的诗歌，在艺术上创造性地继承、发扬了屈原的传统，从民歌语言中吸收了丰富的营养，善于运用大胆的夸张、奇妙的幻想、美丽的神话等，淋（lín）漓（lí）尽致地表现自己热烈奔放的思想感情，创造了独特的浪漫主义诗歌风格。他的诗歌语言造诣（yì）很深，生动华美，朴素自然，音调流畅，富于变化。从《望庐山瀑布》可见一斑："日照香炉生紫烟，遥看瀑布挂前川。飞流直下三千尺，疑是银河落九天。"

李白是中国古代诗人最杰出的代表之一。他的诗歌，不仅对中国的诗歌创作影响巨大，在世界上也很著名。

杜甫（712—770），与李白大体生活在同一时期，即唐朝从繁荣转向衰落的时期。在导致唐朝走向衰落的"安史之乱"中，杜甫与其他百姓一起逃难，曾被叛乱的军队俘虏过。后来，他当了一段皇帝的谏（jiàn）官，但很快受到打击，屡（lǚ）遭贬（biǎn）斥（chì），全家流浪，晚年定居在成都（今成都杜甫草堂），最后，病死在外出途中的一条破船上。杜甫的一生，主要是遭受灾难、四处漂泊的一生，他亲眼看到了统治阶级的腐化，亲身经历了人民的疾苦，因而，产生了强烈的忧国忧民的思想感情。杜甫一生创作的大量诗歌，相当一部分反映的是以上的内容，如《丽人行》《北征》《前出塞》"三吏""三别"等。

杜甫

杜甫诗歌的最大成就和特色是现实主义。他的诗多取材于亲身经历的社会生活，把自己忧国忧民的思想感情，融化在客观的具体描写中，具有深刻的现实性和政治性。他的艺术风格，不像李白那样浪漫飘逸，而是"沉郁顿挫"。比如《春望》："国破山河在，城春草木深。感时花溅（jiàn）泪，恨别鸟惊心。"把个人的不幸与社会动乱交织在一起，深切地表现了诗人对祖国山河的热爱和对时事的忧虑，感人至深。再如："朱门酒肉臭，路有冻死骨。"（《自京赴奉先县咏怀五百字》）一针见血地揭露了贫富两极的鲜明对立，表达了作者对黑暗社会现实的强烈愤懑（mèn），成为千古不朽（xiǔ）的名句。

杜甫的诗歌，主要是继承了周代民歌、汉乐府民歌的传统。他的诗因为具有强烈的现实社会内容，所以被称为"诗史"。他被称为伟大的现实主义诗人。

白居易（772—846），继杜甫之后又一位杰出的现实主义诗人。他青年时代生活十分贫困，29岁中举，当了十几年朝廷官员，43岁时被贬为江州地方官，晚年闲居洛阳，过隐遁生活。在唐代诗人中，他创作的诗歌留存下来的数量最多，共1 400多首。白居易把自己的诗歌分为讽喻（yù）诗、闲适诗、感伤诗、杂律诗四类。其中，价值最高、最富有现实主义特色的是讽喻诗，共170余首，内容是愤怒揭露统治者的腐败、残暴，对人民所遭受的剥削与压迫表示极大的同情，如《卖炭翁》《杜陵叟（sǒu）》《上阳白发人》等。他的感伤诗中的两篇叙事长诗《长恨歌》《琵琶行》，故事曲折，感情真挚，艺术性强，也非常著名。白居易以他的诗歌理论和创作实践，掀起了一个新的诗歌运动，即：强调诗歌的社会作用，将诗歌与政治、与现实生活密切结合，主张形式为内容服务，影响很大，在文学史上被称为"新乐府运动"。

除了李白、杜甫、白居易外，中国唐代的杰出诗人还有陈子昂、孟浩然、王维、高适、李贺、孟郊、杜牧、李商隐、司空图等。

四、宋 词

在唐代文学的基础上,宋代文学又有新的发展,包括诗、词、散文等,其中成就最突出的是词。

所谓词,也是古代诗歌的一种。它本来是用来配唱的歌词,特点是句式长短不齐,韵的位置和声调随着乐谱变化。作为一种诗歌形式,词形成于唐代,到了宋代高度发展,奠定了在中国文学史上的独立地位,因而人们把唐诗、宋词并称。

柳永(约984—约1053),宋代第一个专门写词的作家。他的词有200多首,表现了比较浓厚的市民阶层的生活与思想情绪,主要是男女相爱和离愁别绪,具有缠(chán)绵婉约的风格,被称为"婉约词派"。后来,发展到苏轼(shì)和辛弃疾,表现了以爱国为主的广泛生活内容和豪迈情绪,开创了"豪放词派",这两个人成了中国宋代最有名的词人。

苏轼

苏轼(1037—1101),生活在北宋时代,从小就有远大的抱负、广博的历史文化知识、多方面的艺术才能,但一生在政治上并不得志。在祖国雄伟江山和历史英雄人物的激发之下,苏轼创作了许多词、诗歌和散文,著名的有《赤壁赋》《后赤壁赋》《赤壁怀古》等。他在词方面的贡献:一是扩大了题材,冲破了前人专写男女恋情、离愁别绪的旧框框,怀古、感旧、记游、说理等,他都能用词来表达,使词摆脱了仅作为乐曲歌词的状态,成为独立的新诗体;二是改变了以前词人婉约的词风,开创了豪放的词风。他的词,气魄宏伟,视野开阔,充满了浪漫主义精神,使人读起来感到坦荡开朗,豪迈奔放。例如《赤壁怀古》:"大江东去,浪淘尽,千古风流人物。故垒(lěi)西边,人道是,三国周郎赤壁。乱石穿空,惊涛拍岸,卷起千堆雪。江山如画,一时多少豪杰……"吟咏起来,气势磅(páng)礴(bó),令人精神开阔,豪迈、振奋。

辛弃疾(1140—1207),南宋爱国词人。他参加过抗金斗争,当过地方官员,积极主张抗金,反对投降。他的词现存600余首,大部分是抒发要求恢复国家统一的情绪,充满爱国热情和壮志未酬的忧愤,也有歌颂祖国河山、反映农村生活的作品。他的词的艺术风格与苏轼一样,具有豪放的特点,意境雄奇阔大,情感悲愤慷慨,有很大的鼓舞和激发作用。辛词的代表作有《青玉案·元夕》《摸鱼儿·更

辛弃疾

能消几风雨》《破阵子·为陈同甫赋壮词以寄之》《南乡子·登京口北固亭有怀》等。

南宋时期还有一位杰出的爱国诗人陆游（1125—1210），号放翁。他生活在国家受到侵略，是抵抗还是讲和、投降的危机时代。他的诗的思想内容和艺术风格，与辛弃疾的词一样，充满了爱国和悲愤的情感，具有浓厚的浪漫主义色彩。代表作品有《关山月》《农家叹》《书愤》《诉衷情》等。

五、元　曲

元曲是元杂剧和散曲的合称，常被作为元代文学的代表，尤以杂剧的成就最高。元杂剧把歌曲、道白、动作结合起来，从而形成了一种新的独特的艺术形式，作家写剧本，音乐伴奏，演员表演，合作表现一个完整的故事，相当于今天看到的戏剧。

元杂剧是随着时代的发展，在宋杂剧、金院本和诸宫调基础上发展而成的。中国元代，民族矛盾、社会矛盾十分尖锐，由于没有恢复科举制度，中下层文人没有出路，于是，他们加强了与民间艺术的结合，努力创作市民所喜欢的杂剧。同时，由于元代城市经济有显著发展，为适应统治阶级和市民的文化要求，在开封、大都（今北京）、杭州等大城市，出现了许多艺人和剧场。此外，元朝疆域广大，交通发达，国际和国内各民族的联系比较密切，北方民族乐曲的传播，对杂剧的兴起也起了一定作用。

元代是中国戏曲史上的黄金时代，当时有姓名可考的杂剧作家有80余人，有书面记载的作品500余种。比较著名的作家作品有：关汉卿的《窦娥冤》，王实甫的《西厢记》，纪君祥的《赵氏孤儿》，尚仲贤的《柳毅传书》，杨显之的《潇湘雨》，白朴的《梧桐雨》，马致远的《汉宫秋》，高明的《琵琶记》，等等。

元杂剧最杰出的代表作家是关汉卿（约1215—约1290），他是中国最早最伟大的戏剧作家。关汉卿一生写了60多部杂剧，现保存下来的有17部，主要内容包括三个方面：第一，歌颂人民的反抗斗争，揭露社会的黑暗和统治者的残暴，反映了当时尖锐的阶级矛盾；第二，描写下层妇女的生活与抗争，突出了她们的勇敢和机智；第三，歌颂历史英雄。著名剧作有《窦娥冤》《救风尘》《蝴蝶梦》《鲁斋（zhāi）郎》《望江亭》《单刀会》《金线池》等。

《窦娥冤》是关汉卿的代表作。该剧写一个青年妇女一生不幸，3岁失去父母，7岁抵债给人家当童养媳，17岁死了丈夫，和婆婆两个人生活。这时，恶棍张驴（lǘ）儿要强迫娶她为妻，窦娥坚决不肯。后来，张驴儿诬告

关汉卿

窦娥婆婆毒死了他的父亲，以此威胁窦娥同意与他结婚，窦娥仍不屈服。然而，当婆婆在法庭上面临刑罚时，窦娥为了保护婆婆，承认了张驴儿的父亲是自己药死的，因而被判了死刑。但是，她的反抗精神并没有削弱，在刑场上，她对黑暗势力和自己所受的冤屈，发出了感天动地的诅（zǔ）咒（zhòu）和怨（yuàn）恨。剧作家通过窦娥的悲剧故事，深刻地揭露了现实的黑暗，表现了青年妇女对强迫婚姻的不满、反抗和宁死不屈，具有强烈的社会意义。

关汉卿的杂剧，不仅思想内容深刻，而且艺术成就很高。表现为：一是戏剧冲突紧张、激烈；二是人物塑造性格突出，栩（xǔ）栩如生；三是戏剧语言朴素、优美、丰富，雅俗共赏。关汉卿以他出色的戏剧创作成就，成为中国戏剧艺术的奠基人，被称作"中国的莎士比亚"。1958年，世界上一些国家，曾把关汉卿作为世界文学巨匠之一，纪念他的戏剧创作活动700周年。

空前繁荣的元代戏曲，使中国文学艺术的发展出现了新的高潮和特点，对后来中国的戏剧、小说及整个文学艺术，产生了深远影响。

六、明清小说

中国文学发展到明清时代，小说创作出现了繁荣，涌现出了一批杰出的作品，因而，明清时期被称为是小说的时代。

中国古代小说起源较早，早在东西晋和南北朝时期，就有志怪小说和轶（yì）事小说，唐宋时期有传奇小说，但真正给明清小说以直接影响的，是宋元话本小说。

明代长篇小说，据统计有100多种，最著名的是罗贯中的《三国演义》、施耐庵（ān）的《水浒传》、吴承恩的《西游记》、兰陵笑笑生的《金瓶梅》，被称为中国古代小说的"四大奇书"。

《三国演义》是历史演义小说，写的是三国时代魏、蜀、吴三国错综复杂的斗争。全书时间漫长，人物众多，事件复杂，头绪纷繁，千变万化，惊心动魄，引人入胜，蕴含了丰富的历史知识和军事、政治斗争知识。小说中描写的人物有400多个，大多数刻画得个性鲜明，栩栩如生，比如刘备、关羽、张飞、诸葛亮、赵云、曹操等，已成为中国人众所周知的人物。

《水浒传》是一部反映中国古代农民起义的长篇小说。小说以108位梁山起义英雄为线索，描写了一个又一个生动、精彩、曲折的故事，塑造了宋江、林冲、武松、李逵（kuí）、鲁智深等一个又一个真实可信的人物形象，再现了北宋末期广阔的社会生活。小说充满了对黑暗社会的强烈反抗精神，对中国后来的农民起义影响很大。

《西游记》是一部充满浪漫主义色彩的神魔小说。其主要故事是写孙悟空保唐僧去西天取经，一路上遇见了许多妖怪和磨难，经过惊险曲折的斗争，终于一个一个地把它们战胜了，取得了最后的成功。小说创造了神奇丰富的幻想世界，具有深刻的思想内容和优美完整的艺术形式，间接地反映了正义力量机智、勇敢地反对邪恶势力的斗争精神。小说创造的人物孙悟空、猪八戒、唐僧（sēng）、沙和尚等，在中国老幼皆知。

《金瓶梅》是中国第一部以家庭生活为题材的长篇小说。全书以西门庆为中心，描写了封建贵族阶层的荒淫无耻，具有一定的认识价值和艺术价值。

中国古典小说发展到清代，出现了新的高峰。其中，最有代表性的作品是蒲（pú）松龄的《聊斋志异》、吴敬梓（zǐ）的《儒林外史》、曹雪芹的《红楼梦》。

《聊斋志异》是清代初期出现的一部优秀的短篇文言小说集，其中包含近500篇短篇小说，写的都是妖仙鬼怪故事，间接地多方面地反映了社会生活，情节奇异生动，很有吸引力。

《儒林外史》是一部优秀的古典讽刺小说，其中心是批判中国腐朽的封建科举制度，对各种各样丑恶的知识分子的灵魂，进行了深刻的揭露和抨（pēng）击，对社会的病态进行了无情的讽刺。由于这部小说的最大特点是讽刺，因而奠定了中国讽刺小说的基础。

《红楼梦》是中国古典小说中思想性最强的一部作品。小说以贾宝玉、林黛（dài）玉的爱情悲剧为主要线索，以贾、王、史、薛（xuē）四大家族的兴衰，特别是以贾府的兴衰为中心，极其广泛而深入地接触到了封建社会的各个方面，反映了封建社会末期错综复杂的关系和内在矛盾，揭示了封建社会外强中干、由盛而衰的时代特征。《红楼梦》写的都是日常家庭生活，但表现的社会生活画面十分广阔，被誉为中国封建社会的百科全书，是中国封建社会即将走向崩溃的一面镜子。

该部小说特别善于在细小的日常生活中揭示环境，刻画人物的心理和音容笑貌，塑（sù）造人物性格。书中写到的人物100多个，大多数个性鲜明，其主要人物贾宝玉、林黛玉、凤姐及刘姥姥等，达到了相当高的艺术水平。小说在语言上，把俗语和文言相结合，非常准确、简练、生动。《红楼梦》多方面地继承了中国的民族文化传统，同时又进行了巨大的发展创造，是中国民族文化的瑰（guī）宝。

明清小说不但在中国的文学、文化史上地位重要，对后来的文学影响很大，而且，在世界文学、文化史上也占有重要地位。《三国演义》《水浒传》《西游记》《红楼梦》等作品，已被翻译、介绍到了国外，成了世界名著。

中国古代文学截止到清朝中期，1840年鸦片战争爆发，中国进入近代时期，社会发生了巨大变化，文学也发生了新的变化。中国近代文学的特点：一是在思想上以反帝爱国为主要内容，政治性强；二是在形式上革新，突破旧形式、旧风格，追求通俗化。不过，二者都不彻底，仅仅是从封建时代文学向现代新文学的一种过渡，这个时期尽管也出了一些比较好的作品，如"谴（qiǎn）责小说"——《官场现形记》《二十年目睹之怪现状》，黄遵宪的诗歌，从国外传入的话剧等，但成就并不突出。中国文学完全过渡到一个崭新的繁荣阶段，是在1919年"五四"文学革命以后。

第二节　现代文学

1919年的五四运动，标志着中国进入了彻底反帝反封建的新民主主义革命阶段，伴随着政治运动与社会变革，这期间发生了一场思想文化革命，即五四新文化运动和文学革命，在反帝反封建、科学与民主的旗帜下，反对旧道德，提倡新道德，反对文言，提倡白话，反对旧文学，提倡新文学，从而成为新民主主义文学的开端，一直到1949年中华人民共和国成立，这30年中国文学的发展历史，被称为中国现代文学史阶段。中国现代文学的主要特点：彻底反帝反封建成为文学的主题，这使它不同于中国过去的一切文学。

第一，题材大部分是描写小资产阶级知识分子和下层劳动人民的生活，用的是白话语言，与人民大众的关系密切了。

第二，广泛深刻地反映现实社会的各种问题、矛盾和斗争，成了中国人民解放事业的组成部分。

第三，文学团体、文学杂志大量出现，文学创作和文艺理论研究成了空前自觉的社会活动。

第四，一方面继承了中国古典文学的优秀传统，同时大量吸收了西方近代的文学成果，比如德国的歌德，俄国的托尔斯泰、契（qì）诃（hē）夫、高尔基，法国的莫泊桑、罗曼·罗兰，挪（nuó）威的易卜生等著名作家，都对中国文学发生了重要影响。

30年的中国现代文学史，大体经过了四个发展阶段：

第一阶段：1919—1927年，五四文学革命和国民革命时期

这一阶段的优秀作品，主要是猛烈攻击封建制度、封建道德，揭露军阀统治的黑暗，表现了与旧传统彻底决裂的精神。同时，提出了青年知识分子挣脱家庭束缚，争取恋爱婚姻自由，探索新的生活道路的要求。部分作品还正面描写了下层人民的苦难，对劳动者命运的同情，对俄国十月革命的欢迎。这些内容，都是五四新文学高于过去进步文学的重要特征。此时期成就最高、影响最大的作家与作品，是鲁迅与他的小说，郭沫若与

他的诗歌。此外，还有胡适、刘半农、冰心、朱自清、闻一多等作家和文学研究会、创造社、春柳社成员的创作。

第二阶段：1927—1937 年，土地革命战争时期

这一阶段的突出特点是，无产阶级文学运动的发展和中国左翼（yì）作家联盟（简称"左联"）的成立。在阶级矛盾和民族危机日益加剧的情况下，作品的现实性、战斗性明显加强。现实斗争，尤其是动荡着的农村中的阶级斗争，在作品中得到了较为真实的描绘。表现抗日救亡的作品广泛出现。一部分作家亲身经历了实际革命斗争，使创作更具有革命和乐观主义的色彩。这一时期成就较高的有：茅盾、巴金、老舍、张天翼、艾芜的小说，鲁迅的大量杂文，曹禺的话剧，以及蒋光赤、柔石、叶紫、田汉、洪深、萧军、萧红、臧（zāng）克家等左翼作家的创作。

第三阶段：1937—1942 年，从全面抗日战争开始到"延安文艺座谈会"时期

这一阶段，民族危机、战争形势更加严峻，唤起了作家对现实的普遍关心，激起了他们强烈的爱国热情和创作激情。文学创作的主要特点是，迅速地反映现实生活，宣传抵抗外敌侵略，暴露、讽刺国民党统治的黑暗，歌颂抗战前线和后方的新人新事。同时，形式上也更趋于通俗活泼，诗歌、小说、报告文学、戏剧都有较大的发展，小型作品尤其活跃。成就比较突出的有：艾青、田间的诗歌，茅盾、沙汀（tīng）的小说，郭沫若、夏衍（yǎn）、田汉、陈白尘、洪深的话剧，等等。

第四阶段：1942—1949 年，抗战后期和解放战争时期

1942 年 5 月，中国共产党在抗日革命根据地延安，邀请文艺工作者开了一个座谈会。毛泽东在会上发表讲话，就中国的文艺问题提出了一系列根本政策，把中国现代文学推向了一个崭新的发展阶段，并一直贯穿到新中国成立之后。20 世纪 40 年代后期，在延安文艺座谈会的影响下，中国出现了许多"人民文艺"创作，即直接表现的是解放区人民的生活与革命斗争。代表性的作品有：李季的长诗《王贵与李香香》，丁玲的长篇小说《太阳照在桑干河上》，周立波的长篇小说《暴风骤（zhòu）雨》，赵树理的小说《小二黑结婚》，还有集体创作的歌剧《白毛女》，等等。

中国现代文学的历史只有 30 年，时间长度无法与数千年的古代文学史相比。但是，成就也是相当大的，作家作品很多，文艺社团流派活跃，文艺理论批评很有建树，值得专门研究、介绍的内容同样十分丰富。这里重点介绍几位最著名的作家，即鲁迅、郭沫若、茅盾、巴金、老舍、曹禺，他们可称为中国现代文学的六大巨匠。

鲁迅（1881—1936），中国现代文学的奠基者，伟大的文学家、思想家、革命家。

鲁迅

他是浙江绍兴人，姓周，名树人，字豫才。"鲁迅"是他发表第一篇白话小说《狂人日记》时开始用的笔名。

鲁迅生长在没落的封建知识分子家庭，从小入私塾（shú）学习，读了大量书籍。1898年，考入南京江南水师学堂学习，后转入江南陆师学堂附设的矿路学堂。1902年，鲁迅去日本留学，先入东京弘文学院。1904年，入仙台医学专门学校，想通过医学救国，后来他认识到，更重要的是改造国民精神，于是，1906年弃医从文，搞起文学创作。

1909年，鲁迅回到中国。1918年，他发表了第一篇白话小说《狂人日记》，引起了强烈的社会反响，因而一举成名。接着，他又接连不断地发表了20余篇小说。后来，鲁迅把自己的小说合在一起，出版了《呐（nà）喊》《彷（páng）徨（huáng）》两本小说集，从而奠定了中国现代小说的基础，也奠定了他在中国现代文学史上的地位。

《呐喊》收入的是鲁迅1918年至1922年的14篇小说，主要写的是农民，具有独特、清新的艺术特色。《彷徨》收入的是他1924年至1925年的11篇小说，写知识分子的比较多，艺术上比《呐喊》更加成熟。鲁迅创作的小说，都燃烧着反封建的猛烈火焰，其中最著名的是《狂人日记》《阿Q正传》《祝福》《孔乙己》等。

《狂人日记》是中国现代文学的第一篇白话小说。它描写了一个"迫害狂"患者的精神状态和心理活动，通过"狂人"在精神错乱下的感觉、想法和说的话，揭露了封建制度下"人吃人"的现实。该小说思想上十分深刻，艺术上非常巧妙，具有强烈的攻击力量，社会影响很大。

《阿Q正传》是鲁迅小说中最著名的一篇。小说以辛亥革命前后一个闭塞（sè）落后的农村小镇为背景，塑造了一个从身体到精神都受到了严重损害的农民形象。阿Q很穷，地位很低，被人瞧不起，经常受欺辱，却无力反抗。但是，他有一个自我安慰、实际上是自欺欺人的独特方法，叫"精神胜利"法。比如，人家打了他，他说一声"是儿子打了老子"，于是，自己似乎就胜利了。鲁迅通过这个可怜、可笑、可悲、可叹的"小人物"，揭示了在半殖民地半封建社会，中国国民身上存在的共同弱点，呼唤国民觉醒起来，投入革命。这部小说艺术水平相当高，具有深广的社会内容和强烈的讽刺性。1926年，《阿Q正传》曾在法国杂志《欧洲》上刊载，法国作家罗曼·罗兰看后，感动得流下了眼泪。那时，世界上知道鲁迅的人很少，如今，鲁迅的小说已被用五十几种语言翻译介绍到30多个国家。

鲁迅的最后10年，主要是撰（zhuàn）写杂文，共写了《三闲集》《华盖集》《而已集》等9本杂文集。鲁迅的杂文，包含的社会内容十分广泛，有抨击封建思想、文化、道德的，有揭露国民党统治黑暗的,有进行文化论战的,也有剖析各种社会问题的,等等,共约七八百篇。他的杂文,充满了独到精辟的见解,有很强的理论色彩,显示出了鲁迅卓越的思想高度。同时,还有很强的文学性,写作手法多种多样,语言精练丰富,风格尖锐泼辣,瞿(qú)秋白形容其如匕(bǐ)首投枪,战斗性极强,个性非常鲜明。鲁迅的杂文和他的小说一样,同样是中国非常宝贵的文学遗产。

鲁迅知识广博,才华横溢,不懈地奋斗,除了创作、研究外,还翻译了大量外国文学作品。鲁迅一生的写作成果,都收在共16卷的《鲁迅全集》中,已成为现代中国巨大的思想文化宝库。

由于长期在艰苦的环境下劳累过度,鲁迅于1936年10月19日在上海病逝,终年56岁。他的一生,是战斗的一生,光辉的一生。他对中国现代文学作出的贡献,他在中国现代文学史上的地位,是任何人都代替不了的。

郭沫若(1892—1978),是中国杰出的作家、诗人、戏剧家、历史学者、古文字学者,是中国新诗的奠基人。他出生于四川乐山,从小喜欢诗歌,特别是屈原和唐代诗人李白、王维、孟浩然的作品。在小学、中学时期,他就读了大量中国古典作品和外国翻译小说。

1914年1月,郭沫若到日本留学,先后在东京第一高等学校预科、冈山第六高等学校、九州帝国大学学习。开始时学医,后因广泛接触外国文学,受印度诗人泰戈(gē)尔、德国诗人海涅(niè)、美国诗人惠特曼的影响很深,改为从事文学。

郭沫若

1919年的五四运动,激发了远在海外的郭沫若的热情。同年9月,他开始发表新诗,从那时到1920年上半年,成为他的"诗歌创作爆发期",他连续发表了许多诗歌,大部分收在诗集《女神》中。该诗集的中心内容,是彻底的不妥协的反封建精神,在艺术形式和风格上,冲破了旧诗的一切束缚,自由、奔放,开辟了中国诗歌的新天地,对中国新诗(自由诗)的发展产生了巨大影响。《女神》的代表作品是《凤凰涅槃(pán)》,作者在诗中,借凤凰采集香木自焚,在烈火中再生的神话传说,热烈地歌唱中国获得了自由、新生。整个诗激情澎湃(pài),想象奇特,像火山喷发,江河奔腾,充满了浓厚的浪漫主义精神。

1923年,郭沫若出版了第二部诗集《星空》,表现了他当时思想苦闷的情绪。1928年年初,郭沫若出版了第三本诗集《恢复》,反映了诗人新的奋起。

1928年2月,郭沫若遭到政府的通缉,逃亡到日本,过了10年海外流亡生活。10年中,他写了自传性作品《创造十年》《北伐途次》等,并研究了中国古代史和甲骨文、金文。

1937年，郭沫若从日本回国，参加了抗日民族统一战线，再次激发起创作热情。20世纪40年代，他创作了《棠棣(dì)之花》《屈原》《虎符》《筑》四部历史剧，主要是宣传团结起来抗击外敌侵略，在当时引起强烈的社会反响。此外，他又写了《孔雀胆》《南冠草》两部历史剧，还写了《青铜时代》《屈原研究》《十批判书》等学术著作。

中华人民共和国成立后，郭沫若还写了历史剧《蔡文姬》《武则天》及其他作品。

1978年6月12日，郭沫若在北京病逝，终年86岁。郭沫若的一生留下了大量著作，《郭沫若全集》共17卷。他的诗集、剧作也被翻译介绍到了国外。

茅盾

茅盾（1896—1981），中国现代文学的杰出作家和先驱者之一。他原名沈雁冰，茅盾是笔名，浙江桐乡人。他从小就受到比较开明的家庭教育，1916年毕业于北京大学预科。五四运动以后，他积极参加新文学运动，开始阶段，主要是从事理论批评和翻译，介绍外国文学作品。1921年年初，茅盾与其他一些作家发起组织了"文学研究会"，提倡"为人生"的艺术，并负责编辑文学杂志《小说月报》，使其成了提倡新文学、反对旧文学的重要阵地。

1927年，茅盾创作了小说《蚀》三部曲，包括《幻灭》《动摇》《追求》三个中篇，表现了小资产阶级知识分子对革命的向往、幻灭、动摇和追求，真实地反映了在当时动荡的社会中，小资产阶级知识分子精神、性格上的矛盾。1929年，他发表了长篇小说《虹》，后来，又写了中篇小说《三人行》《路》和短篇小说《林家铺子》《春蚕》等。1932年，他创作了长篇小说《子夜》。1941年，他创作了长篇小说《腐蚀》。

中华人民共和国成立后，茅盾主要是从事文学评论工作。他一生发表长篇小说6部，中篇小说6部，短篇小说50余篇，散文集10多本，剧本1个，还有众多的文艺评论，外国文学和中国古典文学方面的译注等。

茅盾的作品中，成就最高、影响最大的是长篇小说《子夜》。该小说通过对上海一个民族资本家命运的描写，反映了20世纪30年代半殖民地半封建中国的社会情况，真实深刻地揭示了当时的种种社会矛盾，思想上、艺术上都很成功，代表了作者的才华。茅盾的《子夜》和《春蚕》等代表性作品，被翻译成了英文、法文、西班牙文、阿拉伯文，流传到了国外。

巴金（1904—2005），中国杰出的现代作家，四川成都人，生长在封建大家族家庭，曾到法国留过学。巴金是在五四新文化运动的影响下，走上新文学创作道路的，他主要是写小说，主要作品有《灭亡》、"激流三部曲"（《家》《春》《秋》）、《寒夜》，还有大量散文、随笔等。

巴金的长篇小说规模比较大，描写的是旧中国小资产阶级知识分子的郁闷、不满、追求、反抗，封建大家族内部的矛盾、衰退、崩溃，实际上都是作者的亲身体验，写得非常细腻、逼真，具有较高的认识价值和艺术价值，在当时影响很大。

"文化大革命"后，巴金出版了一本散文集《随想录》，是对"文化大革命"中他的经历和感想的真实记录。

老舍（1899—1966），原名舒庆春，字舍予，北京人，满族，是杰出的小说家、剧作家。他的作品的最大特点是，写北京市民生活，语言幽默，充满了"京味儿"。他的作品非常多，代表性作品有小说《骆驼祥子》《四世同堂》和话剧《茶馆》等。老舍是深受中国人喜爱的一位作家，不幸的是，"文化大革命"中因受到严重迫害，自杀而死。

曹禺（1910—1996），原名万家宝，中学时热心参加新剧演出，先后在南开大学政治系和清华大学西洋文学系求学，是中国20世纪最优秀的剧作家之一。他的代表作品有《雷雨》

老舍

《日出》《原野》《北京人》《王昭君》等，其中《雷雨》被公认为现代话剧成熟的标志。

以上介绍的"六大巨匠"，是中国现代文学史上最有代表性的作家。此外，还有许多优秀作家、作品，有的前边已经提到，如想详细了解，可阅读《中国现代文学史》。

第三节 当代文学

中华人民共和国成立以后的文学，称为中国当代文学。中国当代文学是中国现代文学的继续，但它的主调变了，现代文学的主调是反帝反封建，当代文学是为社会主义服务，为最广大的人民群众服务。然而，二者关系十分密切，谈当代文学离不开现代文学。

中国当代文学至今70多年历史，可分为三个时期，走过的道路和取得的成绩如下：

第一个时期：从1949年中华人民共和国成立到1966年"文化大革命"前夕，共17年

这一时期是中国社会主义事业的建立和发展时期，国家结束了过去长期分裂、战争、混乱的局面，出现了统一、团结、安定的好形势。政府加强了对文艺工作的统一领导，作家的生活条件和工作条件得到了根本改善，全国性和地方性的文学艺术家组织"文联"（文学艺术工作者联合会）、"作协"（作家协会）等普遍建立。对刚刚过去的峥（zhēng）

嵘（róng）岁月的回顾，沸（fèi）腾（téng）的新生活，激发了广大文艺工作者的创作热情，于是，在新的条件下，文学出现了繁荣的局面。特别是20世纪50年代，小说、诗歌、散文、话剧、电影都获得了丰收，出现了一大批优秀的很有影响的作品。这一时期，政府的文艺方针、政策基本是正确的，后期虽出现了一些偏差，但尚未造成特别严重的后果。

第二个时期：1966—1976年，"文化大革命"10年

这10年是中国的内乱时期，国家遭受了多方面的灾难性破坏，文学艺术界遭受破坏最严重，几乎所有的现当代著名作家、作品都受到了批判，大多数作家受到了严重打击、迫害，一些人甚至丧失了生命，文学创作一片荒芜。"文化大革命"后期，虽然出现了一点小说、诗歌、电影，但是，由于受政治和错误文艺理论的影响，严重公式化、概念化，缺乏真实感和艺术的力量。这是中国当代文学的衰落、萧条、危机时期，人民的文艺生活十分单调、枯燥。

第三个时期：1976年打倒"四人帮"，改革开放以后的40多年

这是中国当代文学复苏和重新振兴、繁荣的时期。"文化大革命"中被批判的作家、作品恢复了名誉，错误的文艺理论、文艺政策得到了纠正，文学思潮日趋活跃，文学杂志如雨后春笋（sǔn），文学创作重新获得了解放与自由，迅速出现了蓬勃发展的形势。开始时，写"文化大革命"期间经受苦难的作品比较多，被称为伤痕文学，后来发展到反思文学、寻根文学、知青文学、改革文学，又发展到新写实小说、女性小说、政治小说、先锋小说、武侠小说、科幻小说等。起初的主要成就在诗歌、短篇小说、话剧方面，很快就发展到了中篇小说、长篇小说、电影等领域。近年随着现代信息技术的发达，还出现了网络文学、手机文学。文学的内容与形式空前丰富多彩，优秀作品、新的作家层出不穷，中国当代文学出现了前所未有的繁荣。

截至目前，中国当代文学的作家队伍基本由五代人组成。第一代是五四时期和"左联"时期的作家，如巴金、茅盾、老舍、田汉、夏衍、冰心、丁玲、曹禺等。第二代是20世纪40年代延安文艺座谈会以后成名的作家，如赵树理、周立波、康濯（zhuó）、梁斌（bīn）、孙犁（lí）、柳青、马烽、西戎（róng）等。第三代是五六十年代成名的作家，如杨沫、吴强、曲波、冯德英、李英儒、陈登科、鲁彦周、王汶石、茹志鹃、李凖（zhǔn）、浩然、金庸等。这两代作家大部分人是写中华人民共和国成立前和革命战争年代的生活，也有的是着重表现解放后的新生活。第四代是粉碎"四人帮"后，进入改革开放新时期涌现出的中青年作家，如王蒙、高晓声、刘绍棠、陆文夫、张洁、刘心武、谌（chén）容、丛维熙、蒋子龙、冯骥（jì）才、周克芹、贾平凹（āo）、陈忠实、张贤亮、张承志、韩少功、张辛欣、梁晓声、古华、叶辛、张抗抗、史铁生、苏童、莫言、

路遥、刘恒（héng）、陈建功、王安忆、曹文轩（xuān）、铁凝、池莉、王朔（shuò）、顾城、舒婷等，他们中有些人是 50 年代受到打击，"文化大革命"后复出的中年作家，有些人是"文化大革命"中下乡插队的知识青年，因而他们的写作重点是"文化大革命"前后的生活。另外就是 80 年代以后成年或出生的年轻作家，可称作第五代或新生代作家，他们更侧重于用新的题材、新的角度、新的方法来表现现代生活，如韩寒、郭敬明、张悦然等。

中国当代文学反映的生活面非常广阔，从历史到现实，从城市到乡村，从国内到国外，从政治斗争到日常生活，从革命战争到男女爱情……其中出现了不少文学流派，比如山西作家群、河北作家群、广东作家群、湖南作家群、北京作家群、云南作家群、军旅作家群、乡土派、黄土派、知青派、海外文学派、新生代作家等，文学流派不同，艺术风格不一样，带来了文学艺术的百花齐放。

中国当代文学主要有哪些著名作家和作品呢？这里列举一些：

长篇小说方面：姚雪垠（yín）的《李自成》、欧阳山的《三家巷》、杨沫的《青春之歌》、曲波的《林海雪原》、冯德英的《苦菜花》、罗广斌与杨益言的《红岩》、李英儒的《野火春风斗古城》、梁斌的《红旗谱》、柳青的《创业史》、周而复的《上海的早晨》、玛拉沁（qìn）夫的《茫茫的草原》、金庸的《天龙八部》、周克芹的《许茂和他的女儿们》、叶辛的《蹉（cuō）跎（tuó）岁月》、陈忠实的《白鹿原》、张平的《抉择》、莫言的《丰乳肥臀（tún）》等。

在中篇小说方面：谌容的《人到中年》、鲁彦周的《天云山传奇》、古华的《芙蓉镇》、王蒙的《蝴蝶》、路遥的《人生》、戴厚英的《人啊，人》、蒋子龙的《乔厂长上任记》、李存葆的《高山下的花环》、竹林的《生活的路》、阿城的《棋王》、刘恒的《贫嘴张大民的幸福生活》、刘震云的《一地鸡毛》、王安忆的《小鲍庄》等。

短篇小说方面：赵树理、马烽、王汶石等的农村小说，高晓声等的"文化大革命"后农村小说，刘心武、陈建功、王朔等的北京市民小说，张洁、王安忆、池莉等的女性小说，梁晓声、张抗抗、张承志等的知青小说，莫言等的寻根小说，贾平凹等的散文小说，等等。

诗歌方面的著名诗人有郭小川、贺敬之、闻捷、公刘、白桦、李季、蔡其矫、李瑛、雷抒雁、北岛、顾城、杨炼、舒婷、梁小斌、海子等。

散文方面的著名作家有刘白羽、秦牧、杨朔、碧野、何为、袁鹰、巴金、季羡林、叶文玲、余秋雨等。

儿童文学方面的著名作家有曹文轩、秦文君、郑渊洁、汤素兰等。

思考题

1. 简述唐诗、宋词、元曲、明清小说的杰出成就。
2. 请举出中国古代文学中最著名的一些作家与作品。
3. 说出中国现代文学六大巨匠的简要情况。
4. 请介绍一下中国当代文学的发展概况。

第十一章 中国的艺术

艺术是一个内容广泛的概念,它包括书法、绘画、音乐、舞蹈、戏剧、电影、曲艺、雕塑、建筑、杂技等。每个国家的艺术都有自己的民族特色。中国经历了长达数千年的文明史,各类艺术取得了杰出的成就,形成了浓郁的民族特色。

第一节 书法·绘画

一、书 法

书法是汉字的书写艺术,它伴随着汉字的出现而诞生,起初为中国所独有,后来随着汉字传到了日本、朝鲜、东南亚等其他国家与地区。中国的书法艺术不但为本国人所喜爱,而且受到了世界上许多中国文化爱好者的欢迎。

世界上的文字种类繁多,为什么独有汉字的书写成了一门艺术呢?这与汉字的特点有密切关系。

世界上其他文字,如英文、德文、法文、俄文、西班牙文、印地文、阿拉伯文等,都是表音文字,书面语是由数量有限的几十个字母拼成的,笔画简单,书写单调,字形变化小,缺乏艺术欣赏价值。而汉字是象形方块字,笔画多,结构复杂,字数多,字形变化大,同样的汉字,可以写出不同的字体,构成不同的形象,使人产生不同的感受,具有其他文字所没有的审美价值。而且,采用什么方法写,写出什么样的字体,造成什么样的美感,其中包含着许多技巧。学习、钻研、掌握这些技巧,书写出独具风格、值得人们欣赏的字体,这就是书法艺术。中国书法除了欣赏、审美价值以外,还有重要的实用价值。比如题字、写碑文、写牌匾、写书刊名、装饰厅室等,都离不开书法。书法还可以同诗文、绘画、篆(zhuàn)刻、建筑等其他艺术形式结合,产生综合性的艺术效果。

中国的书法艺术是怎样产生和发展起来的呢?它有些什么特点呢?这个问题,只要

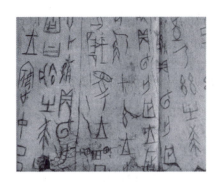
甲骨文

小篆

金文

追溯（sù）一下汉字的历史就清楚了，因为汉字的历史也就是书法艺术的历史。中国汉字的发展，大体经历了以下几个阶段：甲骨文、金文、篆书、隶书、草书、楷书、行书，中国书法艺术的基本字体也正是这几类。

根据考古发现，中国文字早在五千年前就产生了，那时，只是一些简单的象形符号。中国最早的、比较成熟的文字，是三千多年前出现的甲骨文，因为那些文字是刻在龟（guī）甲或兽骨上的，所以叫"甲骨文"。由于甲骨文是用刀子在硬骨上刻出来的，因而，它的笔画又细又硬，字形又瘦又长，字的大小也不一样，给人的感觉挺硬而古朴，这就是中国最初的书法。

进入商周时期以后，随着社会的发展和使用条件的不同，汉字的字体发生了变化。这时候的文字主要是铸在青铜器上，那时称铜为"金"，所以叫"金文"。青铜器钟与鼎（dǐng）居多，因而又叫"钟鼎文"。金文的字体与甲骨文接近，但笔画比甲骨文粗壮，线条比甲骨文流畅，字体的结构、大小也开始注意匀称整齐，表现出的风格是庄严而敦（dūn）厚，已具有相当强的艺术性。如今，从古代保存下来的最有代表性的金文，是西周时代的《毛公鼎》《孟鼎》《散氏盘》等。

春秋时期，文字开始写在货币、竹简、绸帛、漆（qī）器上，汉字字体又有了新的变化。战国时期，由于诸侯国各霸一方，使汉字的字体出现了地区差别。后来把齐、楚、燕、韩、赵、魏等国的文字叫作"六国古文"，而把自成体系的秦国文字叫作"大篆"。

秦始皇统一中国以后，废止六国古文，同时以大篆为基础，加以整理、简化，形成小篆，用小篆统一了全国的文字。小篆比较容易辨认和书写，而且规范化、定型化了。定型化了的小篆，标志着汉字进入了比较成熟的时期。如今，包括小篆在内，中国的古文字作为一种书法艺术，具有重要的美学价值，在艺术园地里占有一席之地。在中国的书法艺术中，大篆、小篆通称为"篆书"，在印章篆刻中颇（pō）为流行。

小篆虽然进步多了，但书写起来仍有不便之处。秦代刑罚严酷，徒隶（罪犯）很多。在办理有关徒隶事务的文书时，往往写得简单草率，于是形成了一种新字体"隶书"。秦朝灭亡后，隶书进一步发展，并逐渐走向成熟，到西汉中期，终于取代小篆的地位，成为社会通行的正式字体。后来规范化的隶书与小篆相比，主要有以下几个特点：第一，将小篆不规则的曲线和圆转的线条，变成了平直方正的笔画；第二，笔画除横、竖（shù）、点及弯转之外，增加了撇（piě）、捺（nà），特别是横笔，呈现出了"蚕（cán）头雁尾"的笔势；第三，结构上下紧密，左右舒展，笔锋有圆有方，笔画有粗有细，富于变化。隶书字体的整个轮廓呈扁形，给人以端庄、安稳的感觉。隶书的书写方法，不但更加规范、方便、实用，而且给人带来了新的艺术感受。

就在隶书发展的同时，还出现了另一种新的汉字书写方法，即"草书"。草书是隶书的潦（liáo）草写法，其特点是写得潦草、快速，笔画与笔画勾连，字与字勾连，字的形状高度简化，有时甚至只有个大概轮廓。由于草书太潦草，随意性比较强，难以辨认，所以，一般仅作为书法艺术来欣赏，实用价值没有其他字体大。

魏晋南北朝时期，在隶书的基础上，又有一种新的字体发展起来，这就是"楷书"。在字的形体结构方面，楷书和隶书差不多，但是，楷书把隶书笔画的写法改变了。主要表现在：横笔的末端不再向上挑（tiǎo），而是收锋；点笔由长形变成了圆状；撇笔的方向改为斜向下，出尖锋；勾笔不用拐（guǎi）弯，成为硬勾。更重要的是，整个字体的形态由隶书的扁形变成了方形，从而第一次使中国的汉字变成了方块字。发展到隋唐时期，楷书字体基本成熟。定型之后的楷书，笔画精致，结构严谨，工整清楚，成为最通行的字体。

晋代还出现了另外一种书法，介于楷书和草书之间，被称为"行书"。行书既不像楷书那样工整，也不像草书那样潦草。它的优点是，比楷书随便，可以写得比较快，但又不是快得潦草难认，既美观大方，又方便实用，因而成了人们日常最喜欢使用的字体。

甲骨文→金文→篆书→隶书→草书→楷书→行书的演变过程，是中国汉字的产生和演变过程，也是中国书法各种字体的形成过程。历史表明，中国书法艺术的五种基本字体——篆书、隶书、草书、楷书、行书，隋唐时期就已定型，尔后，尽管有千变万化，不断出现新的创作，但基本字形始终没有脱离上述五种类型，也就是说，再也没有出现新的字体。

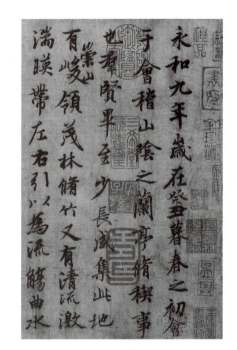

隶书　　　　　　　楷书　　　　　　　行书

然而，篆、隶、草、楷、行五种字体，仅是中国书法的基本字体。实际情况是，即使是同样的字体，不同的人来写，由于每个人的个性、气质、爱好、趣味、修养、功底、追求等种种不同，写出的字也会各有特点，决不会一样。这就好比人的长相，虽然鼻子、眼、嘴、耳朵大体一样，但具体长相千差万别，没有完全一样的。在中国历史上，著名的书法家层出不穷，流派很多，风格各异，优秀的书法艺术作品浩若烟海，千姿百态，就是这个道理。中国古代最有代表性的杰出书法家主要有：晋代的王羲之、王献之父子，唐代的张旭（xù）、怀素、颜真卿、柳公权、欧阳询（xún），宋代的苏东坡、黄庭坚，元代的赵孟頫（fǔ），明代的董其昌、张瑞图，清代的郑板桥、吴昌硕，等等。这些书法大师对后人影响极大，他们的作品早已成了稀世珍宝。如果想要欣赏中国古代的书法艺术，除了著名书法家的字帖和名胜古迹上的题字之外，中国的三大碑林——孔庙碑林、西安碑林、昭陵碑林，是最应该去看的地方，那里集中了数量庞大的石碑，石刻碑文书法之精湛，内容之丰富，简直就是中国古代书法艺术的宝库。

书法作为一门古老的艺术，在古代中国长盛不衰，在近现代中国仍人才辈出，中华人民共和国成立以来，更呈现出了一片繁荣。在政府的支持下，全国各地成立了书法协会和书画社，经常举办书法展览、书法艺术研讨、书法培训以及书法国际交流等活动，为书法艺术的继续发展创造了良好的条件，老、中、青年书法家都很活跃。目前，中国书法家协会现有团体会员 35 个，个人会员 8 000 余人。现当代著名的书法家有：赵朴初、刘海粟（sù）、陈叔亮、启功、沈鹏、沙孟海、周而复、尹瘦石、王学仲、方去疾、黄苗子、张旭、权希军、欧阳中石、李铎、刘艺、邹德忠、张梅、林岫等。

二、绘　画

中国的绘画艺术，同样具有悠久的历史。早在五六千年以前，中国的祖先就在陶器上画花纹或简单的动物、植物图案，那可以说是中国最古老的绘画艺术。到了奴隶社会时期，随着生产力的发展，绘画艺术发生了重大变化，出土于战国楚墓中的帛画《龙凤人物图》《御龙人物图》，线条流畅，造型生动，标志着中国的早期绘画已达到了较高水平。秦汉时期，绘画艺术进一步发展，其中汉代的帛画和壁画尤为突出。例如在长沙马王堆出土的西汉彩绘帛画和壁画中的神话传说，表现了墓主人生前的豪华生活及希望死后升天的主题，形象十分生动，精彩动人。

魏晋南北朝时期，佛教兴盛，宗教艺术大大发展，在岩壁上凿（záo）石窟，雕刻佛像，绘制壁画，成为时代风气。其中，最著名最有代表性的是敦煌壁画。敦煌莫高窟从366年开始，凿刻了上千年，现存洞窟492个，壁画4.5万多平方米。这些壁画反映了中国传统的画风，在吸收、融合外来艺术的基础上，有了新的发展和提高。除了佛寺与石窟壁画之外，魏晋南北朝时期还出现了许多优秀的很有文化修养的士人画家，如顾恺（kǎi）之、曹不兴、戴逵、陆探微、卫协等。并且，还出现了最早的画论——谢赫的《古画品录》，标志着中国绘画进入了一个新的阶段。

从隋唐至宋代，中国的绘画艺术达到了鼎盛。唐画虽仍以壁画占主要地位，但佛教题材绘画明显出现了向世俗画发展的趋向，天女、菩（pú）萨等被画得和人间美女一样。在人物画高度繁荣的同时，山水花鸟画也出现了许多杰出的作品。如隋代展子虔（qián）的《游春图》，是现存最早的山水画作品。五代两宋时期，人物画仍有发展，山水花鸟画更加完美，而且产生了像张择端《清明上河图》那样杰出的长卷社会风俗画，形象、

《清明上河图》局部

细腻、逼真地描绘出了北宋首都汴京（今开封）的繁华热闹景象。从隋至宋，最著名的画家有：展子虔、阎（yán）立本、尉（yù）迟乙僧、吴道子、李思训、王维、张萱、周昉（fǎng）、张择端、董源、范宽、刘松年、马远、赵昌等。

元朝时期，山水花鸟画成就突出。以黄公望、王蒙、倪瓒（zàn）、吴镇四人为代表的山水画家，人称"元四家"。他们创作的山水画，纯用水墨画成，不施任何色彩，追求笔墨情趣，讲究以诗入画，平淡自然，抒情写意，开创了新的山水画风格，对后来中国山水画的发展起了极大作用。到了明清时期，中国的绘画基本继承、发展了元代山水花鸟画的传统，同时，受新的时代影响，出现了众多的风格流派。比如，明代有以戴进为代表的"浙派"，以沈周、文徵（zhēng）明、唐寅、仇（qiú）英为代表的苏州"吴门画派"，以徐渭为代表的写意花鸟画派，以边景昭、吕纪为代表的工笔花鸟画派。清代有弘仁、髡（kūn）残、石涛、朱耷（dā）"四大画僧"，有以郑板桥、金农等为代表的"扬州八怪"，以任伯年、吴昌硕为代表的上海画派，等等。

进入近代，一直到中华人民共和国成立以后，中国的传统绘画又有了新的发展，同时，西洋的油画、版画、漫画以及连环画也发展了起来，出现了百花齐放的局面。最著名的画家有：齐白石、徐悲鸿、潘天寿、黄宾虹（hóng）、李苦禅（chán）、李可染、王雪涛、刘海粟、关山月、叶浅予、石鲁等。

回顾中国绘画艺术史，我们可以把中国传统画的种类作这样的划分：从题材上，可分为人物画、山水画、花鸟画；从技法上，可分为工笔画、写意画。工笔画是指描绘工整、

山水画

花鸟画

着色精细的画。写意画是指用简练粗放的笔墨，勾描出物体的形象，重在抒发作者意境的画。若从整体上将中国传统画与西洋传统画比较，中国传统画明显具有以下几个特点：

第一，突出线条。中国传统画从一开始，就是靠线条来描绘出形象的。直到后来，很少有不是靠线条描画出来的作品。可以说，中国传统画基本是线条艺术。而西洋传统的油画和水彩画，形象的表现主要是靠色彩层次的明暗，甚至可以完全看不见线条。正因为如此，西洋画特别强调色彩的涂抹、搭配，而中国画十分重视笔墨的运用——"笔墨技法"。

第二，重在神似。南朝时，中国第一个画论家谢赫提出了"绘画六法"。其中，第一条就是要求表现物象的气韵与生命；第二条是要求用笔时要有内在的骨力；第三条才是描画对象的准确。也就是说，他把"神似"放在了首位，而把"形似"放在了次要位置。谢赫的绘画理论，成了中国绘画艺术的法则。比如画人物画，并不单纯画人物的外貌，更重要的是，通过外貌刻画出人物的神情、性格，使人物更富有内涵（hán），更传神。而西洋的传统绘画，追求的是人物或景物在构图上光与色的变化，白天黑夜以及室内外等的时空效果，更富有立体感和写实性。

第三，诗、书、画结合。在西方，诗和画虽然也是姊（zǐ）妹艺术，但是，即使画本身非常富有诗意，也极少在画上题诗。原因在于，西方在诗和画之间，没有书法这样一种起协调作用的媒介物。中国的书法本身就含有艺术美，所以，经常用书法在画中配诗，使诗、书、画结合，产生"画中有诗，诗中有画"的效果，比单纯的画更富有意境和感染力。

绘画艺术虽然中西方都有，但风格、画法确实不同。通过对中国绘画艺术史和中西方绘画特点的了解，可以加深对中国绘画这一文化品种的认识，促进艺术欣赏能力的提高。

第二节　音乐·舞蹈

一、音　乐

中国的传统音乐主要分为五大类：民歌、舞曲、说唱、戏曲、器乐。在悠久的历史发展过程中，中国音乐同样形成了独特的民族风格。

根据出土文物考证，中国在约五千年以前的原始氏族社会，就开始产生了歌舞和歌曲。到商周时代，已有了比较发达的音乐文化，西周时期有记载的乐器有70多种。1978年5月，在湖北随县发掘了一座战国初期的墓，墓中有一个完整的钟鼓乐队，珍贵乐器达 124 件。特别是其中有一套青铜铸的编钟，有乐钟 65 枚，钟架长 10.79 米，高 2.67 米。编钟大小不同，可以发出 12 个音调，音域跨 5 个 8 度，奏出的音乐优美动听。这套编钟，说明古代中国的乐器制造，已达到了很高的水平。另外，《诗经》中的"风""雅""颂"，其实都是周代曲词，其配乐有宫廷和祭祀用的，也有民歌音乐，说明当时中国的音乐已相当流行。周代至汉代，从中央到地方，都设有专门负责收集、整理民间音乐的机构，对保存和发展音乐起了重要作用。西汉时期，中国还出现了一部最早的系统论述音乐的著作《乐记》，作者是西汉河间献王刘德及其门人。

唐代是中国歌舞艺术最繁荣的时期。那时，国内各民族音乐交流频繁，日本、印度、朝鲜、东南亚等地的音乐，也不断传入中国，大大丰富了中国的音乐文化。无论是民间音乐还是宫廷音乐，都很兴盛，仅见于文献记载的乐曲名称，就有数百种之多。例如，著名的大曲《霓（ní）裳（cháng）羽衣曲》（乐谱已散失，只有片段），曲体庞大，结构复杂，声、乐、舞结合，代表了当时宫廷音乐极高的艺术成就。

宋元时期，作为城市贸易中心的"瓦舍""勾栏"，成为民间杂乐艺人集中的场所，为发展市民阶层的通俗音乐艺术，提供了比较好的环境和条件。因此，这一时期，艺术歌曲和以说唱故事人物为特点的表演艺术发展迅速，艺人们创造了许多市民喜好的说唱曲种。同时，更有一些专业艺人和艺术团体，发扬隋唐散乐百戏传统，把表演故事、人物和说唱、歌舞、乐器结合起来，把新的艺术品种杂剧推向了繁荣，从而促进了戏曲音乐的发展。这个时期，由于填词唱曲风靡（mǐ）一时，也促进了戏曲演唱艺术的发展。南宋婉约派词人兼音乐家姜夔（kuí），在创作词曲音乐的实践中，为后人留下了代表着宋词音乐基本特色的难得作品。说唱音乐和戏曲音乐的崛（jué）起，带来了器乐艺术的发展，使中国传统乐器形成了由胡琴、笛（dí）子、琴、笙（shēng）、箫、琵琶、锣鼓等构成的吹、拉、弹（tán）、打四大类的格局，并促进了小型音乐合奏的兴盛和独奏艺术的提高。

明清时期，在原来的基础上，多种多样的民间音乐兴起，特别是艺术歌曲、说唱音乐和戏曲音乐的发展，促进了民间（包括少数民族）歌舞和器乐合奏的繁荣。进入近代社会以后，传统音乐继续发展，但出现了新的时代特点，民歌、说唱、戏曲、器乐、歌舞等音乐形式，比明清时期更趋大众化。繁多的新乐种、新曲种、新剧种相继兴起，以前所未有的规模在全国各地流传和发展，中国音乐界呈现出了一派生动活泼的景象。与此同时，西洋乐器和音乐也大量进入中国，如铜管、钢琴、提琴、小号、交响乐、和声学，与中国的二胡、笛子、琴、笙、箫、琵琶、锣鼓等乐器及音乐交相呼应，扩大了中国的音乐领域和中国人的视野。

琵琶　　　　　　　　　二胡　　　　　　　　　笛子

中华人民共和国成立以后，在政府的大力支持下，音乐艺术事业蓬勃发展。在音乐创作方面，题材广阔，形式多样，优秀作品层出不穷。在音乐表演方面，普遍建立了合唱团、歌舞团、管弦（xián）乐队、民族乐队，涌现出了许多优秀的作曲家、歌唱家、演奏家、指挥家。除了专业音乐团体外，群众性的音乐活动也十分活跃。在音乐理论研究和音乐教育方面，过去几乎是一片空白，此时却建立了专门的研究机构和音乐学校，并出版了音乐杂志。此外，还不断扩大了与国外音乐界的交流。以上这些，显示了中国音乐艺术事业的兴旺发达，促进了中国音乐艺术水平的提高。

二、舞　蹈

舞蹈需音乐伴奏，二者密切相连。舞蹈与音乐一样，同样起源于人类的劳动。开始时，它仅是人们对劳动动作和动物动作的简单模仿，后来才发展成为一种自觉的艺术活动。

中国的舞蹈艺术，在进入奴隶社会以后，基本分成了两大类：一类是民间舞蹈，由劳动群众创作、表演，以自我娱乐为主，风格粗犷、刚健、风趣；另一类是专业舞蹈，由专门人员创作、表演，风格严整、精美、典雅，更富有艺术欣赏价值，专供贵族祭祀和享乐之用。夏商时期，供贵族祭祀用的舞蹈称作"巫舞"，供贵族享乐的舞蹈称作"乐舞"。西周初年，统治阶级将前代遗留的乐舞加以集中、整理，建立了明确的宫廷雅乐体系。一方面提高了音乐舞蹈的艺术水平，另一方面加强了音乐舞蹈的教化功能。当时的宫廷雅乐，分为"文舞"和"武舞"两种，"文舞"着重表现君王以德服天下，"武舞"主要显示国家武力强盛，其目的，除了供统治阶级享乐外，主要是为了宣传当时的"礼制"，维护统治阶级的尊严。春秋战国时代，旧的礼乐制度逐渐丧失了对新兴势力的控制作用，同时，雅乐的内容和形式也日趋僵（jiāng）化，不能满足贵族们享乐的需要，出现了所谓"礼崩乐坏"的局面。宫廷雅乐衰落了，但当时的民间歌舞，却由于与人民生活密切相关，仍然保持着旺盛的生命力，终于被引进宫廷和贵族生活中，替代雅乐的地位成了中国舞蹈艺术的主流。

秦汉以后，中国古代舞蹈艺术的发展，基本是以宋代为界，分为前后两大时期。宋代以前，舞蹈是表演艺术的主要形式。观赏舞蹈，不仅是统治阶级精神享受的重要方面，而且成了整个社会文化和社会生活的重要内容。所以，歌舞艺术得到了迅速发展，先后在汉代和唐代出现了两个高峰。汉代时，不仅政府设有专门的音乐舞蹈机构——乐府，贵族豪门也养了大批专业乐舞艺人。上至皇帝官僚，下至平民百姓，都十分喜好歌舞，歌舞之风遍及全国。当时，比较流行的舞蹈主要有袖舞、巾舞、鼓舞、剑舞、扇舞等。其表演精彩，花样繁多，极大地丰富了中国舞蹈艺术的内容、形式和表现力。可以说，流传至今的中国舞蹈的民族特色，在汉代已初步形成，现在中国传统舞蹈的各种样式、题材，都可以直接间接地从汉代找到来源。汉代舞蹈高峰的出现，把中国古代舞蹈艺术推向了成熟，为后来中国舞蹈艺术的发展打下了深厚基础。

魏晋南北朝时期，中国各民族文化大融合，继黄河流域之后，长江流域的经济、文化也发达起来，从而带来了乐舞文化的扩大。南方地区，主要是继承了汉魏时的乐舞，并采集、吸收了民间乐舞，有所发展，出现了"雅舞"和"杂舞"。雅舞用于祭祀，杂舞用于宴会。比如，著名的宫廷乐舞《春江花月夜》《玉树后庭花》等，就是由民间舞蹈发展而来的。北方地区，由于各少数民族及印度乐舞的传入，出现了中国传统舞蹈与外来舞蹈的大交流、大融合，更加重视追求舞蹈的技巧和艺术性、形式美。这些，都为后来隋唐时期中国舞蹈艺术新高峰的出现准备了重要条件。

唐代舞蹈是中国舞蹈史上的最高峰。主要体现在：第一，礼仪乐舞达到了相当高的水平，其代表是宫廷礼仪乐舞《十部乐》的出现。《十部乐》包括《燕乐》《清乐》《西凉乐》《天竺（zhú）乐》《高丽乐》《龟（qiū）兹（cí）乐》《安国乐》《疏勒（lè）乐》《康国乐》《高昌乐》。它是在隋朝《七部乐》《九部乐》的基础上完成的，集中了魏晋南北朝以来各民族及域外的乐舞，并将各种乐舞的名称、化妆、曲名、乐曲等规范化。《十部乐》的表演，场面宏伟，气氛庄严，壮丽辉煌，充满了多民族色彩，具有鲜明的礼仪性，主要是在外交、庆典、宴会等场合表演。《十部乐》不仅代表了唐代礼仪乐舞的最高水准，同时，也标志着中国各民族乐舞的交流与融合进入了新的阶段。

第二，表演性舞蹈技艺精湛、丰富多彩。唐朝的《十部乐》虽然水准很高，但毕竟是礼仪乐舞，多少显得有些死板。因此，为了满足单纯欣赏、娱乐的需要，无论是在宫廷，还是在民间，都出现了许多技艺很高，风格多样，颇具艺术感染力的表演性舞蹈。这些舞蹈，按风格特色可分为"健舞""软舞"两大类。"健舞"动作矫健，节奏明快；"软舞"柔软优美，节奏舒缓。"健舞"中，最著名的是从西域传进的《胡旋舞》《胡腾舞》《拓（tuò）枝舞》，还有《剑器舞》等。比如《胡旋舞》，舞起来以后，犹如旋风一般，左右旋转，自由奔放，刚健流畅，优美动人，曾使皇帝和朝廷上下着迷，人人都跳胡旋舞。"软舞"中，影响最大的是《绿腰》和《春莺（yīng）转》，表演者都是女子，舞姿轻盈（yíng），体态柔美，舒缓飘逸（yì），给人的是另一种风格的艺术享受。

第三，"大曲"——乐曲、歌唱、舞蹈三结合的大型乐舞的创作。大曲由"散序""中序""舞遍"（也叫"破"）三部分组成，内容丰富，规模庞大，曲、唱、舞互相交替，有机结合，颇有艺术力量，在当时宫廷乐舞中颇为流行。唐代大曲中，最有代表性的是《霓裳羽衣曲》，曲调由唐明皇创作，其中独舞由杨贵妃表演。舞蹈采用了传统的优美舞法，同时，融会了西域舞蹈中精彩的旋转技巧，加之美妙的音乐，逼真地再现了飘渺（miǎo）的天仙境界，塑造了美丽动人的仙女形象，取得了很高的艺术成就，从而成为中国舞蹈艺术史上的杰作。总而言之，唐代舞蹈集中了古今中外之大成，样式繁多，艺术高超，达到了前所未有的水平。

《胡旋舞》壁画

宋代是中国舞蹈艺术史上的转折点。宋之前，歌舞占据中国表演艺术的首位。自宋以后，由于戏曲、说书等多种艺术形式的兴起，特别是元代戏曲的繁荣，使歌舞地位遇到了挑战。于是，舞蹈作为独立的艺术走向衰落，很少再有较大的创新。但是，作为艺术园地里的品种之一，舞蹈艺术仍有其独特的欣赏价值，一直在继续流传与发展，直至近代和今天。其中，尤其是汉族的民间舞蹈和少数民族舞蹈，由于直接来源于人民的生活与创造，所以，始终异常活跃，丰富多彩，充满了生机。

20世纪30年代，西方舞蹈艺术开始传入中国，比如芭蕾舞。中华人民共和国成立以后，舞蹈艺术事业受到国家的重视，成立了许多舞蹈艺术团体及研究机构，建立了舞蹈艺术学校，扶植、培养了大批舞蹈艺术人才。中国的舞蹈艺术家和其他舞蹈工作者，通过发掘、研究、整理、改编本国的古典舞蹈、民间舞蹈、少数民族舞蹈，创作、表演了大批既丰富多彩又具有鲜明民族特色的中国舞蹈，同时，也上演了不少世界上其他民族的舞蹈。比如，中央民族歌舞团专门表演中国少数民族舞蹈，中国芭蕾舞团专门表演西方芭蕾舞，东方歌舞团专门表演亚洲其他国家和非洲、拉丁美洲国家民族歌舞。此外，中国还采取"走出去，请进来"的办法，不断加强与世界舞蹈界的交流。中国的舞蹈艺术与过去相比，事业、队伍扩大了，视野、题材、内容更广阔了，风格、样式、技巧更丰富了。目前在中国，正式加入舞蹈家协会的会员有两千余人，另外，还有大量业余舞蹈活动积极分子。在广大舞蹈工作者的努力下，中国的舞蹈艺术在继续不断探索、创新、提高。

第三节　戏剧·电影

一、戏　剧

中国的戏剧艺术基本可以分为两大类，一类是传统戏曲，另一类是现代剧。传统戏曲主要是各种古装地方戏；现代剧包括话剧、歌剧、舞剧等。

中国的戏曲艺术源于秦汉时代的俳（pái）优。到唐代，形成为参军戏。到宋代，参军戏也叫杂剧。13世纪的元代，已经相当成熟，以关汉卿的创作为代表，出现了一大批杰作。后来，不断发展、丰富，品种越来越多。至今，全国各地的传统戏曲有三百余种。如京剧、评剧、豫（yù）剧、河北梆（bāng）子、越剧、秦腔、昆曲、川剧、徽剧、粤剧等。

中国的传统戏曲是一种综合艺术。它不像西方的话剧、歌剧、舞剧那样，说、唱、舞截然分开，而是把音乐、说话、演唱、舞蹈、杂技、武术等结合在一起。因此，当一个戏曲演员十分不易，需要多方面的才能，选拔非常严格，从小就要开始培养。在表演方法上，中国传统戏曲的重要特点是虚拟（nǐ）性，也就是说，凡在舞台上难以表现的生活事物，在传统戏曲中都是用虚拟方法表现出来的。比如，用手势、身段、步法，虚拟出门、进门、上楼、下楼，以至登山、入水等动作，用一根装饰美丽的"马鞭"象征着骑马，用两面画上车轮的旗子代替乘车，演员在台上转一圈表示走了很长路程，等等。通过虚拟性的表演，观众可以理解剧情和剧中人物的行动，而剧中的自然环境和生活细节，要靠观众从演员的虚拟性表演所产生的联想来补充。了解表演方法上的虚拟性，是看懂中国传统戏曲应具备的常识。

中国传统戏曲种类繁多，似乎令人眼花缭（liáo）乱，实际上，从表演方法到服装、化妆、道具，都大同小异。那么，各种传统戏曲的区别在哪里呢？主要在于：第一，说话和演唱的语音语调不同，各用自己的地方音调；第二，唱腔和音乐伴奏不一样，各有自己的特点。这样，就形成了地方戏曲浓郁的地方特色和不同的艺术风格，欣赏起来，各有各的趣味。

在中国传统戏曲中，最有代表性的是京剧。实际上，京剧也是一种地方戏，它是在吸收其他地方戏的基础上形成的。之所以称为京剧，并成为最有代表性的剧种，是因为它18世纪末形成于清代的京城——北京。经过数代戏曲家近两百年的努力，京剧在唱腔、舞蹈、武技等方面，都取得了很高成就。加上它的说、唱接近于普通话，比较容易听懂，所以，拥有的观众比一般地方戏多，流传的区域广，在全国的影响最大。

京剧的音乐伴奏，主要是管弦乐和打击乐，具有强烈的节奏感。打击乐有锣鼓、红木、拍板，管弦乐器主要是京胡、二胡，加上弹拨（bō）乐器月琴、琵琶、弦子，以及吹奏乐器唢（suǒ）呐（nà）、笛子等。鼓手是乐队的指挥，他用两个竹制的小槌（chuí），配合演员的演唱、动作，在鼓上打出抑（yì）扬顿挫、轻重缓急的鼓点儿来，控制着整个乐队的节奏和气氛。京剧的伴奏清脆响亮，唱腔或高亢（kàng）激越，或婉转悠扬，武打精彩紧张，形成了一种既奔放又细腻的独特艺术风格。

京剧有着细致的角（jué）色分工。女角统称为"旦"，又细分为"青衣""花旦""老旦""武旦"等。男角统称为"生"，又细分为"小生""老生""武生"等。滑稽（jī）的人物，脸上画一块白色图案，称"丑"。正直豪爽或凶猛奸诈（zhà）的人物，脸上画的是彩色图案，称为"净"，俗称"花脸"。按剧中人物身份、年龄的不同，还有更细致的分类。不同类型的角色，在服装、化妆、表演上，有不同的规定，是明显夸张和程式化的。

京剧脸谱剪纸

京剧的服装，大致采用的是明代服装的样式。颜色大红大绿，黄白黑蓝，色泽鲜明，对比强烈。衣服上的图案，用金银五色彩线精工绣成，富丽堂皇，鲜艳夺目。男女角色中的帽子、头饰，尤其是"旦角"的头冠（guān），更是辉煌灿烂，光芒四射。同时，与其相对称，也有的剧中人物衣着比较朴素、淡雅。京剧的道具都是依据实际生活用具，加以提炼、装饰、美化了的。例如武器、桌椅、床帐、灯盏（zhǎn）、酒杯、盘子、碗、筷子等，每件大小道具都是精美的工艺品。所以，出现在观众面前的京剧舞台，简直就是一个色彩斑（bān）斓（lán）、琳（lín）琅（láng）满目的神话世界，令人赏心悦目。

京剧的传统剧目，保留下来的有千余种，继续在舞台上流传的有二三百种，最有代表性的剧目有《空城计》《群英会》《打渔杀家》《三岔（chà）口》《闹天宫》等。新中国成立以后，本着"古为今用，推陈出新"的方针，加强了戏曲的改革工作，整理、改编了许多传统剧目，同时，创作了不少新的历史剧和现代京剧。优秀的剧目有《白蛇传》《秦香莲》《海瑞罢官》《海瑞上书》《谢瑶环》等。当代中国，最有名的京剧表演艺术团体是中国京剧院、北京京剧院，最著名的京剧演员有"四大名旦"之称的梅兰芳、程砚（yàn）秋、荀慧生、尚小云和谭鑫（xīn）培、周信芳、马连良、裘盛戎、余叔岩、盖叫天等。除了京剧以外，其他地方戏也有许多保留、改编或新创作的优秀剧目，有许多知名的剧团和演员。

进入20世纪以后，中国受外国文化的影响，也兴起了话剧、歌剧、舞剧，其中话剧最为流行。三四十年代，一些进步文艺工作者，曾创作出一批在社会上引起很大反响的话剧，如《上海屋檐（yán）下》《雷雨》《日出》《屈原》《棠棣之花》《虎符》《丽人行》《名优之死》《法西斯细菌》等。中华人民共和国成立以后，中国话剧又有新的发展、创作、上演了大批反映革命历史题材、社会主义现实题材及历史题材的优秀剧目，如《红色风暴》《龙须沟》《西安事变》《关汉卿》《茶馆》《武则天》等。一些优秀的话剧，不但在国内演出，还被搬上了国外舞台。

目前，中国高等戏剧院校有三所，分别是中央戏剧学院、中国戏曲学院、上海戏剧学院，中等戏曲学校有八所，还有戏曲研究所、话剧研究所等研究机构。

二、电 影

电影是一种在近代科学技术基础上发展起来的综合艺术。它出现在世界上也不过一百多年，在中国的历史更短一些。但是，电影艺术却是最有影响力、成长最快的艺术，在中国也是如此。今天中国的电影已打入国际市场，在世界影坛占有一席之地。

中国的第一部电影片，是1905年在北京丰泰照相馆（今琉璃厂附近）拍摄的古装戏曲片《定军山》。中国的第一部故事影片，是1913年由郑正秋编导的无声影片《难夫难妻》。中国最早的电影企业，是1918年成立的商务印书馆的活动影戏部。尔后，各种电影公司纷纷成立，中国的电影事业开始发展起来。

中国20世纪头二十年的早期电影，艺术上幼稚（zhì），技术上落后，主要是伦理片、言情片、武侠（xiá）神怪片、侦探冒险片、滑稽逗闹片，另外还有风光片、古装片、时事片、黑幕片等。大多数影片充满了半殖民地半封建文化的色彩。当时，只有几个进步的电影工作者，拍摄了少量比较好的影片。那就是郑正秋编导的《难夫难妻》《孤儿救祖记》《上海一妇人》，洪深编导的《冯大少爷》《爱情与黄金》，田汉编导的《到民间去》等。

到了三四十年代，在左翼文艺运动的推动下，中国电影虽然经受了种种困难，但是，终于端正了方向，开始一步步走向成熟。这一时期，曾出现了几次电影创作高潮，涌现出一批优秀影片和优秀的电影编剧、导演、演员。当时比较著名的电影有夏衍（yǎn）的《春蚕》，田汉的《三个摩登女性》《丽人行》，蔡楚生的《渔光曲》，洪深的《劫（jié）后桃花》，袁牧之的《都市风光》《马路天使》，沈西苓（líng）的《船家女》《十字街头》，史东山的《八千里路云和月》，阳翰（hàn）笙的《三毛流浪记》，陈白尘的《乌鸦与麻雀》等。这些电影，无论思想上还是艺术上，都取得了较高成就，产生了强烈的社会影响。

中华人民共和国成立以后，政府加强了对电影事业的领导，电影生产条件大大改善。"文化大革命"前17年，仅故事片就生产了650部，涌现出大批优秀或比较优秀的电影，如《白毛女》《南征北战》《渡江侦察记》《董存瑞》《青春之歌》《林则徐》《五朵金花》《李双双》《早春二月》《林家铺子》《小兵张嘎（gǎ）》《舞台姐妹》《甲午风云》《地道战》等。在10年"文化大革命"中，中国的电影事业同样遭到了摧（cuī）

残，几乎走进了死胡同。

结束10年政治动乱，实行改革开放政策以后，中国电影很快复苏，进入了新的发展阶段，并出现了比较繁荣的局面。主要表现在：第一，创作思想解放了。不但继承了中国电影发展史上的优良传统，而且广泛吸收了国外电影的表现手法，在形式、技术、技巧各方面，都有许多创新。第二，反映的题材、内容范围扩大了，冲破了许多禁区，越来越多样化。第三，除了老导演、老演员外，才华横溢的中青年导演、演员不断涌现。第四，创作出了大量优秀影片，中国电影已登上世界影坛。比如，张艺谋导演与巩俐合作，先后拍摄的影片《红高粱》《菊豆》《大红灯笼高高挂》《秋菊打官司》，都在国内外的电影大赛中获奖，颇有影响。此外，优秀的影片还有《牧马人》《城南旧事》《天云山传奇》《人到中年》《芙蓉镇》《高山下的花环》《开国大典》《大决战》《周恩来》《毛泽东和他的儿子》《离开雷锋的日子》《霸王别姬》《红河谷》《生死抉择》《漂亮妈妈》《英雄》《唐山大地震》《非诚勿扰》《我不是药神》等。

改革开放40余年，随着中国经济的发展，人民生活水平的提高，电视迅速在全国普及，人们都能看到电视。于是，电视剧成了迅速崛起的艺术品种，仅1992年全国播放的电视剧就达5 000余部。影响较大的优秀电视连续剧有《西游记》《红楼梦》《三国演义》《水浒传》《杨家将》《四世同堂》《围城》《新生》《渴望》《编辑部的故事》《宋庆龄和她的姊妹们》《外来妹》《涉外保姆》《康熙王朝》《北京人在纽约》《大宅门》《激情燃烧的岁月》《铁齿铜牙纪晓岚（lán）》《刘老根》《金婚》《潜伏》《平凡的世界》《海棠依旧》《白鹿原》等。电视剧与电影属于同类艺术，电视剧可以说是电影的延长和放映场所的变更。但是，电视剧在情节容量和放映时间上，比电影有较大的灵活性，可以一两集，也可以十几集、几十集，甚至上百集。并且，在家里就可以看，不必去电影院，非常方便。电视剧的繁荣，扩大了电影艺术的天地，丰富了人们的文化生活，同时，也成了电影强有力的竞争对手，给电影事业带来了危机。在严峻的形势面前，中国电影通过改革与创新，适应市场化要求，争取了比较多的观众。

目前，中国有各类电影制片厂30多个，电视创作中心从中央到各省市更多，每年生产上千部电影故事片和电视剧。为了推动电影和电视剧的创作，有关部门定期举办优秀电影和电视片的评奖活动。中国专门培养电影人才的高等学府是北京电影学院。该校成立70多年来，已为电影界培养出了大批人才，被称为"中国电影艺术家的摇篮"。中国除国产电影外，还通过文化交流，有计划地引进和译制了大量外国影片和电视片。

第四节　曲艺·杂技

一、曲　艺

　　曲艺是中国说唱艺术的总称，它包括的品种很多，全国各地的曲艺加在一起，达三百多种。品种繁多的曲艺，从总体上可以划分为四大类：相声、鼓曲、快板、评书，其中尤以鼓曲的品种最多。

　　曲艺在中国也是一门古老的艺术。据说，早在两千多年以前，中国就有了以表演说唱为业的艺人，被称为"伶（líng）人"。不过，关于唐代以前中国说唱艺术的情况，有据可查的资料极少。最早可作考证的文物是一个"伶人俑（yǒng）"，那是在四川成都附近的东汉墓中出土的。那个伶人，腋（yè）下夹着鼓，手里挥舞着鼓槌，一条腿高抬起，从动作表情看，好像是在边敲鼓边演唱，与今天"说书"的姿态差不多，所以，人们叫它"说书俑"。虽然中国曲艺研究工作者，还不能通过更多的历史资料，说明唐代以前中国说唱艺术的情况，但这个"说书俑"表明，中国在汉代就已有了说唱艺术。

　　到了唐代，说唱艺术不但开始有了文字记载，而且有了说唱用的"脚本"，这就是敦煌出土的"变文"。"变文"本来是为讲唱佛教而写的解说词，其中穿插了一些民间故事，后来逐渐发展成了与佛教无关的说唱艺术。到宋代时，随着城市商业、手工业的发达，以"勾栏""瓦舍"为舞台的市民文化蓬勃兴起，带来了说唱艺术的迅速繁荣。一方面，涌现了大批曲艺艺人；另一方面，说唱艺术的品种也增加了，有说的，也有唱的，还有连说带唱的，大大丰富了社会的文化生活，从而奠定了中国曲艺的基础。元、明、清时，中国的说唱艺术在宋代的基础上继续发展，流行于全国各地，品种越来越丰富。

　　中华人民共和国成立以后，中国的各种说唱艺术被统称为"曲艺"。政府重视传统曲艺的收集、整理、革新工作，全国各地建立了专业曲艺团。老艺人有了充分施展艺术才能的天地，新艺人有了茁（zhuó）壮成长的良好环境，新的曲艺作品层出不穷。在中华人民共和国成立前，曲艺被视为"小市民文艺""低级文艺"，难以登上"大雅之堂"。中华人民共和国成立后，曲艺以它特殊的艺术趣味，成了最受广大人民群众欢迎的艺术形式之一。如今，凡综合性的文艺演出，一定会有曲艺节目，否则，人们就觉得好像缺了什么。

　　曲艺为什么如此受中国广大民众的欢迎呢？因为它有如下几个突出特点：

　　第一，短小精悍（hàn），灵活方便。与其他艺术形式相比，曲艺一是需要的演员少，一般仅一两个人表演；二是乐器、服装、场地简单，伴奏只要一两件乐器就可以了，有的并不需要乐器，服装、场地也没有特殊要求；三是表演时间短，一般十几分钟，评书时间虽比较长，但采取的是分段多次表演的方式，每次时间也不长。正因为如此，所以，曲艺很容易在一般民众中演出、普及。

第二，说唱为主，生动幽默。曲艺虽有动作表演，但比较少，而且简单，主要是为说唱起陪衬（chèn）作用。曲艺的表演手段，主要是通过说、唱或说唱结合来叙述故事，描绘人物，展示情节。曲艺在内容的选择、情节的安排、人物的塑造、语言的运用，以及演员的表情动作上，非常讲究生动性，富有幽默感、趣味性，对群众有强烈的吸引力。

第三，通俗易懂，雅俗共赏。曲艺的语言，有的用普通话，有的用地方话，无论哪一种，语言都既是经过高度提炼加工的，又是非常大众化、生活化的。不管是说还是唱，都容易听明白，不像戏剧语言那样，高度诗化、演唱化，不容易听懂。因此，曲艺演员通过说唱表演，很容易直接与观众交流，紧紧抓住观众的注意力。就一般人来说，不论是年纪大的，还是年龄小的，文化程度高的，还是文化程度低的，普遍对曲艺怀有浓厚兴趣。

下面，按曲艺中的相声、鼓曲、快板、评书四大种类，分别作些介绍：

1. 相声

相声艺术发源于宋代以前，最早明确使用"相声"一词，成为一种成熟的艺术形式，大概是在清代中期。中国的相声有三种：单口相声、对口相声、群口相声。单口相声是一个人说，对口相声是两个人说，群口相声是两个以上的人说。其中，对口相声最为普遍。相声是笑的艺术，幽默、夸张、讽刺，是它的主要特点。它通常是从生活中选取一些典型的人物和事情，用幽默的语言加以夸张，以讽刺为主，同时也有歌颂，使人们在轻松愉快的笑声中，受到某种启发和教育。相声的表演手段，以说为主，兼用学、逗、唱。"说"是叙述故事，描绘人物；"学"是模仿各种动作和声音；"逗"是逗乐取笑；"唱"是学唱各种曲调。这四种表演手段是相声演员的基本功。

在相声表演中，怎样才能使人发笑呢？除了说、学、逗、唱外，还有一个独特的方法，那就是"包袱（fu）"的运用。所谓"包袱"，是相声的专门术语，是一种比喻的说法。意思是说，采取种种手段，先把可笑的东西"包"起来，等时机成熟时，突然把"包袱"打开，引起听众的大笑，使人感到出乎意料之外，同时又在合乎情理之中，这叫"抖（dǒu）包袱"。"包袱"在相声中的地位非常重要，有的相声可以不要情节，但不能不要"包袱"。因为相声最引人发笑，最令人开心，所以它在曲艺中是最受观众欢迎的品种。当代中国著名的相声演员有：侯宝林、郭启儒、刘宝瑞、郭全宝、马三立、唐杰忠、马季、冯巩、笑林、李金斗、姜昆、石富宽、侯耀文、郭德纲等。

2. 鼓曲

在曲艺中，鼓曲的品种最多，占全部曲艺品种的80%。鼓曲基本可以归纳为大鼓、渔鼓、弹词、琴书、牌子曲、杂曲、走唱七大类。每一大类又有许多曲种，如大鼓类，包括东北大鼓、京韵大鼓、西河大鼓、山东大鼓等。鼓曲虽然曲种繁多，各有差别，但有三个特点是共同的：一是以唱为主，有音乐伴奏，常用的乐器有三弦、琵琶、大鼓、简板、扬琴等；二是"唱段"比较短，一个"唱段"一二百句，一次表演一个"唱段"，不过一二十分钟；三是地方色彩浓厚，用的均是地方曲调和腔调，一般仅在本地流行，比如，京韵大鼓用的是北京腔，主要在北京、天津一带流行，东北大鼓用的是东北腔，主要在东北地区流行。

3. 快板

快板包括"数（shǔ）来宝"、小快板、快板群、天津快板、快板书、山东快书等。"数来宝"一般由两个人表演，一边打着竹板一边对说。它起初在农村流传，后来进入城市。"数"是急快而有节奏地说，"来宝"是来钱的意思，"数来宝"就是一说就来钱。这一名称实际上反映了旧社会卖艺人的一种愿望。"数来宝"节奏快，顺口，押"花辙（zhé）"韵，简短灵活。小快板的特点是，更为短小精悍，生动活泼，少则几句，多则几十句，一般是群众自己搞娱乐活动时表演。快板群是两个以上的人边打快板边说。天津快板是用天津口音说。快板书只有一个人表演，篇幅比较长，在人物刻画和故事情节的曲折连贯、完整生动方面，近似评书，但比评书讲究押韵和节奏感。山东快书产生并流行于山东地区，表演时，手里打着一副鸳（yuān）鸯（yāng）板，用的是山东腔调，有故事，有人物，有情节，地方色彩浓厚，十分幽默风趣。

4. 评书

在古代叫作"说话"，宋代时最兴盛，一直流传到现在。所谓评书，就是讲述故事，故事结构比较长，由大小单元组成，环环相扣（kòu），具有连续性，需要分多次讲述。讲述的时候，不需要任何道具、音乐和化妆，全凭一个人用嘴说。评书的题材内容，讲究故事曲折生动，人物栩栩如生，情景活龙活现，讲述绘声绘色、娓娓动听。评书大部分是从小说改编的，历史题材占相当大的比重。近些年中国出现的影响比较大的评书有：《杨家将》《岳飞传》《康熙私访》《三国演义》《隋唐演义》《朱元璋》《西楚霸王》《百年风云》等。

二、杂 技

杂技是世界性的表演艺术，在中国历史更为悠久，并且具有本民族的特色。

早在新石器时代，中国大地上人类就有了杂技艺术的萌芽。比如，现代杂技舞台上经常出现的手技节目"飞技板"，是目前所知最早的杂技节目，它起源于新石器时代。那时，原始部落的人经常使用一种狩猎工具打野兽，这种工具被考古学家称为"飞去来器"。当猎手发现鸟兽后，把它抛（pāo）出去，"飞去来器"盘旋着飞向目标，如打不着，会自动盘旋着回到猎人手中。这种"飞去来器"，至今仍在非洲、澳大利亚、印度等某些部落中使用。后来，投掷（zhì）"飞去来器"的表演，成了专门的杂技节目，即今天的"飞技板"。此外还有"飞叉""拉弓""舞流星""驯兽"等，都可追溯到远古时代。那时的杂技萌芽，是与原始人类的劳动密切联系在一起的。

杂技在中国成为一门独立的表演艺术，始于春秋时期。那时，各地出现了一些杂技性的表演项目，如"力士举鼎""侏（zhū）儒爬竿""斗鸡跑狗""球上垒（lěi）球""口技"等。秦始皇统一中国以后，把六国的杂技、歌舞等艺人，集中于咸阳，统称为"角抵俳优之戏"。到了汉代，随着经济、文化的繁荣，杂技艺术也出现了高潮。那时，包括乐舞、杂技在内，统称为"百戏"。上至宫廷贵族，下至普通百姓，都流行观看"百戏"演出。据史书记载，公元前108年春，汉武帝为了招待西域各国使臣，曾在长安举行"百戏"会演。演出的节目有"角抵""爬竿""走大绳""抛键""弄丸""钻火圈""倒立""车戏""马戏""幻术"等，花样丰富无比。1954年，在山东沂南东汉墓的挖掘中，发现了一块石刻的"百戏图"，图上十分生动地再现了汉代杂技演出的精彩热闹场面。这说明在汉代中国的杂技已达到了相当高的水平，已作为一种成熟的表演艺术登上了历史舞台，并且进入了繁荣阶段。

隋唐时代是中国杂技艺术的又一繁荣时期。隋炀帝每年春节都集合杂技艺人到京城演出，招待各国贵宾。据史书记载，610年，有一场招待突厥（jué）可（kè）汗（hán）的"百戏"，动用了三万多人参加，规模浩大，场面壮观，音乐响彻数里，盛况延续了半个月。盛唐时，宫廷艺人数以万计，其中也包括杂技艺人。唐玄宗李隆基经常举办宴乐活动，总是以大规模的杂技、"武马"、"驯犀（xī）牛大象"为压轴（zhòu）戏，他还亲自驯"武马"，能让一百匹骏马同时起舞。

中国的杂技从民间产生，尔后进入宫廷，走向鼎盛。从宋代开始，由于戏剧的兴起，杂技在宫廷里的地位开始衰落，艺人们逐渐变成了自谋生路的民间艺人，一般只在"勾栏瓦舍"或村头巷（xiàng）尾演出。在新的情况下，杂技出现了许多小巧玲珑的形式。一直到近代，中国的杂技基本是沿着小型多样的方向发展。杂技艺人的地位，特别是近代，越来越低，绝大多数是依靠卖艺谋生。在十分困苦的境况下，杂技艺人们虽然有不少新的创造，但也有许多古代优秀节目失传了。

中华人民共和国成立以后，中国的杂技重新振兴。1950年，成立了第一个国家杂技团——中国杂技团。不久，中国杂技团代表新中国的杂技艺术出访欧洲各国，受到了国外观众的热烈欢迎。尔后，中国各省市也纷纷成立了杂技团。其中，成立比较早，至今闻名的杂技团有上海杂技团、广州杂技团、武汉杂技团、重庆杂技团、沈阳杂技团、西安杂技团等。目前，中国共有县以上专业杂技团一百多个，杂技工作人员约十万人，其中专业人才近万人。除了专业杂技团外，许多地方还成立了业余杂技团体或由民间艺人组成的杂技团体。比如，河北省有个吴桥县，被称为中国的"杂技之乡"。那里的人历来有练习、表演杂技的传统，至今每年都举行杂技会演。有不少家庭是"杂技世家"，几代人、全家人都会表演杂技。这个"杂技之乡"，为中国杂技界培养、输送了许多杂技人才。总之，中华人民共和国成立以后，在政府的支持下，中国的杂技队伍壮大起来了，中国的杂技艺术不但获得了新生，而且走上了新的繁荣，成为对外文化交流、弘扬中华民族优秀文化的重要渠道。

现今中国的杂技艺术，在形式和内容上，首先去掉了过去那些过于残忍、恐怖的节目，如"吞刀""吊小辫（biàn）儿""滚钉板""油锤（chuí）贯顶"等。同时，对传统节目进行了发掘、整理和改造，增加了新的花样与技巧。原来的"走大绳"，已发展成为更能显示巧、难、险特点的"走钢丝"，演员的技巧也由20世纪50年代的在绳索上前翻身，发展到后来的连续前翻身、后翻身、空翻、大旋转体等高难动作。原来的"五案"，是在5层叠（dié）起的桌子上表演各种动作，发展成在7层或10层斜叠的椅子上完成难度很大的造型。原来的"转碟（dié）"，是双手转4至6个碟子，已增加到转12至14个碟子，并能同时做"翻跟头"等高难动作。口技表演由原来的只有30余种，已发展到100多种。还有"钻圈""顶碗""耍（shuǎ）花坛""耍流星""手技""车技""顶杆""蹬技"等，表演技巧都在继承传统的基础上，有了新的变化和提高。另外，还增加了许多新的节目，如"空中飞人""大跳板""蹦（bèng）床飞人""高车踢（tī）碗""集体车技""对手滚杯""飞车顶杆""蹬弓造型"，等等。目前，中国的杂技节目已发展到数以百计，而且在舞台美术、服装、音乐伴奏等方面，也都有提高与创新。

> **思考题**
>
> 1. 请介绍一下中国的书法和绘画。
> 2. 请说说中国的音乐和舞蹈。
> 3. 请介绍介绍中国的戏曲与电影。
> 4. 请谈谈中国的曲艺与杂技。

第十二章　中国的习俗

第一节　婚姻家庭

婚姻产生家庭，家庭构成社会的细胞（bāo）。婚姻与家庭是社会的窗口，它集中、真实地展示着一个民族的习俗。所以，一个人到了外国，很想、也很需要去那个国家的家庭看一看。这是直接了解和感受一个民族、一个地方生活情况与风俗习惯的好方法。

一、婚　姻

中国的婚姻与家庭经历了漫长的演变过程。在封建社会，实行的是包办婚姻制度，即"父母之命，媒妁（shuò）之言"。就是说，青年男女的婚姻大事，自己无权决定，完全遵照父母的意志。父母决定的婚事，青年男女不同意也没有办法。父母不同意的话，青年男女互相无论怎样满意，也不能成婚。

中国早在西周时期，就对婚姻程序有严格的规定。发展到汉代，形成了一套完整的程序，称为"六礼"，从而成为中国汉民族几千年的婚俗。什么是"六礼"呢？就是男女结为婚姻关系的六个步骤：

第一步，纳彩。纳，是希望接纳，彩，是选择的意思，纳彩就是求婚。这个礼节，是男家托媒人带着礼物到女家去求婚，若女家不收他的礼，就等于拒绝了。

第二步，问名。纳彩通过以后，男家要写好红帖（tiě），请媒人带着红帖和礼物到女方家，把女方的姓名、出生年月时辰写回来。

第三步，纳吉。由于娶亲是为了整个家庭，所以男家要拿写回的女方的姓名、出生年月时辰，在自己家的祖宗牌位前算

喜帖

卦（guà）。结果无论"吉"与"不吉"，都要请媒人带着礼物向女家通报。

第四步，纳征。如果算卦的结果好，男家要准备一份比较重的彩礼，作为聘礼请媒人给女家送去，算是正式订婚。

第五步，请期。婚姻关系定下以后，男家就要选个吉利的迎妻日子，并把选定的吉日写好，请媒人带着它和礼物到女家去。如果女家不接受男家定的日子，就要改期。所以说"请期"就是请对方决定，有商请的意思。

第六步，亲迎。到了结婚日，新郎要亲自和媒人带着礼物去女家。先拜谒（yè）新娘的父母，再拜见新娘家的祖先祠（cí）堂，献上礼物，然后请新娘上车。到了男家，新郎要先等在门外请新娘下车、进屋。到这个时候，"六礼"就算完成了，妻子也才算真正娶到了家里。

从"六礼"的整个过程我们看到，除了最后的"亲迎"，男女当事人双方一直不见面，自己根本没有参与的权利，完全是由父母决定，由媒人在中间穿梭（suō）似的进行。按照这样的程序结为婚姻，才叫作"明媒正娶"。否则，男女直接见面，自由恋爱，就被认为是"伤风败俗""行为不轨"，要承受来自家庭与社会的极大压力，甚至受到严厉的惩罚。这种封建包办式的婚姻，男女双方根本就没有恋爱基础，只有到结婚那一天才相识。因此，只好听从命运安排，"嫁鸡随鸡，嫁狗随狗"。

在中国的封建社会，婚姻不但由父母包办，严格按照"六礼"进行，而且等级森严，强调"门当户对"。就是说，地位高的人家要找地位高的人家，地位低的人家要找地位低的人家，富的找富的，穷的找穷的，否则，就是"门不当，户不对"。为此，许多青年男女，虽真诚相爱，却由于不是门当户对，遭到了家长的强烈反对，不但不能喜结良缘，反而可能闹出人生悲剧，成为封建婚姻制度的牺牲品。

另外，在社会极不平等的中国古代，男女极不平等，妇女地位十分低下，存在着买卖婚姻、纳妾（qiè）、逼婚、抢婚等现象。有势力、有地位、有钱的男人，可以任意霸占民女，可以娶几个老婆，妻妾成群。封建帝王更是拥有"三宫""六院""七十二嫔（pín）妃（fēi）"。而女子呢？不仅没有自由选择丈夫的权利，也没有再婚的权利，一旦丈夫死了或被丈夫遗弃了，必须终身守寡，不能另嫁他人。

中国封建的婚姻制度与习俗，一直延续到近、现代社会。因此，在中国近代以来的革命史上，提倡婚姻自由、男女平等，反对包办婚姻、压迫妇女，争取妇女解放，一直是革命的重要内容。

中华人民共和国成立以后，1950年4月13日，中央人民政府委员会公布了《中华人民共和国婚姻法》。第一条就明确规定："废除包办强迫、男尊女卑、漠视子女利益的封建主义婚姻制度。实行男女婚姻自由、一夫一妻、男女权利平等、保护妇女和子女合法利益的新民主主义婚姻制度。"这部婚姻法，标志着在中国延续了几千年的封建婚姻家庭制度被彻底废除，新型的婚姻家庭在法律保护下建立起来。1981年1月，在1950年婚姻法的基础上，中国又颁布了新的婚姻法，作了适当的修改、补充，把结婚年龄从男20岁、女18岁提高为男22岁、女20岁。2021年1月，民法典颁布，进一步强调了原来的规定。

在婚姻自由、男女平等的原则下，当代中国男女的婚姻关系是怎样建立起来的呢？主要通过以下几种方式：

第一种，直接认识，自然相爱。由于或是同学、或是同事、或是其他关系，两人有机会经常相处，互相比较了解，自然而然产生感情，经过一段恋爱期，正式结婚，成为夫妻。

第二种，他人介绍，自己选择。本来素不相识，因到了找对象的年龄，经过亲戚或朋友、同事介绍，双方觉得条件合适，同意进行接触。经过一段交往，互相觉得满意，建立起恋爱关系，最后结婚。当然，也有的见过面或交往一段后，觉得不合适中断了交往，这就是通常所说的"吹了"。

第三种，偶然相识，一见钟情。就是说，在社会交往过程中，偶然碰到了自己喜欢的人，建立起联系，通过恋爱阶段，结为良缘。随着中国社会的改革开放，舞会、音乐会、体育、旅游等活动日益丰富，为青年男女们提供了更多的相识机会，不少人就是在交际场所物色到对象的。

第四种，面向社会，公开征婚。有的人，因年龄或其他原因，通过以上三种方式选择对象的机会很少。于是，就到婚介公司或报刊、电台登记，面向社会公开征婚。近些年，随着现代传播工具的发展和普及，还出现了"电视红娘""电脑红娘"等。

第五种，沿袭旧俗，父母包办。这是旧社会留下的残余，主要发生在少数经济文化落后的地区，甚至还有个别地方，存在着买卖婚姻等现象。

以上五种方式中，最普遍的是前两种，第三、四种正在发展，第五种属于极少数。

那么，当代中国青年男女选择对象的标准是怎样的呢？一般来说，除了感情上的需要外，主要是考虑以下一些方面：长相、职业、学历、品行、性格、收入、家庭。男方的要求，侧重于女方长得比较漂亮或端庄，性情温柔，能体贴人，个子不要高于自己，年龄不要大于自己。女方的要求，侧重于男方职业好，个子比较高，有较高或一定学历，经济收入较多，思想正派，身体健康，事业心强。人们普遍是将自己的条件和对方作比较，按自己的要求去衡量对方。如果两个青年男女各方面的条件和要求差不多，那么，恋爱结婚的成功率就比较高。比如，两个人都是大学毕业生，性格相投，长相般配，家庭背景也差不多，那么他们一旦谈上恋爱，很容易成功。但也有例外的情况，两个人的条件虽然有一定差距，但是，各能符合对方的要求，婚姻也能成功。比如，有的男性知识分子，事业心很强，但长相一般，他们并不要求女方也有相当的学历，只要人长得比较好，善良温柔，善于料理家务，能理解并支持自己的事业就行。而女方呢？想找一个学历高、职业好、品行端正的男子，自己虽然长得比较漂亮，但并不强调男方的长相，她本人的条件正好符合男方的要求。在这种情况下，两人的婚姻也容易成功。当然，工人、农民、知识分子、军人等，不同职业、身份、层次的人，加上时代和社会风气的影响，在要求上会有不同的侧重，具体情况很复杂。

当代中国，由于法律规定恋爱自由、婚姻自主，因而，青年男女选定恋爱结婚对象，基本是自己做主。同时，一般也征求父母的意见，因家长不同意而"吹了"的情况也有。

世界上的结婚形式主要有三类：礼仪结婚、宗教结婚、法律结婚。中国古代实行的是礼仪结婚，程序复杂。当今社会，结婚程序大大简化了，关键是要履行法律手续。即结婚的男女双方一定要一起去当地有关部门进行结婚登记。领取了结婚证以后，就是合法夫妻了，否则，便不合法。

领取结婚证以后，一般都要举行结婚仪式，形式大概有这样几种：

第一，举办喜宴。在饭店或家里，摆上若干桌酒席，请亲戚、朋友等吃饭、喝喜酒。在宴会上，举行结婚仪式，新郎、新娘给客人斟（zhēn）喜酒、点喜烟，大家向新郎、新娘敬酒，喜气洋洋，热闹非凡。喜宴的程序与规模没有统一规定，从社会舆论来讲，提倡节约从简，反对大摆排场、挥霍（huò）浪费。这种形式一般在普通市民和农民中比较流行。

第二，举行茶话会。结婚时不举行宴会，只是将朋友和同事们聚集在一起，买些糖、水果、香烟等，举行个简单的婚礼仪式。然后，大家热闹热闹，表示恭贺。比如：让新郎新娘谈谈恋爱经过，表演节目，等等。该种形式比较简便、节约，改革开放以前一般在机关干部和知识分子中比较流行。

第三，集体婚礼。由工作单位或有关群众团体、部门出面举办，几对或十几对、几十对新郎新娘同时举行结婚典礼，发一些纪念品，进行唱歌、跳舞、联欢等。该种形式既简便、节约，又气氛庄重、浓厚，但组织的机会比较少。

第四，旅行结婚。即新婚夫妇利用结婚的假期去外地旅行，回来便算结婚。有的在旅行前举行个简单的婚礼，有的则不举行什么婚礼，只是旅行回来后，给亲戚、朋友、邻居、同事送些喜糖。这是近些年兴起的一种结婚方式，既简便，新婚夫妇又可以得到休息和娱乐。

近些年，随着市场经济的活跃，国民收入的不断提高，又兴起了隆重举办婚礼的风气，也有的将前面介绍的某几种形式结合起来进行。同时，社会上的婚庆公司应运而生，专门为举办婚礼提供规范、全面的"一条龙"服务。

二、家　庭

在中国，家庭类型一般分为四种：一，单身家庭，只有一个人生活；二，核心家庭，夫妻二人及未婚子女在一起生活；三，主干家庭，除夫妻和未成年的孩子外，还有老人，三代或四代人一起生活；四，联合家庭，一个大家庭有两代以上，同一代中又有两个或两个以上小家庭，大家共同在一个大家庭中生活。

中国的家庭规模，呈现的是逐步缩小的趋势。在古代，三代同堂的主干家庭或多代同堂的联合家庭比较多，家庭越大，人口越多，越显示家族兴旺，所以，地主、官僚等富贵阶层，家庭人口多达几十人。后来，随着社会的发展，封建传统式的联合家庭逐渐解体，核心家庭和主干家庭多起来了。现代中国，由于老人的经济生活有了保障，加上住房紧张、观念变化等原因，子女结婚以后，一般都与父母分开居住，所以，绝大多数家庭是核心家庭，即夫妻加上孩子的小家庭，三代同堂的传统式家庭，比例越来越小。

现代中国社会，早已打破了男尊女卑的传统观念，彻底改变了过去那种女子依附于男子的状况，真正实现了妇女解放，男女平等。女人与男人一样，具有同等的地位，被称为是社会的"半边天"。在家庭内部，家庭事务由夫妻双方商量决定，家务劳动由夫妻共同承担，从而形成了新型的夫妻关系和家庭气氛。

中国人受传统道德的影响，家庭观念非常强，特别重视夫妻感情和家庭稳定，离婚率较低，20世纪80年代一直占结婚数的1%左右。近些年来，随着社会的改革开放，市场经济的发展，人们的观念也在发生变化，加上其他一些原因，离婚率不断上升。如果夫妻感情确实已经破裂，无法恢复，经法院调查、判定或双方协议，可以办理离婚手续。再婚，无论是中青年人还是老年人，已不再被认为是不体面的事情。

按照中国法律规定，孩子长大结婚，建立了自己的家庭以后，有赡（shàn）养老人的义务。赡养老人的方式基本有两种：一种是直接赡养，即老人与子女生活在一起，这是一种传统的形式；另一种是间接赡养，老人单独居住、生活，但是，费用由子女提供。当代中国，城市中有工作的老人，一般都有退休金，基本生活费有保障。在农村，没有退休制度，许多地方逐步建立了社会养老保险制度，但存在保障水平低和覆盖面不够等问题，老人主要是依靠子女养老。无论是城市还是农村，即使已结婚的子女与老人分开居住、生活，或老人在经济上不依靠子女，按照中国人的伦理道德，子女也应孝敬父母，经常看望、关照老人。许多年轻夫妇，因为孩子比较小，还要依靠老人照看孩子，与老人的关系就更密切些。所以，从总体来看，中国的老人在生活上、精神上是安定的，与已婚子女的关系是密切的。

家庭问题当中还有一个重要问题，那就是对孩子的培养、教育。中国自实行严格的计划生育政策以来，独生子女日益增多，而且，随着经济的发展，生活水平的提高，家庭条件越来越好。社会的普遍现象是，家长对孩子的期望值高，希望孩子从小就聪明、爱学习，成绩好，能顺利地念小学、上中学、考大学，有本事，有前途。所以，非常重视对孩子的培养，使孩子从小就参与激烈的竞争。城市里的不少家长，除了督促孩子在幼儿园和学校好好学习外，还另外花钱让孩子参加绘画、音乐、舞蹈、体育、外语等各种业余学习班，或请家庭教师。优越的条件，严格的要求，精心的培育，使中国儿童的素质大大提高。但是，也出现了一些新的问题，比如溺（nì）爱、娇惯孩子，造成孩子任性、唯我意识强，缺乏吃苦、节俭精神，以致成为"小皇帝"，等等。

总而言之，当代中国的婚姻与家庭，已与从前大不相同了，过去那种呆板、不自由的封建式婚姻与家庭，已经被自由、幸福、新型的婚姻与家庭所代替，它从一个侧面反映了中国社会的进步。

第二节　节庆假日

每个国家与民族都有自己各种各样的节日，它是一个国家与民族习俗的重要组成部分，体现着一个国家与民族的特色。中国民族很多，节日也很多，这里按一年中的时间顺序，简单介绍一下全国性的节庆假日。

1. 新年

公历1月1日，又称元旦。这一天是新一年的开始，全国放假一天，加上就近的双休日，连休3天。报纸一般发表元旦社论或新年献词，回顾过去的一年，展望新的一年，明确新的任务。电视台、影剧院等专门安排欢庆新年的文艺节目。

2. 春节

农历正月初一（公历1月下旬至2月中旬之间），也叫旧历年。这是中国各民族最重视、最欢乐的传统节日，全国放假3天连休7天。中国从三千年前开始，一直沿用的是农历（也称阴历、旧历），那时把农历的一月一日称为新年。20世纪初，中国采用了世界通用的公历，因而把公历1月1日叫作新年，把旧历的新年改称为"春节"。"春节"预示着冬天即将过去，春天快要来临，人们祭祀天地鬼神祖先，祈祷五谷丰收，万事如意。

每年一到农历十二月（又称"腊月"），春节的气氛就渐渐浓厚起来了。按照传统习俗，十二月初八喝"腊八粥"。所谓腊八粥，是用大米、小米、糯（nuò）米、高粱米、红豆、枣、核桃仁、花生米等煮成的粥，有"五谷丰登"的含义。十二月二十三日，是祭灶（zào）王神的日子,在厨房墙上贴着的灶王神像前供上麦芽糖。据说,灶王神吃了之后,上天宫报告时,会为这家人说几句好话，带来好运，这就是中国人过去常说的"上天言好事，回宫降吉祥"。

春节时，农村喜欢贴年画，清扫装饰屋子。年画各种各样，过去多是"胖娃娃抱鲤鱼""赛龙舟"什么的，现在，电影明星及风景画等多起来了。同时，还要在门上贴对联和"福"字，对联用红纸、毛笔写，一是营造过节气氛，二是表达对美好生活的祝愿。

春节的前一夜，即农历十二月二十九日或三十日晚上，叫作除夕。全家团聚，吃丰盛的晚餐——"年夜饭"。吃完年夜饭，全家围坐欢谈，或做游戏，有的一夜不睡觉，叫守岁。自电视机普及以后，每到除夕晚上，中央电视台及各省市电视台都要播放春节晚会特别节目。春节晚会节目是精心准备的，非常精彩，有许多明星演员出场，一直演到深夜，几乎全国所有的人都要观看，十分开心。到了深夜十二点时，千家万户鞭炮齐鸣，如同暴风骤雨，象征着辞旧岁、迎新春，使春节气氛达到了最高潮。据传说，古代人认为疫（yì）病是山鬼闹的，于是用火烧竹子驱逐山鬼，竹子受热爆开，发出声响，故称为"爆竹"。后来，放爆竹主要是用来表达人们欢乐的心情。自从火药发明以后，爆竹改用火药制作。现在，爆竹的种类繁多，不仅发出爆响，还喷出漂亮的烟火，光彩夺目。不过，近些年在北京、上海等大城市，为了防止火灾和污染，已对燃放爆竹有一定限制。

除夕放爆竹图

农历一月一日，也叫大年初一，这一天伊始，北方人家家户户吃饺子，叫"更岁交子"。南方人吃年糕、汤圆，表示"年年升高""全家团圆"。初一以后，人们开始走亲访友，进行"拜年"活动。春节期间，在家庭亲戚中，大人要给未成年的孩子"压岁钱"。

3. 元宵节

农历正月十五日，也叫"灯节"。这是春季后的第一个月圆之夜。过元宵节，有吃元宵和观灯的习俗。元宵是把糯米面揉成圆形，里边放上糖馅儿，象征着"团圆"。元宵节观赏彩灯，始于1世纪，汉明帝时提倡佛法，下令在元宵节点灯祭佛，此后，京城和民间都有放灯活动，叫"灯会"。到了7世纪的唐代，灯节规模更大，皇帝下令这一夜撤去宵禁，人们可以通夜在街上观赏花灯。

到了近代，元宵节观灯仍在各地盛行。每到元宵节之夜，许多城市举行灯会，展出的各种彩灯造型新奇，千姿百态。有的灯会还把谜

元宵节打灯图

语挂在彩灯上，让赏灯者猜，更增添了情趣和热闹气氛。有些地方，特别是农村，还举行别的娱乐活动，如放焰火、踩高跷（qiāo）、耍龙灯、耍狮子、扭秧歌等。

4. 三八妇女节

公历 3 月 8 日，这是国际妇女斗争纪念日。1908 年 3 月 8 日，美国芝加哥的妇女们，因要求男女平等权利而举行示威；次年在丹麦哥本哈根召开的国际第二次社会主义者妇女大会上，决定将这一天作为国际妇女节。中国妇女这一天放假半天。

5. 清明节

公历 4 月 5 日前后，是扫墓日，全国放假一天，加上就近的双休日，连休 3 天。人们一般到亲人和革命烈士的墓前或纪念碑前扫墓、献花，以表示悼念。

6. 五一国际劳动节

公历 5 月 1 日，是全世界劳动人民的节日。1886 年 5 月 1 日，美国芝加哥等地工人举行大罢工和游行示威，反对资本家的残酷剥削，要求实行 8 小时工作制，经过流血的斗争，取得了胜利。1889 年在巴黎召开的第二国际成立大会上，将 5 月 1 日定为国际劳动节。中国这一天全国放假，加上双休日连休 3 天。

7. 五四青年节

公历 5 月 4 日。1919 年，在中国发生的具有划时代意义的反帝反封建的五四运动中，青年发挥了先锋作用。为了使青年继承和发扬光荣传统，规定这一天为中国的青年节。中国 14 至 28 周岁的青年这一天放假半天。

8. 端午节

农历五月初五，公历 6 月份。这个节日，传说是为了纪念中国古代伟大爱国诗人屈原。屈原因反对楚国的腐败，要求改革，遭到打击、陷害，被楚王流放。公元前 278 年，楚国被秦国打败，屈原非常悲愤，于该年五月五日在湖南汨罗江投江自杀。屈原死后，江边百姓怀着悲痛的心情，纷纷划着船打捞屈原的尸体。而后每到这一天，人们就要在江河上划龙舟，以表示对屈原的悼念。后来，划龙舟变成了民间的体育竞赛活动。龙舟是一种装饰有龙形雕饰图案的木船，比赛的时候，许多龙舟在锣鼓声中竞赛着前进，场面十分壮观。端午节全国放假一天，加上就近的双休日，连休 3 天。

端午节吃粽子，也与屈原有关。传说屈原投江后，每到五月初五，人们就用竹筒装上米投入江中祭祀他。后来有人在江边遇到屈原，屈原说："你们给我的食物，都被龙抢去了，以后可改用艾叶塞筒，并系（jì）上五色彩线，龙最怕的是这两样东西。"从此以后，人们就用竹叶包上糯米做成粽子来纪念屈原。如今，粽子已成为这一节日的传统食品，每年到了端午节前后，家家包粽子，街上卖粽子。

9. 六一儿童节

公历 6 月 1 日，这是全世界儿童的节日。1949 年，国际民主妇女联合会为保护全世界儿童的权益，反对对儿童的残害，在莫斯科举行的会议上，决定 6 月 1 日为国际儿童节。这一天，中国全体儿童举行庆祝、娱乐活动。

10. 七一建党节

公历 7 月 1 日。1921 年 7 月，中国共产党在上海召开第一次全国代表大会。1941 年，中共中央决定将 7 月 1 日作为中国共产党的诞生纪念日。每年这一天，举行纪念活动，报纸上发表纪念文章。

11. 八一建军节

公历 8 月 1 日。1927 年 8 月 1 日，中国共产党联合国民党左派，在江西南昌打响了武装反抗国民党反动派的第一枪，领导人有周恩来、贺龙、叶挺、朱德等。起义部队于次年 4 月到达井冈山，与毛泽东率领的湘赣边界秋收起义部队会师，组成了中国工农革命红军第四军。从此，中国共产党有了自己独立领导的武装力量，后来把这一天定为中国工农革命红军和中国人民解放军的建军节。

12. 中秋节

农历八月十五日。这一天居秋季的中间，所以称为中秋。据考证，中国古代帝王就有春天祭日、秋天祭月的仪式，在民间也逐渐形成了拜月、祭月的习俗。每逢中秋，人们用精制的糕饼即"月饼"祭奉月神，祭奉之后，全家人分着吃，表示全家团圆欢聚。该种风俗一直流传到今天。月饼一般用面粉、油、糖和果料制成，形状是扁圆形的，香甜松软，品种很多。现在，常常作为节日礼品，馈（kuì）赠亲友。

中秋节的晚上，是月亮最圆最明亮的时刻，全家人在皎（jiǎo）洁的月光下坐在一起，一边吃月饼、葡萄、梨、苹果等，一边观赏月亮，非常轻松愉快。如果是远离自己的亲人、家乡、祖国，此时望着圆圆的明月，会格外怀念。唐代诗人李白有一首十分有名的诗："床前明月光，疑是地上霜。举头望明月，低头思故乡。"表达的就是此时此刻的情景，真挚（zhì）动人。中秋节全国放假一天，加上就近的双休日，连休 3 天。

13. 十一国庆节

公历 10 月 1 日，中华人民共和国成立纪念日。1949 年 10 月 1 日，毛泽东主席在北京天安门城楼宣告中华人民共和国成立，中国从此进入了新的历史阶段。尔后，每到10月1日这一天都要进行庆祝，有时还要在天安门前举行阅兵式等。国庆节全国放假3天连休7天。

此外，全国性的节日还有教师节（公历9月10日）、重阳节（农历九月初九）等。中国少数民族很多，除了全国性的节日，各少数民族都有自己的节日，比较有名的有：广西壮族的歌圩（xū）节（农历三月初三），云南傣族的泼水节（清明节后的第7天），藏族的藏历年（藏历一月一日），彝族的火把节（农历六月二十四日），瑶族的达努节（农历五月二十九日），蒙古族的那达慕大会（农历六月初四），伊斯兰教的回、维吾尔、哈萨克等民族的古尔邦节（伊历十二月十日）等。

从以上看出，中国的节日可分为四类：第一类是传统节日，是几千年、几百年延续下来的，来历都有民间传说或历史故事，一般与鬼、神、天、地联系在一起，如春节、清明节、端午节、中秋节等；第二类是近现代节日，是为了纪念中国近现代史上的某一个重大事件，鼓舞民众的革命精神，如五四青年节、七一建党节、八一建军节、十一国庆节等；第三类是国际节日，如三八妇女节、五一劳动节，六一儿童节等；第四类是各少数民族的节日。以上这些节日每年轮番出现，各种纪念、庆祝、祭祀活动接连不断，形成了一种特殊的民俗气氛。

第三节　饭菜酒茶

一、饭　菜

中国是个古老而文明的国家，早在几千年前，就开始研究并掌握了很高的烹（pēng）调技术，加上地域广大，各地自然条件差别明显，物产丰富，各地的饮食习惯很不一样，因而，中国的饭菜种类繁多，鲜美可口，闻名世界。

中国人的主食，以大米和面粉为主。南方人喜欢吃大米以及用米粉做的食品，比如米饭、米线、年糕等。北方人喜欢吃面食，比如馒头、烙饼、包子、花卷、面条、饺子等。中国人的副食，以猪、鱼、鸡、鸭、牛、羊肉和蔬菜、豆制品为主。但是，由于各地口味不同，在做法和味道上，比主食差异大得多，一般有"南甜、北咸、东酸、西辣"的说法，即：南方人喜欢吃甜的，北方人喜欢吃咸的，山西人喜欢吃酸醋，四川人喜欢吃辣椒。

中国人的就餐习惯是一日三餐，讲究"早上吃好，中午吃饱，晚上吃少"。日常的饭菜比较实惠，节假日的饭菜比较丰盛。中国的饭菜风味，可分为"四大菜系"，即：黄河下游的山东菜系（鲁菜），长江上游的四川菜系（川菜），长江中下游及东南沿海的江苏、浙江菜系（苏菜），珠江及南方沿海的广东菜系（粤菜）。更细地分，又可分为"八大菜系"，即山东菜、湖南菜、四川菜、福建菜、广东菜、江苏菜、浙江菜、安徽菜。每一个菜系又可分出许多流派，比如广东有广州、潮州、东江三个流派，山东有济南、胶东两个流派，等等。据统计，全国各地各种风味的饭菜，加在一起约有五千多种。

中国的"四大菜系"各有明显特色。山东菜味道比较咸，同时也注意清淡、柔软。红鳞鱼是山东名胜泰山深池里的特产，"干炸红鳞鱼"是山东名菜，颜色金黄，味道新鲜。此外，"糖醋黄河鲤鱼"，德州的"脱骨扒鸡"，青岛等沿海城市用海产做的"油爆海螺（luó）""炸蛎黄"等也很有名。山东菜的汤很有特点，用清汤做的"清汤燕窝菜"，用奶汤和济南特产蒲（pǔ）菜、茭白等做的汤，色、香、味俱佳，在宴会上很受欢迎。

四川菜的特点是麻辣味儿浓厚。因为四川气候潮湿，自古以来，做菜一定少不了辣椒和姜。比如"鱼香肉丝""宫保鸡丁""干烧鲫鱼"，尽管各有味道，但都有一种共同的辣味。极普通的豆腐，可以做出"肉末豆腐""麻婆豆腐"等各种辣而好吃的菜。特别是"麻婆豆腐"，非常有名，是很早以前成都一个陈姓店主的妻子创制的，吃的时候具有麻、烫、酥（sū）、嫩的特殊味道，冬天吃最佳。

江（苏）、浙（江）菜以煮、炖（dùn）、焖、煨（弱火）的做法为特长，调味少，强调原材料的本来味道，浓淡相宜，甜味多一些。江浙的名菜有："鸭色鱼翅（chì）""扒烧整猪头""水晶肴（yáo）肉""清蒸鲥（shí）鱼""西湖醋鱼"等。

广东菜以煎、炸、烧、烩为主，强调鲜、嫩、爽、滑，食材丰富，甚至鸟、虫、蛇等都可用来做菜。广东菜最有名的是蛇菜，已有两千多年历史，尤其是"龙虎斗"，驰名中外。它的主要材料是三种毒蛇和貉（hé），配上了二十几种调料，经过几十道工序做成，是兽肉菜中最高级的菜，具有极高的营养价值。

除了以上"四大菜系"外，北京也有很多地方名菜。最有名的是北京烤鸭，开始于明代，已有六百多年历史。现在北京烤鸭店的老字号"全聚德烤鸭店"，创建于1864年，创始人叫杨全仁，到了他儿子时，成为全国有名的烤鸭店。北京烤鸭是用特殊的材料（北京填鸭）、燃料（枣木）、作料和特殊的方法做成的，吃法也特殊，别有风味。北京的宫廷饭菜也很出名，那是过去供皇室成员吃的饭菜，不仅技术精细，而且材料珍贵，都是熊掌、燕窝、鹿肉、鸭蹼（pǔ）、海参等山珍海味。古时候，负责给皇宫准备饭菜的地方叫"御膳（shàn）房"。现在的北京，宫廷饭庄有两处，一处是北海的"仿膳饭庄"，另一处是颐和园的"听鹂馆"。北京还有"涮（shuàn）羊肉"，也叫"火锅"，把切得很薄的羊肉片夹到水滚沸的火锅里烫熟，然后蘸（zhàn）作料吃，也是别有风味，适合冬天吃。

总而言之,中国有名又好吃的饭菜非常多,不管是哪一系统,哪一种类,都讲究四个字:色、香、味、形。在这几方面要达到很高的水平,并千变万化,主要决定于以下五个因素:一是材料的选择,二是刀切的方法,三是火候的掌握,四是调料的搭配,五是烹调的方法。中国饭菜的做法与吃法,好像是一部艺术全书,不仅可以满足人们的食欲,而且构成了中国文化的一个组成部分。

当然,中国人平常吃饭,不可能像以上说的那么讲究,但基本特点是一致的。中国人喜欢在家里招待客人,除了表示对客人的热情之外,也是为了让客人品尝一下主人亲手做的中国饭菜的味道。

二、酒·茶

酿酒坊

中国人在几千年以前就有饮酒喝茶的习惯,并有很高的酿酒制茶技术。今天,酒与茶在中国人的生活中仍占有重要位置。

据说,中国是从夏朝开始造酒的。历代的帝王将相、英雄豪杰、文人墨客,几乎没有不喜欢喝酒的。酒在古人的物质生活、精神生活、社会交往中,起着重要作用。就拿成语来说,带"酒"字的特别多,比如"借酒赋诗""借酒抒(shū)怀""借酒消愁""以酒助兴""以酒壮胆""以酒壮行"等。诗句"李白斗酒诗百篇",是说唐代大诗人李白一喝酒就诗兴大发,出口成篇,喝的酒越多,作的诗越多。唐代另一位诗人杜牧有一句诗"借问酒家何处有,牧童遥指杏花村",表明酒家很多,随便一问就可以找到。由此可见,中国古代喝酒是多么盛行!如今,饮料的种类多了,中国人调节精神的方式更多样化了,但喝酒仍很普遍,特别是节假日及亲友相聚的时候,总离不开酒。

中国的传统酒主要是白酒,酒性强烈,一般都在五六十度,近年来也有三四十度的。会喝酒的人喜欢喝白酒。除了白酒之外,还有黄酒、葡萄酒和引进的啤酒等。中国酒的种类有几百种,通常说的"八大名酒""十大名酒",主要指茅台酒、五粮液、汾酒、西凤酒、泸州大曲、古井贡酒、绍兴黄酒、中国葡萄酒、青岛啤酒等。

近几十年来,喜欢喝啤酒的人多起来了,特别是夏天,冰镇啤酒很受欢迎。可是,正式招待客人或开宴会,还是要有白酒,同时也有葡萄酒和啤酒。

中国人喝酒,互相劝酒劝得很厉害,总是"干杯""干杯"。劝酒越殷勤越显得热情,

"干杯"越多越说明够朋友,气氛热烈。这对于酒量比较小,特别是喝不惯白酒的外国人,可能不适应。不过,也不必勉强,可以象征性地"干杯",并不真正喝干。中国人喝酒虽总喊"干杯",但尽量不喝醉,如果喝醉了,出了丑,会被人笑话。中国人把喝醉的人叫醉鬼,把天天喝酒的人叫酒鬼。中国人喝酒喝得最多、最热闹的时候,是婚宴上喝"喜酒"。新郎新娘敬酒,大家互相劝酒,开怀痛饮,热热闹闹,常常有人喝醉。中国人平常吃饭时,喝酒并不普遍,因为喝酒需要特意准备菜,常常是一边喝酒一边聊天,需要时间。

从中国目前的情况看,喝白酒的人在逐渐减少,喝啤酒的人在逐渐增多。因白酒浓烈,需要有比较强的适应性,啤酒度数浅,一般人都能喝,起一半饮料作用。因此,近些年来,中国的啤酒生产发展迅速,已成为世界上啤酒高产的大国。

说起喝茶,在中国人中,比饮酒更为普遍。中国是世界上第一个生产茶叶的国家,尔后传到日本、东南亚及世界其他地区,因此,中国被称为"茶叶的故乡"。唐朝陆羽写的《茶经》一书,是世界上最早的关于茶的专著。

茶有四个作用,一是作为饮料解渴,二是帮助肠胃消化,三是用来招待客人,四是作为馈赠礼品。中国人喝茶,一般是在饭后或聊天儿的时候,而且普遍喝热茶,不喝凉茶,一边喝一边聊天儿,一碗接着一碗。

中国地广人多,地区差别大,茶的种类有一百多种,各地方的人,喝茶的品种和习惯不太一样。从茶的种类来看,大体分为五大类:花茶、绿茶、红茶、乌龙茶、紧压茶。茶的主要产地有:浙江、江苏、安徽、河南、福建、贵州、云南等。常说的"十大名茶"是:龙井茶(杭州)、庐山云雾茶(江西庐山)、碧螺春(太湖洞庭山)、铁观音(福建安溪)、黄山毛峰(安徽黄山)、武夷岩茶(福建武夷山)、祁门红茶(安徽祁门)、信阳毛尖(河南信阳)、君山银叶(湖南君山)、六安瓜片(安徽齐云山)。

茶具

从喝茶的习惯看,北方人喜欢喝花茶,特别是茉莉花茶。江浙、上海人喜欢喝绿茶,特别是龙井、碧螺春、毛峰。广州人喜欢喝红茶,特别是祁门红茶。有的地方还把茶捣(dǎo)碎,加点盐,喝咸茶。内蒙古、西北地方牧民多,吃肉、喝奶多,喜欢喝砖茶,用大碗喝。四川、贵州、云南等高山地区,蔬菜少,常以喝茶代替蔬菜,几乎每家都有茶罐（guàn），每天至少喝三次茶。他们有句谚语："早茶一盅，一天威风；午茶一盅，劳动轻松；晚茶一盅，提神去痛。"在西南地区，如重庆、成都、贵州等，到处都是茶馆，人们坐在竹椅上，喝着茶，抽着烟，悠闲自在。福建的铁观音等乌龙茶，不仅气味芳香浓郁，而且可以减肥，很受外国人欢迎，成了国际市场的热门货。中国人与外国人交朋友，常常把乌龙茶及其他名茶作为中国特产、礼物送给友人。

中国人不仅喜欢喝茶，而且喜欢茶具。许多家庭，把漂亮的茶具放在屋里显眼的地方，作为房间的一种装饰。不少中国人常常选购一套漂亮的茶具，作为礼物送给新婚夫妇，有时也送给外国朋友。中国的茶具，一般是一个茶壶（hú）、四个茶碗和一个茶盘，称为"一套"。江西景德镇的瓷器，河北邯郸磁州窑（yáo）的陶器，还有江苏宜兴的紫砂壶，作为茶具最为有名，深受国内外欢迎。

国外流行喝咖啡，在中国也越来越普遍。近几十年来，来中国的外国人迅速增加，出去的中国人也多了。他们把国外的饮食习惯带到了中国，喜欢喝咖啡、吃西餐的中国人也慢慢多起来了。这说明，世界各个国家、各个民族的饮食习惯，既各有特点，又互相影响。饮食文化作为世界文化的一部分，应该进行比较研究。

● 思考题

1. 谈谈中国古代的婚姻制度与习俗。
2. 现代中国的婚姻家庭与过去有什么不同？
3. 请介绍一下中国的主要节日及其由来。
4. 对比本国情况谈谈中国的饭菜酒茶和中国人的饮食特点。

第十三章　中国的旅游

人们到了外国，无论各自目的如何，都有一个共同的愿望，想尽可能多游览一些地方。旅游，既是精神上的消遣（qiǎn）、娱乐，也是一种很好的学习。通过旅游，可以增进对某个国家、某个地方的了解。第二次世界大战结束以来，世界旅游业蓬勃兴起，成为各国普遍性的娱乐活动和新兴的经济、文化事业，中国的旅游业也获得了一定发展。系统地了解中国旅游方面的情况，既便于在中国旅游，又有助于加深对中国的了解。

第一节　旅游资源

旅游首先要有旅游资源。世界上的旅游资源，可分为两大类，一类是自然旅游资源，一类是人文旅游资源。二者既不相同，又互相联系，许多是兼而有之。

自然环境不同，是引起人们外出旅游的重要原因。常年生活在炎热或寒冷地区的人，总是希望去温带或亚热带旅行，以避暑或避寒；长年住在拥挤、喧闹城市的人，总希望去看一看野外、农村的风光；生活在山区的人，希望看看平原和大海；生活在海边、平原的人，希望看看崇山峻岭；等等。自然环境的差别越大，景观越新奇，就越具有吸引力。所以，一个地域的人，要跑到另一个地域去寻求新鲜的感受；一个国家的人，要跑到另一个国家去观光尽兴。

中国地域辽阔，地理、气候复杂，自然旅游资源极为丰富：有广阔无比的高原，有巍（wēi）峨（é）险峻的山峦（luán），有浩瀚（hàn）无垠（yín）的沙漠，有一望无际的草原，有奔流不息的大江大河，有风景秀丽的湖滨海滩，有冰天雪地的北国冬季景色，有四季葱（cōng）绿的亚热带风光……可以说，中国到处都是天然的奇观美景，古往今来，吸引着无数的中外游客。

中国不仅有十分丰富的自然旅游资源，更有十分丰富的人文旅游资源。在数千年的文明史上，历朝历代都留下了数不清的古迹遗产，其数量之大，内容之丰富，价值之宝贵在世界上屈指可数。中国政府曾于1953年、1961年、1982年，先后公布了三批全国重点文物保护单位，共有5 814处。其中包括古遗址、古墓葬、古窟寺、古石刻、古雕塑、古建筑、革命遗址、历史和革命纪念建筑物等。

中国古代和近代，在政治、经济、文化、军事等方面的发展变化过程中，形成了许多历史文化名城。1982年，经中国政府批准，有24个城市第一批被列为"历史文化名城"。1985年以来，又开放了大批历史文化名城。其中，有被称为"六大古都"的北京、西安、洛阳、开封、南京、杭州，还有苏州、绍兴、扬州、长沙、成都、广州、昆明、桂林、泉州、承德、大同、曲阜、景德镇、江陵（今荆州）、延安、遵义、大理、拉萨等。这些历史文化名城的地上或地下，都保存着大量的历史和革命文物，几乎每个城市都是一座天然的历史博物馆，可供旅游者尽情地参观。

中国的古典园林艺术，也是丰富的文化遗产和人文旅游资源的重要组成部分。中国的古典园林可分为两大类，一类是帝王的皇家园林，一类是高官、富豪的私人园林。皇家园林是帝王避暑、休养用的行宫，一般在郊外，规模宏大，如北京的颐和园、圆明园，承德的避暑山庄等，也有少数建于都城内，与宫廷毗（pí）连，规模也不小，如北京的北海、中南海。私家园林一般建于城区之中，与街道住宅相连，规模不很大，但设计精巧、幽雅、舒适。中国古典园林的高度艺术性和独特风格，在世界园林艺术中具有重要地位，早已传到日本和欧美。仅法国巴黎，就有中国式风景园林20余所。日本的庭院，也是从中国苏州园林移植过去的。所以，中国园林有"世界园林之母"的美称，吸引着国内外大批游客。

此外，中国有56个民族，各民族的传统节日和风土人情，地方特色和民族色彩浓厚，使旅游者感到奇特新鲜，也是一种很有吸引力的人文旅游资源。

中国旅游的自然资源和人文资源，随地而异，千差万别，丰富无比。根据各地自然和人文旅游条件的共性和个性，全国可以大体划分为九个大旅游区。

第一，中原旅游区。位于黄河中下游地区，包括陕西、山西、河南、河北、山东五省和北京市、天津市，简称华北地区，也称中央旅游区。黄河流域是中国古代文明的发源地，自古以来就是中国政治、经济、文化的中心。中国的"六大古都"中，北京、西安、洛阳、开封四大古都位于这个地区。此外，还有承德、曲阜、大同、太原、济南、延安等历史名城。中国数千年的文明史，在这一地区留下了无数名胜古迹。这一地区的自然风光，低山丘陵和海滨地带比较优美。首都北京，既是文明古都，又是现代化城市，更是当代中国政治、文化、交通的中心。以上因素，使这一地区成为中国最重要的旅游区之一。中原旅游区的名胜主要有：北京的长城、故宫、明十三陵、颐和园、圆明园、天坛、雍和宫、琉璃厂、潭柘（zhè）寺、碧云寺、北海，西安的秦始皇陵、兵马俑、华清池、大雁塔、小雁塔、碑林、半坡博物馆，洛阳的龙门石窟、白马寺，开封的铁塔、

乐山大佛

西安大雁塔

苏州园林

大相国寺、禹（yǔ）王台，承德的避暑山庄、外八庙（普宁寺、普乐寺等八个寺庙），曲阜的孔府、孔庙、孔林，济南的趵（bào）突泉、珍珠泉、黑虎泉、五龙潭、大明湖，青岛的崂山风景区、海滨风景区，秦皇岛的北戴河、山海关，太原的晋祠（cí）、博物馆，大同的云冈石窟、悬（xuán）空寺、华严寺、九龙壁，等等。另外，还有泰山、华山、五台山等地寺庙成群，山势险峻，景色壮观。

第二，东部沿海旅游区。这一旅游区位于长江下游和黄海、东海之滨，包括浙江、江苏、安徽、江西四省和上海市，简称华东地区，是中国自然条件最优越，经济最发达，人口最稠（chóu）密的地区之一。这一地区的旅游资源不仅丰富，而且开发较早。中国最大的海港和工商业城市上海，有繁华的街道、欧洲式建筑、东方明珠塔、世博园、科技馆等充满现代气息的参观场所，还有豫园、玉佛寺、鲁迅墓和鲁迅故居、孙中山故居、宋庆龄墓等景点；中国的六大古都之一南京，有中山陵、明孝陵、玄（xuán）武湖、莫愁湖、南京长江大桥、雨花台等；杭州，也是中国八大古都之一，有西湖、飞来峰、灵隐寺、六和塔、岳王庙和岳坟等；苏州有园林、虎丘、寒山寺等；无锡有惠山古镇、南禅寺、太湖风景区等；扬州有大明寺和鉴真纪念堂、瘦西湖、天宁寺、金山及园林等；绍兴有鲁迅故里、兰亭景区、大禹陵景区、会稽（jī）山、东湖等。另外，还有秀丽的钱塘江、新安江水力发电站、佛教胜地普陀（tuó）山、雁荡山、黄山、九华山、庐山等，都是著名的游览胜地。

第三，川汉旅游区。即长江上游、中游地区，包括湖北、湖南、四川中东部地区和重庆市。这一旅游区，以长江两岸景色为其独特的自然旅游资源。同时，中国古代，特别是三国时期，在此留下了许多名胜古迹。另外，此区西部为青藏高原的东部边缘地带，野生动物、植物资源非常丰富。川汉旅游区的主要观光地有：长江三峡，都江堰，青城山，三星堆，成都的杜甫草堂、武侯祠、三苏祠，重庆山城，大足石刻，乐山大佛，峨眉山的日出、云海、佛光"三大奇观"，武当山和神农架，川西自然保护区，武汉和三国旧迹黄鹤楼、赤壁、荆（jīng）州古城等，衡山游览区，长沙市及岳麓（lù）书院，毛泽东故乡韶（sháo）山冲，洞庭湖及岳阳楼，张家界国家森林公园，等等。

第四，华南热带景观旅游区。包括广东、福建、海南、台湾，地处南部沿海，接近东南亚，属于亚热带。沿海诸岛的热带风光，是这一旅游区的突出特色。同时，也有许多名胜古迹。主要观光地有：广州、福州、厦门、武夷山、丹霞山、海南岛、深圳、珠海、汕头等。

第五，西南岩溶地貌旅游区。包括广西、云南、贵州，是中国岩溶地貌的主要分布区，岩溶形成的奇山异水，成为这里的主要特色，同时，又是少数民族杂居的地区，充满少数民族风土人情。这一旅游区的主要观光内容有：西双版纳风光，桂林山水，贵州黄果树瀑布，昆明古城与滇池、西山游览区，石林风景区，22个西南少数民族风土人情，等等。

第六，西北丝绸之路旅游区。所谓"丝绸之路"，是指中国古代与阿拉伯和欧洲进行丝绸贸易的一条陆上通道。它东起长安（今西安），经渭河流域，穿过河西走廊（今黄河以西甘肃地区）和塔里木盆地，跨越帕米尔高原，经今塔吉克斯坦、阿富汗、伊朗、伊拉克、叙利亚，到达地中海东岸，全长7 000多千米。"丝绸之路"在中国境内经过陕西、甘肃、新疆三省区。因为它曾在古代中西方政治、经济、文化交流中发挥了重要作用，所以，早已成了驰名中外的历史遗迹。而且，在"丝绸之路"沿途，还有敦煌石窟和壁画、麦积山石窟雕塑、嘉峪关、玉门关、楼兰遗址等文化古迹；有戈壁大沙漠、刘家峡水库、吐鲁番盆地、火焰山、喀纳斯湖等自然景观；有银川、西宁、兰州、酒泉、乌鲁木齐、

戈壁大沙漠

桂林山水

喀什等重要城市；有维吾尔族等十几个少数民族的风土人情。所以，这一地区也吸引了成千上万的游客去参观、考察、游览，成了别具特色的游览区。

第七，东北旅游区。这一旅游区包括辽宁、吉林、黑龙江三省。因为地处中国最北部地区，冬天寒冷，降雪量大，夏天凉爽，适于避暑，而且，大兴安岭、小兴安岭、长白山是中国最大的原始森林区，从而形成了寒凉清爽、林海雪原的北国风光特色。这一地区的主要游览内容有：五大连池（火山湖）、镜泊湖（火山堰塞湖）、哈尔滨冰灯、沈阳古城、鞍山千山、大连避暑胜地、吉林滑雪、长春"八大部"（净月潭）等。

第八，北疆塞外旅游区。即位于长城以北的内蒙古自治区。辽阔的草原风光，独特的蒙古族风情，是这一旅游区的突出特色。有一句古老的民谣，"天苍苍，野茫茫，风吹草低见牛羊"，形象生动地描绘了塞外蒙古大草原的景象。当人们骑着骏马或骆驼，奔驰在茫茫草原的时候，平常的烦闷压抑之感会一扫而光。蒙古族人非常豪爽、好客，如果游人在草原上找不到旅馆，每一个蒙古包都可以留宿。为了专门接待旅游者，在自治区首府呼和浩特市北部，开辟了若干草原观光点。旅游者可以穿上蒙古袍，骑上马、骆驼或坐车到牧民家做客，或住蒙古包、品尝奶茶，或参加篝（gōu）火晚会，或观赏赛马、射箭、摔跤、套马等蒙古族体育比赛活动，别有一番情趣。

第九，青藏高原游牧区。包括西藏、青海以及四川西部，是世界上海拔最高的地区。这里有许多海拔 6 000 米以上的崇山峻岭，有世界最高峰珠穆朗玛峰，有巨大的冰川、冰峰和高原湖泊，有古老而美丽的高原城市拉萨，有宏大华丽、风格独特的高原寺庙布达拉宫和大昭寺。到西藏高原旅游，将人带入的是天高地阔、雄奇浩大、粗犷奔放的境界。

以上九大旅游区，仅是中国旅游资源最大的划分单位，每个大的旅游区，还分为几个副旅游区，副区以下又可分若干旅游小区，然后才是具体的风景区和旅游点。这样的划分本身就说明，中国的旅游资源是多么丰富！

第二节　旅游业

中国是一个旅游资源大国，但是，旅游资源开发得比较晚，旅游业发展迟缓。1978年，来华旅游入境人数仅为 180.9 万人次，其中外国人 23 万人次；旅游外汇 2.63 亿美元，排在世界第 47 位。

1978 年以后，随着中国不断改革开放，旅游业兴旺了起来，新开发和开放的旅游点越来越多，吃、住、行等旅游条件日益改善，旅游客人迅速增加。据统计，海外入境旅游人数，1986 年为 2 100 万人次，1988 年为 3 169.5 万人次，是 1978 年的 17.5 倍。进入 20 世纪 90 年代以后，继续大幅度增加，2002 年，海外入境游客达到 9 791 万人次，其中外国人 1 344 万人次。除境外游客外，国内居民随着生活水平的步步提高，外出旅游的人数也在迅速增长，2002 年已达到 8.778 2 亿人次。2012 年，海外入境游客为 1.324 1 亿人次，其中外国人 2 719 万人次；国内居民出游快速增长到 29.6 亿人次，其中出境游 8 318 万人次。2018 年，全年入出境旅游总人数 2.91 亿，其中海外入境游客达到 1.412 亿人次，国内居民出境游达到 1.497 2 亿人次；国内居民旅游总规模达到 56.887 2 亿人次，事实表明中国已步入大众旅游时代，旅游休闲已成为人民的生活常态。

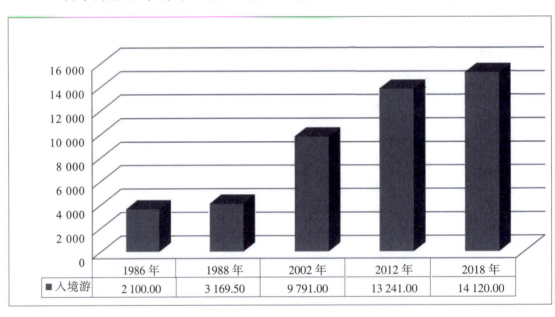

改革开放以来海外入境旅游人数的变化（单位：万人次）

中华人民共和国成立以后，旅游业一直由国家经营，国家旅游局统一负责全国旅游业的总体规划、政策制定及管理工作。国家旅游局下边有四个大的国有旅行社：国际旅行社，专门负责接待外国游客；中国旅行社、华侨旅行社、青年旅行社，负责接待从海外回来探亲、访问、观光的华侨。这四大旅行社的总社都在北京，在全国各省市、自治区，几乎都设有分社，从而构成了全国最大的旅游接待网。改革开放以后，国家对旅游业进行了管理体制改革：一是把上述四大国有旅行社变成了自主经营、自负盈（yíng）亏的独立经济实体，二是允许社会各个方面成立旅行社，包括民间旅行社，因此，新的旅行社如雨后春笋。到 2000 年年底，全国已有旅行社 8 993 家，其中国际旅行社 1 268 家，国内旅行社 7 725 家，中国的旅游业打破了过去那种僵化的管理体制，空前繁荣了起来。到 2008 年年底，全国旅行社数量已达到 20 691 家，其中国际旅行社

1 970 家，国内旅行社 18 721 家。截至 2019 年年底，全国旅行社总数达到 38 943 家。

　　吃、住、行是旅行的基本条件，以前中国在这些方面比较落后，不够方便，影响了对国内外游客的吸引力。改革开放后，为了适应旅游业的迅速发展，中国各大城市和旅游胜地新盖了许多高级饭店，比如北京的建国饭店、京伦饭店、长城饭店、昆仑饭店、国际饭店、西苑饭店、王府饭店、香山饭店、香格里拉饭店、长富宫饭店、新世纪饭店等，现代化程度均达到了世界一流水平。除了现代豪华型大饭店之外，各地还建造了一些具有民族和地方风格的饭店、旅馆，如北京回龙观的传统四合院式饭店、江浙一带的园林式饭店、陕西延安的窑洞式饭店、内蒙古的蒙古包旅馆、云南西双版纳的竹楼旅馆等。40 年前，中国的旅游饭店数量少，客房供不应求，预订很难。进入 20 世纪 80 年代以后，全国各地旅游饭店拔地而起，四处林立。1991 年年底，全国曾评定公布了星级涉外旅游饭店 777 家，其中五星级 17 家，四星级 44 家，三星级 221 家。进入 90 年代以后更是成倍地增长，仅北京就有 500 家星级饭店。这些雄伟壮丽、引人注目的饭店，成为改革开放以后中国旅游业欣欣向荣的标志。截至 1999 年年底，全国共有旅游住宿单位 25.08 万家，其中涉外饭店 7 000 家，社会旅馆 7.99 万家，个体旅馆 16.39 万家。从 2000 年到 2012 年，星级饭店客房总量以年均 10% 的速度增长，其中五星级饭店的数量和客房供应量都翻了 5 倍。2012 年年末，全国评定公布共有星级饭店 11 367 家，其中五星级饭店 640 家，四星级饭店 2 186 家，三星级饭店 5 379 家，二星级饭店 3 020 家，一星级饭店 142 家，拥有客房总量 149.72 万间／万套。截至 2018 年第三季度，全国共有星级饭店 10 667 家，9 230 家星级饭店通过省级文化和旅游行政部门审核，其中五星级 819 家，四星级 2 351 家，三星级 4 434 家，二星级 1 567 家，一星级 59 家。另外，还有数量庞大的经济型饭店、社会旅馆、个体旅馆等，预订都非常方便，完全可以满足中外游客住宿的需要。

　　改革开放以来，中国为了壮大旅游业，中央和地方政府对一些旅游区、旅游点进行了重点修复、建设，并不断开辟了一些新的旅游点和旅游线路，比如，陕西临潼（tóng）骊山旅游区、山东半岛旅游区、北京圆明园、武汉黄鹤楼、"长江三峡"旅游线、厦门—泉州—福州—武夷山旅游线、"丝绸之路"之旅、"草原之旅"等。仅 1992 年"友好观光年"一年，中国就为海外游客推出了 249 处国家级旅游景点、14 条旅游专线，各地组织了上百项旅游活动和民俗节庆活动。2007 年，全国成规模的景区已超过 20 000 家，A 级旅游区 3 100 余家，包括 4A 级以上 928 家；国家旅游度假区 12 家，省级度假区上百家；优秀旅游城市 307 个，旅游强县 17 个；工农业旅游示范点 1 098 家。另外，还有国家重点风景名胜区 187 个，国家自然保护区 303 个，国家森林公园 627 个，国家地质公园 138 个，列入《世界遗产名录》的世界遗产 35 个。截至 2017 年年底，全国共推出 A 级旅游景区 10 806 家，其中 5A 级旅游景区 250 家，4A 级旅游景区 3 272 家。

到2018年年末，全国又新增5A级旅游景区9家。以自然风光、文物古迹、民族风情为代表的丰富、独特的旅游资源，对海内外旅游者具有很强的吸引力。

为了满足广大中外游客的需要，旅游部门加强了旅游质量的管理，旅行社和饭店不断加强对工作人员的严格训练，服务质量日益明显提高。凡规模大一些的旅行社和旅游饭店，导游、翻译等人才都配得比较齐整，各种服务项目齐全，服务也主动、热情、周到。为了培养旅游服务和管理人才，截至2000年年底，全国已设立旅游院校1 195所，其中中等旅游学校943所，在校生25.4万人，高等旅游学校252所，在校生7.4万人，每年向旅游业输送专门人才10万人，加上在职培训、成人教育、出国学习等，中国的旅游服务和管理队伍不但数量宏大，而且素质大大提高。截至2012年年底，全国旅游院校（包括完全的旅游院校和设旅游相关院系或旅游相关专业的院校）共计2 236所，在校生107.34万人，毕业生32.51万人，其中高等学校1 097所，在校生57.62万人，毕业生16.23万人，中等职业学校1 139所，在校生49.72万人，毕业生16.28万人。2017年9月，全国旅游院校共计2 641所，招收新生共27.390 9万人，其中本科608所，招生5.931 1万人，高等职业学校1 086所，招生11.308 4万人，中等职业学校947所，招生10.151 4万人。旅游教育的发展，为旅游业的壮大和质量的提高，提供了有力的人才支持和智力支撑，基本能够适应旅游业的迅速发展，满足国内外游客的各种需要。

在交通方面，过去曾经不太方便，近些年已大大改善。随着航空运输、高速公路、高速铁路等交通工具的快速发展，中国各大城市或重要中等城市都通民航、高铁和高速公路，一般城市都通火车和公共汽车，旅游区、旅游点都通公共汽车或旅游专车。凡游客可以去游览参观之地，都有便利的交通工具。

中国的旅游业已经有了相当大的进步，但是，中国是个发展中国家，能投入到旅游建设上的资金有限。因此，与本国无比丰富的旅游资源比较，与世界上旅游业发达的国家比较，中国的旅游业尚未发展到应有的程度。主要表现在：第一，旅游资源虽然十分丰富，但还有许多尚未开发或未充分利用，有的已开发的保护工作也做得不太好；第二，景点设施虽已日益变得较好，但综合配套设施还有待于健全，旅游环境须进一步改善；第三，交通工具虽有较大进步，比过去方便多了，但还不够充足、便捷、舒适；第四，运作机制、工作效率、服务质量虽有很大提高，但还存在一些不足。1978年，中国的旅游创汇仅2.6亿美元，1980年才上升到6.2亿美元。而比中国小得多的欧洲国家西班牙，1980年旅游创汇竟达70亿美元，是中国同年的11.3倍。改革开放以后，特别是近20多年来，在市场经济的驱动下，经过大力培育和高速发展，中国的旅游业已成为国民经济的支柱产业。仅从旅游外汇收入看，可以说是逐年递增，快速攀升，1988年10.5亿美元，1992年39.5亿美元，1996年超过100亿美元，2002年200亿美元，2012年500.28亿美元，2018年已达到1 271亿美元。中国旅游外汇收入在世界中的名次，已从1978年

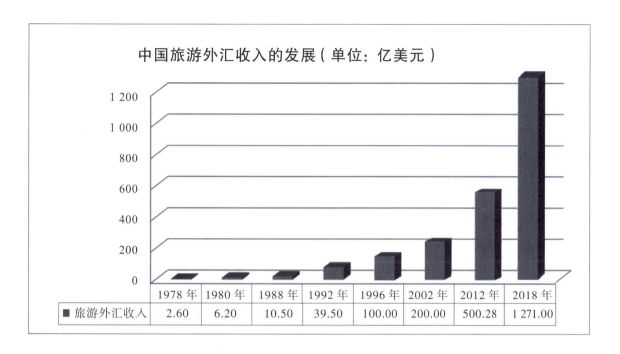

世界第 47 位，上升到 1990 年第 25 位，2000 年上升到第 5 位，而后一直保持在世界第 4 位。2012 年，中国成为世界第三大出境客源国和第三大旅游目的地国，旅游总收入占全球比例仅次于美国，名列世界第 2 位。2018 年，中国全年旅游总收入达到 5.97 万亿元，其中国际旅游收入 1 271 亿美元，连续 7 年保持世界第 2 位；中国居民旅游总人次（包括国内游和出境游）56.887 2 亿人次，名列世界第一，占全球旅游 121 亿总人次的 47%。40 余年来，随着改革开放的不断扩大，经济社会的快速发展，中国已由一个旅游落后国跃升为旅游大国。

第三节 名城选介

为了更深入地了解中国的旅游文化，了解旅游对认识中国的意义，本节选择北京与西安作些重点介绍。这两座城市是中国古都的代表，也是最大的旅游城市。

一、北 京

在中国六大古都中，北京既是古都，有大量的名胜古迹，又是新中国的首都，是全国政治、经济、文化的中心。因而，外国朋友和海外华侨来中国旅游，首先想看看北京。

北京距今已有3 000多年历史。在古代，由于北京地处北方交通要道，又是水陆汇合点，人口日益增多。早在公元前1057年，这里就成了诸侯国燕的都城，当时称作"蓟（jì）"。后来，从秦朝开始，经汉、魏、晋到隋、唐，1 000多年间，蓟城一直是地区性的行政中心和北方的物资、文化交流中心。938年，契丹人在北方建立了辽国，这里成为辽国的陪都，改称为"南京"，又叫"燕京"。1153年，女真族建立的金朝迁都于此，称其为"中都"，并参照北宋汴（biàn）梁（今开封）的样子，将城池加以改造、扩建，同时兴建了宫殿。1215年，蒙古骑兵进攻中都，将富丽堂皇的金朝宫殿烧毁，仅有郊外的大宁宫（今北海公园）保存了下来。1260年，成吉思汗的孙子忽必烈到了中都，1272年把它定为元朝首都，并以大宁宫为中心建立了"大都城"。大都城分为宫城和大城，宫城环绕大宁宫及其周围的湖泊，宫城外面是大城，周长28.6千米，整个城的格局和气势庄严雄伟。

1403年，明成祖朱棣（dì）在此建都，改称"北京"，并重新修建北京城。明朝的北京城，因北城空旷（kuàng）难守，将元大都的北城墙南移了2.5千米，将南城墙移至今崇文门、正阳门、宣武门一线。明朝北京城有大城、皇城、宫城三重。后来的清朝，又在明朝北京城的基础上修建了许多秀丽的园林。

在中国近代史上，许多重大事件是在北京发生的，比如，1919年的五四运动、1935年的"一二·九"运动、1937年的七七事变等。

今日北京城的轮廓（指二环路以内市区），大体保留了明代时的形状。它的中心故宫是一个长方形的宫殿群，叫紫禁城。紫禁城城墙高7.9米，四角有角楼，外边四周是护城河。紫禁城外层为皇城，周围9千米，四面有对称的城门。皇城外周围20千米称为内城，略呈四方形，始建于明洪武三十年（1397）。内城南部的长方形称为外城，建于明嘉靖三十一年（1552）。外城是为了商市的繁荣和军事的需要而修建起来的。这样，北京城就形成了"凸（tū）"字形状。

北京内城主要街道的突出特点是，横平竖直，垂直交叉，就像个大棋盘，各主要街道内又有许多小胡同。至今，北京城的街道和胡同，仍有不少沿用了古老的名称。干线街道多是以城门命名的，如：前门大街、西直门大街、地安门大街、德胜门大街、朝阳门大街、建国门大街、广安门大街、崇文门大街等。有许多街道和胡同则是以政府机构和商摊市场命名的，如：兵马司胡同、海运仓胡同、大木仓胡同、米市大街、花市大街、菜市口、缸（gāng）瓦市、粮食胡同等。

中华人民共和国成立以后，北京城区发展很快。为了解决市内交通拥挤问题，从20世纪50年代开始，首先扩展、疏通了环绕紫禁城的街道，拆除了皇城东、西、北三面的城墙。原有的天安门、地安门、西四、东四等几个牌楼，也因妨碍交通被拆除了。近40年来，北京进行了更大规模的改造和建设，在古城墙的遗址上修建了二环路，二环路下修了环城地铁，随后，又相继修了三环路、四环路、五环路、六环路，并新盖了许多高层建筑。今天的北京，皇城及城区的街道结构，虽仍保存着原来的样子，但市区已大大扩大，市容发生了翻天覆地的变化，它已从文明古都变成了一座现代化都市。

天安门广场

北京最著名的地方是天安门广场，最主要的街道是长安街。天安门是首都北京的象征。天安门广场占地44公顷，原是封建朝廷的广场，广场周围有红墙，一般人绝不能靠近。中华人民共和国成立后，围墙拆除，对天安门广场进行了扩建，可容纳五十多万人集会。天安门城楼原来是皇城的南门，经过加高、修饰，更显得庄严、美丽。广场的西侧是人民大会堂，东侧是中国国家博物馆，南侧是毛主席纪念堂，中央是人民英雄纪念碑，附近的中南海是中共中央和国务院所在地。所以，天安门广场是中国首都的政治中心地，这里举行的政治活动，对全国、全世界都具有巨大影响。中国近代以来，许多重大事件都发生在这里。

长安街西起复兴门，东至建国门，全长6.7千米，宽60～120米，被称为"神州第一街"。辛亥革命前，东西长安街被天安门广场的围墙分隔着，不能通行，清朝被推翻后才打通，如今，加上东西延长线，总长已达42千米，号称"十里长街"。宽阔无比的大街上，众多国家机关、高级饭店、金融机构等位于两旁，一座座雄伟漂亮的建筑巍然矗（chù）立，汽车、自行车以及便道上行人川流不息，反映着中国首都热闹繁忙的生活景象和节奏。

北京最著名的名胜古迹是长城和故宫。万里长城最著名的景点是坐落在北京城西北70千米的八达岭上，万里长城全长6 700千米，横跨中国北部6个省区市。长城在战国时期开始修建，当时，地处北方的燕、赵、秦国，为了防御北方匈奴的进攻，各在山势险要的地方修筑了城墙。公元前221年，秦始皇统一中国以后，把各诸侯国的防卫城墙连接起来，并进一步加以修筑。后来，汉、唐、宋、元、明代又曾不断修筑。今日的长城，大多是明代重新修建的。在运输、科学技术很不发达的古代，在又高又险的山上修筑近万里的长城，工程的艰巨性可想而知。因此，万里长城被称为世界上的建筑奇迹。为了缓解八达岭长城游人的拥挤，北京前些年又开辟了水关长城、居庸关长城（昌平区）、慕田峪长城（怀柔区）、司马台长城（密云区）等长城游览点。

故宫是中国现存最大最完整的帝王宫殿和古建筑群，位于北京城中心，始建于1406年，用了14年才建成，里边住过明、清两代24个皇帝。故宫占地72万平方米，殿室

故宫博物院

9 000多间，分外朝和内廷两大部分。前半部称外朝，以太和殿（俗称金銮殿）、中和殿、保和殿三大殿为中心，文华殿、武英殿为两翼，气势磅礴，为宫中最宏伟、庄严、豪华、壮观的建筑，它们都矗立在高达7米的汉白玉砌（qì）的台基上，远远望去，简直就像神话中的空中仙宫。太和殿是皇帝举行大典仪式的地方，中和殿是皇帝去太和殿举行典礼前休息或演习礼仪的地方，保和殿是每年除夕皇帝设宴招待外藩（fān）王公的地方。后半部称内廷，是皇帝平时工作和与后妃居住生活的地方。内廷的北面有御花园，建筑精巧雅致，布局变幻多姿，是帝王后妃游玩的地方。参观故宫，既可以欣赏中国风格独特、艺术高超的古代建筑，又可以了解中国的历史，目睹（dǔ）中国封建皇帝的奢侈威严景象，还可以看到宫内保存的大量珍贵的中国古代文物。

位于北京西北郊的颐和园，是一座秀丽的皇家园林。原是12世纪金朝帝王的行宫，到了清代的乾隆皇帝把它扩建为园林，改称清漪（yī）园。1860年，清漪园被英法联军烧毁，1888年，慈禧太后动用海军军费重新修建，更名为颐和园。颐和园一是大，占地约290公顷，是现存中国古代最大的皇家山水园林；二是山、湖、岛、廊、殿、堂、楼、阁设计别致，布局合理，景色优美，很好地体现了中国园林的特色。

紧邻颐和园东边，还有一座公园，叫圆明园。原来是中国最大的皇家园林，比颐和园大几倍，里面集中了中国古代所有园林的样式，并有西洋式建筑群，被称为"万园之园"。然而可惜的是，这座世界名园，竟于1860年被侵略到北京的英法联军烧毁，剩下的只是一片废墟。近些年，除了保存了原来的建筑遗迹以外，政府对园内的风景进行了大规模整修，正式向游人开放。这一重要遗迹，不仅是中外宾客游览的场所，而且是帝国主义侵略中国的历史见证。

十三陵位于北京北部40多千米处，是明代13位皇帝的陵墓，地面建筑宏伟，并有巨大的地下宫殿。目前，可供参观的只有长陵和定陵。长陵为明成祖朱棣之陵，建筑年代最久，规模最大。定陵为明神宗朱翊（yì）钧之墓，1956年其地下宫殿被开掘以后，引起了中外轰动。定陵地下宫殿由前殿、中殿、后殿组成，离地面深27米，皇帝和皇后棺椁（guǒ）存放于后殿正中，宫内出土的金、银、玉、瓷器等珍贵文物有3 000余种。

天坛位于北京城南，是现存中国最大的坛庙建筑，已有近600年历史。它是明清两代皇帝祭天的地方，每年冬至，皇帝来此举行祭天仪式，祈祷五谷丰登。祈年殿为天坛的主殿，高38米，直径30米，设计奇巧，金碧辉煌，巍然矗立。在祈年殿南部，还有圜（yuán）丘、皇穹（qióng）宇、回音壁等。

除以上重点介绍的名胜以外，北京值得参观的地方还有：琉璃厂，这是一条非常闻名的古文化街，到处都是卖中国字画、文房四宝、工艺美术的商店，充满了浓郁的中国传统文化气氛；雍和宫，是北京最大的喇（lǎ）嘛庙；北海公园，是位于市中心的皇家公园；香山公园，那里有卧佛寺、碧云寺及美丽的自然风景；大观园，位于南郊，完全是根据古典小说《红楼梦》的描写建造起来的；北京动物园，有动物600余种5 000多只，其中有熊猫、孔雀、金丝猴等世界上最珍贵的动物；潭柘寺、大钟寺、白云观，是新开放的寺庙游览点；"北京猿人"遗址，在距北京50千米的周口店，是50万年前北京猿人生息的地方；奥林匹克公园，是2008年北京举办第29届夏季奥林匹克运动会的地方，那宏伟壮观的建筑群，体现着中国的现代化气氛。北京还有许多热闹繁华的商店街道、传统风味小吃街、大型购物中心、自由贸易市场，到这些地方去购物和游逛，可以真切地感受到北京的民俗及日常生活景象。

总之，北京是一座具有悠久历史文化的城市，值得游览参观的名胜古迹很多，同时，北京也是一座正在迅速走向现代化的城市，开放的北京每天都在迎接着数十万的国内外客人，在中国的旅游业中，北京居于特殊的地位。

二、西　安

西安是中国文化名城和旅游胜地的又一突出代表。它作为古都的历史，比北京要早得多，长得多，先后有西周、秦、西汉、前赵、前秦、后秦、西魏、北周、隋、唐10个王朝在这里及附近建都，历时1 100余年。由于西安作为首都是在中国封建社会的早期和中期，年代久远，所以，名胜中遗址遗迹较多，地下文物资源丰富，整个地区就像一个巨大的历史博物馆。因而，去西安旅游，就更具有了解中国历史文化的意义。

西安在明朝之前一般称为长安。远古时期，这一带水量充足，自然条件很好，是中国人祖先集中居住活动的地区之一。1957年在西安建的半坡博物馆，就是六七千年以前母系氏族公社一个村落的遗址。西周时，在今天西安的西边建立了第一个都城，称为丰京，后又在附近建了镐（gǎo）京，周王在镐京居住、办公，在丰京祭祀祖先。悠久的历史虽已磨去了那两个城市的痕迹，但根据文献记载和出土文物，仍可判断。

西周灭亡之后，东周把都城迁到了洛邑（今洛阳）。又过了500年，秦朝在现西安附近咸阳建了国都，仿照各诸侯国的宫殿建造了大量建筑群，并修建了特大规模的阿房宫[1]。后来，在秦末农民大起义推翻秦朝统治的战争中，阿房宫等宫殿完全被项羽的军队烧毁，秦始皇陵墓上的附属建筑被烧掉，陵丘也被挖掘，但今天秦陵的土层厚度仍有

---

1 阿房宫：学界对其存在有争议，有研究认为阿房宫并未建成，或许根本不存在。

兵马俑陪葬坑

70余米,陵墓并未被真正打开过。1974年,在秦陵东侧发现了巨大的兵马俑陪葬坑,发掘以后成了西安最重要的名胜古迹,被称为"世界第八大奇迹"。其中1号坑,东西长230米,宽62米,深5米左右,坑内约有兵马俑8 000多件,将士和战马个个栩栩如生,整个阵容气势庞大,队伍整齐,再现了秦时代军队的样子和秦始皇的威严与奢侈。参观秦陵兵马俑的中外游客,常年络绎(yì)不绝。

秦朝被推翻以后,刘邦建立汉朝,在渭河南岸一个叫长安的村落建立了都城,这就是长安城。长安城是中国历史上第一座规模宏大的城市,既是国家的首都,又是全国最大的物资集散地,集中反映了当时中国的经济繁荣的情况。当时的长安城,周长20余千米,宫殿很多,最著名的是长乐宫、未央宫和城外的建章宫,都是皇帝居住、办公的地方,原来的建筑现已不存在,但还保留着遗址。

581年,隋朝建立,后在汉长安城的东南(今西安市一带)修建了新的都城——大兴城。618年,唐朝代替隋朝,长安城以大兴城为基础迅速发展了起来,此后近300年间,长安不仅是中国政治、经济、交通、文化的中心,而且成了国际上著名的贸易、文化城市。

唐代的长安城,规模非常宏伟,规划也十分整齐,体现了中国古代建筑艺术的高度发展。整个城分为三部分,宫城是皇帝、后妃等居住的地方;宫城南边叫皇城,是政府官员办公的地方;皇城的南边叫廓城,也叫京城,它从东、西、南三面包围着宫城和皇城,是一般人或官僚的住宅区,也是商业区。城的形状是方的,周长约36.7千米,城里有11条东西向大街,14条南北向大街,把长安城分隔成许多小块块,就像个棋盘。

宫城原来只有太极宫一处,是唐皇帝的居处。662年,又把宫城东北的大明宫进行了改建、扩建,十分宏雄伟壮丽,是欢迎外交使节和举行大典的地方,据说可容纳万人。过了50年,唐玄宗又在大明宫东南建了兴庆宫,还在骊山修建了离宫华清宫,作为他与杨贵妃游乐的场所,并修了专供杨贵妃洗澡的华清池。现在,大明宫只能看到遗址,兴庆宫已变为兴庆公园,华清宫经过清代和当代两次重建,成了供人们游览的地方。

在西安一带建都的历代帝王,在修建宫殿的同时,都耗费巨资建造了大规模的陵墓。除秦陵外,还有西汉12陵、唐18陵等陵墓群。汉陵以汉武帝的茂陵最著名,唐陵以唐太宗的昭陵规模最大。中国历代王朝都盛行竖碑立碣(jié),因而,遗留下了大量碑刻书法资料。西安有"书法故乡"之称,西安的"碑林"集中收藏了中国历代的石碑2 300件,是中国书法艺术的宝库。

长安城的鼎盛时代,中国与国外的贸易、文化交流频繁,宗教比较发达,所以,留下的寺庙很多。中国以及印度、日本的很多僧侣,曾住在长安传经或学习。著名的大雁塔、小雁塔,就是唐僧玄奘从印度取经回来译经的地方,如今也是西安吸引游客的重要名胜古迹。

西安碑林

长安曾是世界屈指可数的大都城,是东方的政治、经济、文化中心。可是,到了唐代末期,朝廷腐朽,农民起义,战乱纷起,城市遭到了毁灭性的破坏。唐朝灭亡以后,各个朝代都把首都建在了开封、杭州、南京、北京等东部平原地区,于是,长安衰落下去了,但是今天的西安还在某些地方保持着当年的风采。

西安还是中国现代史上震惊中外的西安事变(1936年12月12日)的发生地,具体地点在华清池附近。现在,那里建立了纪念馆,供人们参观。

中华人民共和国成立以后,国家对西安,一方面进行了大量的古迹发掘、整修、恢复工作,一方面加强了城市的全面建设,使古都西安的面貌发生了很大变化。作为一个集中反映着中国历史文化的旅游城市,西安的旅游内容越来越丰富,旅游条件不断改善,中外游客越来越多。要了解学习中国的历史文化,如果没有去过西安,那将是莫大的遗憾。

思 考 题

1. 中国有哪九大旅游区?请谈谈中国的旅游资源。
2. 你去中国哪些地方旅游过?谈谈自己的感受。
3. 联系北京、西安的名胜古迹,谈谈这两座城市的历史。

第十四章　中国的国际交往

中国的国际交往有着悠久的历史。早在西汉时期，中国就通过"丝绸之路"，与中亚、西亚及欧洲一些国家开展了丝绸等方面的贸易交流。同时，与朝鲜、日本有了密切往来，与东南亚建立了友好关系。隋唐时期，唐僧玄奘去印度取经，鉴真和尚东渡日本传播佛法，日本等国的使节、留学生大批来中国，中国的国际交往十分频繁。明朝时，政府曾派郑和七次下西洋，前后到过亚非30多个国家，加强了与那些国家的贸易、文化联系。总而言之，古时候，虽然交通、通信等很不方便，但中国与外国的交往还是比较活跃的。那时，中国是先进国家，国际地位比较高，因而，交往的主要取向是中国以自己先进的文化、物产、技术影响其他国家，其他国家向中国学习和朝贡。

可是，自17世纪以后，情况发生了根本变化。西方资本主义发展起来，中国很快落后了，19世纪40年代以后，中国更成了被外国侵略、欺侮、掠夺的对象，国家主权丧失，国际地位低下，根本谈不上正常的国际交往。中国重新获得国家主权和国际地位，真正能够与世界各国正常交往，是在中华人民共和国成立以后。中国的国际交往包括很多方面，这里从外交关系、对外贸易、文化交流三个方面作些介绍。

第一节　外交关系

一、中华人民共和国成立后外交关系的发展

1949年10月，中华人民共和国成立之后，中国在外交方面的首要问题是：如何在新的基础上与各国建立外交关系，走向国际社会。中国政府首先宣布，不承认国民党旧政府以前同各国建立的外交关系，对旧政府与外国签订的条约和协定重新审查处理，取消帝国主义在中国的一切特权。同时还宣布：中华人民共和国政府是代表全国人民的唯一合法政府，凡愿意遵守平等、互利及互相尊重领土主权等项原则的任何外国政府，中

华人民共和国政府均愿与之建立外交关系。

20世纪50年代，世界上的政治格局，存在着以美国为首的资本主义阵营与以苏联为首的社会主义阵营两大阵营的对立。美国继续支持逃到台湾的国民党当局，对刚刚诞生的社会主义中国采取敌视和孤立的政策。在当时的情况下，中国与苏联建立了友好联盟，首先与东欧等社会主义国家建立了外交关系，积极主动地开展了和平外交。

60年代，中国与苏联的关系出现了破裂，并一步一步恶化，同时，也影响到了中国与东欧国家的关系。那一时期，中国重点发展了与亚非拉广大发展中国家的关系，并加强了与西欧和日本的联系。于是，出现了与非洲阿拉伯国家建立外交关系的高潮。

70年代，美苏两个超级大国争霸世界。中国团结广大发展中国家，加强与欧洲、日本、加拿大、澳大利亚等国家和地区的联系，坚决反对霸权主义，当时世界上出现了美、苏、中"大三角"的政治格局。1971年10月，中华人民共和国恢复了在联合国的合法席位，外交上取得了一个重大胜利。随着世界形势的变化，美国开始接近中国。1972年2月，美国总统尼克松访华，发表了《中美联合公报》，承认世界上只有一个中国，中华人民共和国政府是全中国的唯一合法政府，从而结束了中美两国关系的对立状态。1979年，两国建立了正式外交关系。在美国总统访华的影响和日本国内日中友好力量的推动下，1972年9月，日本首相田中角荣访华，中国和日本恢复了外交关系，并于1978年签订了《中日和平友好条约》。此外，70年代初，中国还先后与加拿大、澳大利亚、新西兰、西欧各国建立了外交关系，与中国建交的亚非拉国家也在大量增加。这一时期，尽管中国发生了"文化大革命"，国内形势比较乱，但在外交上仍取得了一系列重大突破。

70年代末和进入80年代以后，中国国内结束了10年政治动乱，进入了一个以经济建设为中心，实行改革开放的新时期。在对外关系方面，中国推行全方位外交，更加积极地与世界各国进行交往。1984年和1987年，中国分别与英国、葡萄牙达成了解决香港、澳门问题的协议。1989年，实现了中苏关系正常化。同时，中国还进一步加强了与发展中国家的团结，与日本、西欧等国家和地区的合作。

80年代末90年代初，东欧剧变，苏联解体，中国在稳定国内局势的同时，本着不干涉别国内政的原则，迅速与东欧国家的新政府和新成立的"独联体"各国，确认或建立了外交关系。同时，有效地改善和加强了与周边国家的友好关系。所以，尽管国际局势变化莫测，部分地区动荡不安，但中国在外交上始终处于比较主动的地位。1997年7月1日和1999年12月20日，香港和澳门先后回归祖国。1997年、1998年，中美两国元首实现互访，中日、中俄、中欧高层继续保持经常会晤。2001年7月13日，北京申办2008年第29届夏季奥林匹克运动会成功，10月20日，亚太经合组织（APEC）领导人会议首次在中国（上海）举行，12月11日，中国正式加入世界贸易组织（WTO）。在大国关系调整,世界政治多极化、经济全球化的进程中,中国的外交不断取得重大胜利。

近 10 年，除了成功举办北京奥运会（2008）外，中国又成功举办了上海世界博览会（2010）、北京国际园林博览会（2013）、杭州 G20 峰会（2016）、北京世界园艺博览会（2019）等。

"冷战"结束进入 21 世纪以来，中国高举和平、发展、合作旗帜，提出坚持互利共赢（yíng）的开放战略，坚持走和平发展道路，推动建设和谐世界。中国继续推动世界多极化，倡导国际关系民主化和发展模式多样化，促进经济全球化朝着有利于各国共同繁荣的方向发展。积极倡导多边主义和树立以互信、互利、平等、协作为主要内容的新安全观，反对霸权主义和强权政治，反对一切形式的恐怖主义，推动国际秩序向更加公正合理的方向发展。中国作为联合国常任理事国，在国际事务中坚决主持正义，与其他国家合作，为妥善解决金融危机、国际反恐、朝鲜半岛无核化、地球变暖、网络安全等世界性热点问题，作出了自己的努力。

在多边外交中，中国利用上海合作组织（SCO）、亚太经合组织（APEC）、东盟（ASEAW）地区论坛、博鳌（áo）亚洲论坛（BFA）、南亚区域合作联盟、中非合作论坛峰会、中阿合作论坛、"一带一路"国际合作高峰论坛等桥梁，以及二十国集团峰会（G20）、金砖国家首脑会议、东亚峰会、东盟与中国（10+1）、东盟与中日韩（10+3）、中日韩首脑会晤（wù）、中俄领导人会晤、中欧领导人会晤等机制，积极推进周边利益共同体和构建人类命运共同体。中国领导人，每年都有频繁的出国访问，邀请外国首脑来华访问和出席重大国际会议，与各国领导人保持着经常往来、会晤，外交活动十分活跃，成效显著。

改革开放 40 多年来，中国积极融入国际社会，参加了 100 多个几乎包括联合国体系中所有重要的政府间组织，签署了 300 多项国际公约。中国积极参与联合国维和行动，是联合国 5 个常任理事国中派出维和人员最多的国家。截至 2019 年 3 月，世界 193 个国家中与中国建立正式外交关系的已达 178 个；中国共产党与世界上 160 多个国家的 400 多个政党和政治组织保持着经常性联络；中国有 31 个省、自治区、直辖市和 478 个城市，与 135 个国家的 513 个省（州）和 1 607 个城市，建立了 2 470 对友好关系。

随着中国的综合国力不断增强，对世界的贡献不断增多，中国的国际地位日益提高，影响力日益增强，在世界舞台起的作用越来越大。中国坚定不移做世界和平的建设者、全球发展的贡献者、国际秩序的维护者，积极打造全球伙伴关系网络，与世界各国一道，推动构建新型国际关系，推动构建人类命运共同体。坚持以共商共建共享为原则，推动"一带一路"建设，同各国分享共同发展的机遇，开辟共同发展的前景。

回顾中国近代以来的历史，中华人民共和国成立 70 多年的外交成就和所取得的国际地位，在之前是完全不可想象的。它说明中国人民已彻底结束了清末和民国时期在外交上的屈辱历史，真正在世界上站立起来了。

二、外交政策

中华人民共和国成立 70 多年来,中国的外交为什么能够不断取得新的成就?中国的国际地位为什么能够不断提高呢?根本原因是:中国在实现民族独立、人民解放、国家发展的基础上,制定并奉行了正确的外交政策。中国的外交政策,用一句话概括就是:独立自主的和平外交政策。基本原则有四条,随着形势的发展变化,具体内容会有所修正、补充,但核心是不变的。

第一,坚持独立自主原则,坚决维护国家主权和民族尊严。中国的内政外交政策,都是根据本国的国情,根据自己对国际形势、国际问题的分析、判断,依照事情本身的是非曲直,独立自主作出决定。无论在什么时候什么情况下,中国始终维护国家主权和民族尊严,决不屈服于任何外来压力,决不受控制于任何外国政府或集团。一个国家,如果它的主权与尊严受到损害,不能真正独立自主地决定自己的内外政策,就不可能正常地与其他国家交往,也就无法树立自己的国际地位,近代中国屈辱的历史使中国人对此有极深刻的体会。中国坚决捍卫来之不易的国家主权和领土完整,决不允许任何外来干涉。同时,中国坚持平等相待,尊重别国的主权和领土完整,尊重各国人民自主选择的社会制度和发展道路。

第二,坚持和平共处五项原则,同世界上一切国家发展友好关系。"和平共处五项原则"是:互相尊重主权和领土完整,互不侵犯,互不干涉内政,平等互利,和平共处。它是 1953 年至 1955 年中国和印度、缅甸等国家共同倡导的,后来为越来越多的国家所接受,成为公认的指导世界各国关系的准则。中国认为,国与国关系的好坏,根本要看是否遵守和平共处五项原则,遵守它,社会制度不同的国家也可以友好相处,违反它,社会制度相同的国家也会发生矛盾和冲突。中国愿意在平等互利基础上,同所有国家发展友好关系,不以意识形态和社会制度定亲疏(shū)。

第三,坚持维护世界和平的原则,反对任何形式的霸权主义和强权政治,主张通过和平协商解决国际争端,反对使用武力和以武力相威胁。中国一贯主张,国家无论大小,应该一律平等,不能以大欺小、以强凌(líng)弱、以富压贫。和平解决国际争端是联合国的宗旨,也是国际法的基本原则,一切国际争端,应该通过谈判和平解决,不应诉诸武力或以武力相威胁。中国自己永远不称霸,也反对别的国家推行霸权主义和强权政治。在国际关系中,中国实行不结盟政策。近几十年来中国发展很快,国外有人担心甚至有人故意宣传"中国威胁论"。中国多次宣誓,即使自己强大了,也不会威胁和侵略别人,中国永远做世界和平的维护者、捍卫者。

第四,坚持一个中国、中华人民共和国政府是中国唯一合法政府的原则。凡与中华人民共和国建交的国家,都必须与台湾当局断绝所谓"外交关系",承认中华人民共和国政府是中国的唯一合法政府。中国政府决不容许任何国家搞"两个中国"或"一中一台",也决不容忍同中国建交的国家再同台湾当局建立任何官方关系。台湾问题属于中国内政,应由中国人自己来解决,不允许任何其他国家干涉。"和平统一、一国两制"是中国政府解决台湾问题的基本方针,中国人民坚决反对"台独"。近十几年来,在一个中国原则下,两岸关系和平发展,取得了一系列重大突破,互相交流与合作的领域越来越宽,尽管"台独"势力千方百计阻拦、破坏,但两岸人民之间的交往越来深入,感情越来越亲近。

实践证明,中国政府制定和坚持的这些外交立场、原则、政策,既符合中国的根本利益,也符合世界各国的利益,它是维持和发展中国与其他国家的正常关系,建立和维护国际正常秩序的保障。中国的外交形象和国际地位正是依靠这些正确的外交政策树立起来的。世界需要和平,和平才能发展,中国要实现自己的发展目标,需要和平的国际环境。中国将继续坚持奉行独立自主的和平外交政策,坚持走和平发展道路,不断加强与各国的平等友好互利合作,努力建设一个持久和平与共同繁荣的和谐世界。

三、中国与一些国家的关系

1. 中美关系

20世纪五六十年代,美国采取敌视中国的政策,拒绝承认中华人民共和国。美国先后发动对中国邻国朝鲜和越南的侵略战争,并从1950年起派兵进驻中国的台湾和台湾海峡。在此期间,中美虽然进行了旷日持久的大使级谈判,但两国关系总体上是处于隔绝、对立状态,没有外交关系和直接贸易往来。

70年代初,中国恢复了在联合国的合法席位,是常任理事国,国际地位日益提高。另外,也是因为反对苏联霸权主义的共同需要和各自的国家利益,中美开始互相接近。美国国家安全顾问基辛格和美国总统尼克松相继访华,中美先后签署了《上海公报》(1972)、《中美建交联合公报》(1978)、《八一七公报》(1982)。三个公报的关键内容有:互相尊重主权和领土完整,互不干涉内政;不谋求并反对谋求霸权;美国承认中华人民共和国政府是中国的唯一合法政府,世界上只有一个中国,台湾是中国的一部分;美国向台湾出售武器的数量和性能不超过中美建交后几年的水平。三个公报构成了中美关系的政治基础。

40多年来,在三个公报的制约下,中美关系总体上是向好的方面发展,两国高层领导几乎每年都有会晤或互访,两国建立了不同方面和级别的对话机制,增强了沟通和互信,两国贸易关系迅速发展,各方面的交流不断扩大,在国际问题上的合作不断加强。但是,两国的关系不够稳定,其中最大的问题是台湾问题。美国多次违背在三个公报中作出的承诺(nuò),向台湾大规模出售先进武器。在中国的强烈反对和抗议下,美国会有所收敛，但隔一段又出现类似事件。这和美国国会中存在着反华势力以及美国政府中有些人对中国的偏见有关。另外，还有人权和贸易等问题上的分歧和突发事件也对两国关系造成了影响。

近些年来，中美两国致力于建立"建设性战略合作关系"。两国关系虽然会出现风风雨雨，但共同利益和协作的需要大于分歧和对立的因素，合作与交流的总趋势不会改变，更不会出现20世纪五六十年代那样的对抗。中国是最大的发展中国家，美国是最大的发达国家，中美两国建立和保持正常的新型大国关系，对维护亚太地区和世界的和平与稳定十分重要。

2. 中俄关系

中国和苏联，20世纪50年代是结盟关系，60年代走向对立，80年代关系缓和。90年代苏联解体后，中国尊重本国人民的选择，不以意识形态和政治制度划线，而以和平共处五项原则和公认的国际关系准则处理国与国的关系，使中苏关系在苏联解体后平稳过渡到中俄关系。中国与俄罗斯等国相继建立了正常的良好的政治关系。中俄两国签订了《中俄睦邻友好合作条约》《中俄关于21世纪国际秩序的联合声明》等政治文件，确立了发展战略协作伙伴关系的基本框架。两国通过谈判解决了历史遗留的边界问题，划定了长达4 300千米的边界线。两国元首和政府首脑定期会晤，互访频繁，推动两国关系不断向前发展，双边贸易增长迅速，各方面的友好交流与合作日益扩大。中俄两国都主张世界多极化和建立国际新秩序，在国际热点问题上密切合作。近年来，中俄致力于建设"全面战略协作伙伴关系"，取得了一系列实质性成果。

3. 中欧关系

20世纪五六十年代，由于受冷战的影响，中国同西欧国家的关系发展缓慢。在此期间，仅同法国、瑞典、丹麦、瑞士、芬兰、挪威建立了外交关系。70年代末，除四个很小的国家外，与所有西欧国家和欧洲共同体建立了外交关系。80年代中国改革开放，与西欧国家的关系进入新阶段，各个领域的合作迅速发展。在欧洲共同体演化为欧洲联盟以及欧盟扩大的进程中，中欧关系一直平稳发展。2003年确定中欧发展"全面战略伙伴关系"以来，双方在政治对话和经贸、科技、能源、防核扩散、环保等各领域的合作卓有成效，在全球、跨地区和双边领域的合作不断加强。近些年来，中国与欧盟加强了战略对话与合作，双方定期举行领导人会晤，经贸、科技、文教、司法等领域的交流与合作稳步前进。

4. 中日关系

中日两国是"一衣带水"的邻邦，有着长达两千多年友好交往的历史。但是在近代，日本军国主义发动侵略战争，给中国造成了深重灾难。20世纪五六十年代，中日关系处于不正常状态。经过两国民间有识之士和官方长期不懈的努力，1972年9月实现了邦交正常化，1978年8月缔结了《中日和平友好条约》，中日关系进入了全面发展新时期。几十年来，在《中日联合声明》（1972）和《中日和平友好条约》、《中日联合宣言》（1998）、《中日关于全面推进战略互惠关系的联合声明》（2008）四个政治文件的指导下，两国高层互访，人员、经贸、文化等交流频繁，互相是重要的经贸伙伴。

中日之间存在着一些敏感问题，主要是历史问题和台湾问题，还有领海问题、钓鱼岛问题。前些年，因政治问题两国关系曾出现低谷，经济方面也受到影响，这两年又逐渐回暖，开始回到正常轨道。2018年，两国人民往来近1 200万人次，缔结友好城市254对，各领域各层级交流合作积极展开。中日两国是世界主要经济体和地区大国，作为近邻，友好交往源远流长，文化关系密切，经济互相依存，对立只能两败俱伤，世代友好相处，才能造福于两国人民，对亚洲和世界都有好处。

5. 中韩关系

中国和韩国同为东北亚地区有影响力的国家，两国关系是亚太地区最重要的双边关系之一。中韩自1992年建交以来，友好合作关系在各个领域快速发展。政治上，两国已建立战略合作伙伴关系，两国领导人多次互访，并在国际多边活动中会晤，相互理解和信任不断增加。经济上，两国互利合作不断深化，互为重要的贸易伙伴，韩国大批企业到中国投资。文化、教育、科技等领域的交流与合作不断扩大，大批年轻人来中国留学。2012年，中韩两国人员往来已突破700万人次，相互在对方国家的常驻人口均超过了70万。仅2018年1～10月，中韩人员往来就达791万人次。中韩两国在地区及国际事务中的合作与协调不断加强，双方在朝核、安理会改革、气候变化等重大问题上保持密切沟通，在中日韩首脑会晤、东亚峰会、亚太经合组织（APEC）领导人会议、二十国集团峰会（G20）、联合国等多边框架保持密切协调，共同利益不断扩大。

第二节　对外贸易

一、外贸成就

对外贸易是国际交流的重要组成部分。从1949年到1978年，中国长期实行的是高度集中统一的外贸经营管理体制。全国对外贸易的最高行政管理机构是中央政府的职能部门。其下边按经营产品种类设立了若干专业外贸公司，在进出口产品的种类、数量、价格和经济核算、行政管理、审批手续等方面，严格执行国家指令性计划，服从统一指挥。

进入 80 年代以后，中国对外贸易体制进行了一系列重大改革：下放外贸经营权，扩展外贸经营渠道，有外贸经营权的单位由原来中央政府主管部门直属的专业公司，发展到了全国各地区、各部门及各种企业；转变政府的外贸管理机制，加强宏观管理，弱化微观管理，除进出口总额和对关系国计民生的少数大宗进出口商品外，基本取消了指令性计划，放开经营，贸易经营越来越依靠市场调节；实行自负盈亏的外贸承包制，推广贸工（农、技）结合，改革外汇分配制度，扩大地方和企业外汇留成比例，开放外汇调剂市场，大力鼓励出口；实行人民币在经常项目下的可自由兑换，官方汇率与市场浮动汇率并轨；等等。在中央政府宏观控制的前提下，充分调动了各地区、各部门、各外贸企业的积极性，带来了对外贸易额的持续高速增长。2001 年 12 月中国正式成为世界贸易组织成员后，按世贸规则建立了新的外贸法律和规章制度，货物进出口管理实现了法律化和规范化；降低关税与非关税壁垒，实行国民待遇原则，发展和完善外贸服务体系；等等。通过不断深化外贸体制改革，中国逐步形成了适应市场经济和国际贸易的充满活力的自由竞争机制，总体效益和国际竞争能力大大提高。

中国对外贸易的基本政策是"平等互利，互通有无"。中华人民共和国成立初期，中国的对外贸易规模很小，1950 年的进出口总额才 11.35 亿美元。可是，70 余年来，特别是改革开放 40 多年来，连年大幅度增长，1978 年 206.4 亿美元，1987 年 826.53 亿美元，1992 年 1 655.3 亿美元，1997 年 3 251.6 亿美元，2001 年 5 096.5 亿美元，2006 年 17 607 亿美元，2012 年 38 668 亿美元，2018 年达到 4.62 万亿美元（其中进口 2.14 万亿美元，出口 2.48 万亿美元）。中国进出口贸易总额在世界中的名次，已由 1978 年的第 29 位、1990 年的第 15 位、2000 年的第 8 位，2004 年上升到第 3 位，2009 年超过德国上升到第 2 位，2010 年以后超过美国，连年保持在世界第 1 位。

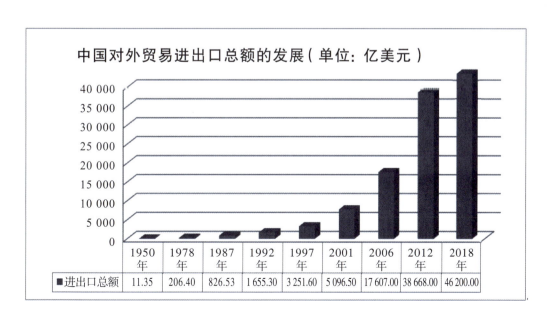

除了贸易额的增长外,在进出口商品的结构方面也发生了很大变化。20世纪50年代,中国以出口农副产品为主,约占出口总额的70%左右。随着经济的发展,工业制成品在出口商品中的比重不断上升,不过,直到1978年,初级产品仍占出口总额的50%以上。自改革开放以后,工业制成品在出口总额中所占的比重迅速上升。到1998年,工业制成品出口已占出口总量的88.7%,实现了由主要出口初级产品向主要出口制成品的历史转变。同时,技术含量和附加值产品出口迅速增长。2010年,工业制成品出口占出口总额的比重已提高到94.8%;机电产品、高新技术产品出口占出口总额的比重分别提高到59.2%和31.2%。从进口来看,20世纪五六十年代,进口生产和生活资料占的比重比较大。七八十年代以来,着重进口国内短缺的资源和先进的设备、技术,先进技术、设备、关键零部件进口持续增长,大宗资源能源产品进口规模不断扩大。2010年,机电产品、高新技术产品进口分别达到6 603亿美元和4 127亿美元;非食用原料与矿物燃料、润滑油及有关原料两大类商品占进口总额的比重,提高到28.7%。2012年,机电产品、高新技术产品出口已分别达到11 794亿美元、6 012亿美元,进口分别达到7 824亿美元、5 068亿美元。2018年,机电产品进出口总值为2.42万亿美元,其中出口占全商品出口总额的58.7%,进口占全商品进口总额的45.2%;高科技产品的进出口总额为14 187.65亿美元,约占中国外贸总额的37%,其中出口占比约为30%。进出口商品结构的不断优化,工业品在出口总量中的比例早就超过了90%,使中国对外贸易的经济效益大大提高。1978年年底,中国的外汇仅有1.67亿美元,1986年年底提高到20.72亿美元。而后迅速递增,1991年217.12亿美元,1996年1 050.29亿美元,2001年突破2 000亿美元,2006年上升到10 663.44亿美元,超过日本成为外汇储备最多的国家。2011年突破30 000亿美元,2014年达到38 430.28亿美元。2018年,中国的外汇储备为30 727.12亿美元。

二、主要贸易伙伴

从中国对外贸易的地区结构来看。多年来,中国最大的贸易伙伴主要是以下10个国家和地区:欧盟、美国、东盟、日本、韩国、中国香港、澳大利亚、俄罗斯、巴西和中国台湾。与这些国家和地区的双边贸易额,合计占中国进出口总值的75%以上。这些贸易伙伴与中国贸易额的排位顺序,随着形势的发展会有所变化。截至2020年年底,最新的排位顺序是:

第一位:东盟。东盟是"东南亚国家联盟"的简称,正式成立于1967年,包括印度尼西亚、马来西亚、菲律宾、新加坡、泰国、越南等10个国家。为了早日实现东盟内部经济一体化,它们于2002年1月启动了东盟自由贸易区。2003年,中国与东盟发展为"战略协作伙伴关系",2004年11月签署了《中国—东盟全面经济合作框架协议货物贸易协议》，随着互利合作的不断深化和中国东盟自由贸易区建设稳步推进，双方贸易额迅速增长。2000 年为 395.2 亿美元，2008 年提高到 2 311 亿美元，2012 年达到 4 001 亿美元。2020 年，中国与东盟贸易额已达到 6 846 亿美元，其中中国向东盟出口 3 837.2 亿美元，从东盟进口 3 008.8 亿美元。中国与东盟贸易额排在前三位的国家是越南、马来西亚、泰国。

第二位：欧盟，包括德国、法国、意大利、荷兰等。1975 年，中国与欧洲共同体建立了正式关系。1978 年，双方签订了长期贸易协定，欧盟确定给中国最惠国待遇，双边贸易顺利发展，1988 年双边贸易额超过 120 亿美元。1999 年，双边贸易额达到 556.8 亿美元，欧盟成为中国的第四大贸易伙伴。2009 年双边贸易额达到 3 640.4 亿美元，欧盟成为中国的第一大贸易伙伴。2012 年，双边贸易额提升到 5 461 亿美元，其中中国向欧盟出口 3 340 亿美元，从欧盟进口 2 121 亿美元。2020 年，双边贸易额达到 6 495 亿美元，中国首次成为欧盟第一大贸易伙伴。

第三位：美国。中国与美国曾长期对立，在很长一段时间内没有直接贸易关系。1972 年美国总统尼克松访华，两国关系缓和以后，贸易关系迅速发展。1979 年中美贸易额为 24.52 亿美元，1988 年突破 100 亿美元，居中国对外贸易额第四位。1996 年，中美贸易额增加到 428.4 亿美元，美国上升为中国的第二大贸易伙伴，中国成为美国的第三大贸易伙伴。2006 年，中美贸易额上升到 2 627 亿美元，2012 年达到 4 847 亿美元，其中中国向美国出口 3 518 亿美元，从美国进口 1 329 亿美元，中美已互为第二大贸易伙伴，美国成为中国最大的出口市场。2020 年，中美双边贸易额达到 5 601 亿美元，其中中国向美国出口 4 354.5 亿美元，从美国进口 1 246.5 亿美元。

第四位：日本。自 1972 年中日恢复邦交以来，两国政府签订了许多贸易协定，同时，进一步促进了两国民间贸易的发展。日本曾经在十几年间，一直居于中国对外贸易额的首位，是中国的第一大贸易伙伴，后来被欧盟和美国超过，居于中国对外贸易的第三位，近几年因受两国关系低迷影响又先后被中国香港和东盟超过，下降到第五位。2006 年，中日贸易额为 2 073 亿美元，2012 年为 3 294 亿美元，其中中国向日本出口 1 516 亿美元，从日本进口 1 778 亿美元。2020 年中国与日本双边货物进出口额为 3 175.3 亿美元，其中中国向日本出口 1 426.6 亿美元，从日本进口 1 748.7 亿美元。

第五位：韩国。中韩自 1992 年建交以来，双边贸易发展迅速，贸易额由 1992 年的 50.3 亿美元，猛增到 1997 年的 240.4 亿美元。1998 年受金融危机影响贸易额有所下降，1999 年再度呈现良好增长态势，达 250.36 亿美元，2006 年增长到 1 343 亿美元。2012 年，中韩贸易额达到 2 563 亿美元，其中中国向韩国出口 877 亿美元，从韩国进口 1 686 亿美元。2020 年中国与韩国双边货物进出口额为 2 852.6 亿美元，其中中国向韩国出口 1 125 亿美元，自韩国进口 1 727.6 亿美元。

第六位：中国香港。内地与香港的贸易，主要是内地向港澳地区供应日常生活用品，同时，通过香港进行大量转口贸易。1987年以后，香港与内地的贸易额曾超过日本，居中国对外贸易第一位，1992年达到580.5亿美元，1996年以后先后被日本、美国、欧盟超过。近些年，随着大陆与台湾交流的扩大，海峡两岸通过香港进行的转口贸易迅速增加，1992年为74亿美元，1999年增长到234.8亿美元，2002年达到446.5亿美元。2006年，内地与香港的贸易额为1 662亿美元，2012年达到3 415亿美元，其中内地向香港出口3 235亿美元，从香港进口180亿美元。2020年内地与香港货物进出口额约为3 040.7亿美元，其中内地向香港出口约2 964.9亿美元，从香港进口约75.8亿美元。

第七、八、九、十位：2020年，依次为中国台湾、澳大利亚、巴西、俄罗斯。

除了以上十大贸易伙伴外，中国还与印度、沙特阿拉伯、加拿大、南非、伊朗，与独联体国家、东欧各国，与非洲、拉丁美洲国家等共220多个国家和地区建立了贸易关系。2013年至2020年9月，中国与"一带一路"沿线国家货物贸易额累计达10.4亿美元。

中国驻世界各国的官方经贸机构，名称叫经济商务参赞处。其主要任务是：促进中国与驻在国的经贸合作关系，负责协调和归口管理中国与驻在国的各项贸易工作，与驻在国的政府或团体进行贸易谈判、贸易协定、贸易咨询等。各省、自治区、直辖市及比较大的贸易公司，一般在国外也都设有代表机构，负责本地区、本公司与驻在国的具体贸易事务。

除了官方的对外贸易管理机构和各种外贸公司外，中国还有一个重要的民间对外贸易机构，这就是中国国际贸易促进委员会（以下简称贸促会）。该机构自20世纪50年代成立以来，主要任务是促进中国与国外经济贸易界的互相理解、发展友好经贸关系，在中国的对外经贸活动中，特别是在与没有外交关系的国家发展贸易和友好关系中，它发挥了特殊的作用。最近一些年，贸促会适应中国发展外向型经济的需要，通过组织出访、接待来访、举办展览、培训人才、提供信息、咨询、法律服务等方式，为企业走向国际市场起到了牵线搭桥的重要作用。

中国为了加强与世界各国的贸易往来，扩大国际贸易，从1957年开始，每年都在广州举办出口商品交易会（以下简称广交会）。自2007年4月第101届起，广交会更名为中国进出口商品交易会。截至2019年4月，广交会已举办125届，是中国促进对外贸易的第一平台。近些年，在北京、上海、成都、桂林、西安等地，也常常举办各种类型的进出口商品交易会。另外，还在亚洲、非洲、欧洲、拉丁美洲、大洋洲的上百个国家和地区举办了经济贸易展览会。同时，也有许多国家来中国举办展览会。这些都有力地促进了中国国际贸易的快速发展。

第三节　文化交流

一、文化交流

　　文化交流是国际交往中的又一个重要组成部分。中国在与外国的文化交流方面，曾有过光荣的历史，亚洲地区国家受中国历史文化影响很深，从而形成了地球上的东方文化圈。在世界进入资本主义时代以后，西方文化猛烈地冲击东方文化，但并没有彻底冲垮这个文化圈。在日本、朝鲜半岛、越南、马来西亚、新加坡、印度尼西亚等地，仍保留着中国文化的深刻影响。中国文化仍有很强的魅力，并在继承传统文化、吸收新文化中继续发展。

　　中华人民共和国成立以后，一直积极地开展对外文化交流。1951年，中国政府开始派遣文化代表团出国访问，与外国签订政府间文化协定。到1966年，中国已同30多个国家签订了文化协定，内容涉及文化、艺术、科学、教育、卫生、体育、新闻、出版、图书、文物、考古、宗教、园林等各个方面，并派出和接待了大批文化人士，对发展中国与世界各国的文化交流，促进相互之间的了解和友谊，起到了重要作用。10年"文化大革命"中，中国的对外文化交流十分有限，几乎陷于停顿。

　　1978年实行改革开放政策后，中国的对外文化交流又活跃起来，交流的规模和范围不断扩大，内容与形式越来越丰富多彩，渠道与层次多种多样，广度和深度不断发展。改革开放的40多年是中国对外文化交流史上发展最快、最好、最繁荣的时期。截至2017年年底，中国已与157个国家签署了文化合作协定，累计签署文化交流执行计划近800个，初步形成了覆盖世界主要国家和地区的政府间文化交流与合作网络。中国与世界上千个文化组织保持着密切的合作关系，并建立了中俄、中美、中英、中德、中欧、中阿、中非、上海合作组织等双边或多边文化合作机制。中国先后向世界五大洲138个国家和地区，派出各种表演艺术团体约429起，演出得到了各国政府和人民的重视和欢迎。形式多样、日益频繁的文化交流，范围涉及文学、艺术、文物、图书馆、博物馆、出版、广播、影视、体育、教育、科技、卫生、青年、妇女、旅游、宗教等各个方面。例如，在表演艺术方面，有传统的京剧、杂技、歌舞、民间音乐，还有地方戏、木偶戏及儿童歌舞等。另外，还在国外举办绘画、版画、书法、雕塑、陶器、古文物、工艺美术、摄影、刺绣、剪纸、泥塑等展览。

　　近些年来，中国主办或与外国合办了"中法文化年""中欧文化对话年""中俄国家年""中日文化体育交流年""欧罗巴利亚—中国艺术节"等；在美国、德国、意大利、葡萄牙、日本、西班牙、韩国、瑞士、印度、澳大利亚、俄罗斯、土耳其等国，举办了"文化年""国家年""友好年"等;在中国或有关国家举办了"国际音乐节""国际艺术节""国际杂技艺术节""国际民间艺术节""国际歌舞年""国际美术年""欢乐春节""相约北京""亚洲艺术节""中非文化聚焦""阿拉伯艺术节"等;北京奥运会、上海世博会、北京世园会等,更是成为展示中国文化、中外文化交流的巨大舞台。中国文化"走出去",国外优秀文化"请进来",中外文化交流形式之多、范围之广、规模之大、影响之深,前所未有,为中国人民和世界各国人民互相了解、沟通,互相学习、借鉴,发挥了潜移默化的重大作用。

为了加强中国文化在海外的传播,便于各国人民了解中国文化,中国驻在世界各国的使领馆一般都设有文化处(组),自1988年以来,还先后在毛里求斯、贝宁、埃及、法国、马耳他、韩国、德国、俄罗斯、蒙古国、日本、西班牙、泰国等国设立了中国文化中心。中国文化中心不间断地举办各种各样的活动,将中国文化送到驻在国公众的家门口。截至2017年,海外中国文化中心开展各类文化活动达4 000余场次,直接受众达到800余万人次。2018年已有海外中国文化中心37个。自2004年以来,中国还与国外众多大学等教育机构合作,建立孔子学院和孔子课堂,以汉语教学为基础广泛传播中华文化,推进中外文化交流和人民的了解与友谊,促进人类文明互相借鉴共同发展。截至2018年,已在全球154个国家和地区建立548所孔子学院、1 193个孔子课堂。

随着现代广播技术的进步,中国还大力推进广播电视海外落地。中国国际广播电台使用65种语言(包括世界语、外国语和中国的普通话、方言、少数民族语言)全天候向世界传播,每天累计播出2 471个小时;中央广播电视总台中文国际频道(CCTV4)海外用户超过1亿户,接近英国BBC、美国CNN国际频道海外落地用户数;中国国际电视台(CCTN),包括英、法、西班牙、阿拉伯、俄5种外语6个电视频道、3个海外分台、1个视频通讯社和新媒体集群,以更加丰富的内容和专业的品质为全球受众提供良好的服务。

电影是国际文化交流中的一个重要项目。70多年来,中国与日本、朝鲜、罗马尼亚、墨西哥、英国、法国、意大利、澳大利亚、埃及、阿尔及利亚等十几个国家互相举办了电影周,互派了电影代表团,与十几个国家合作拍摄过电影,另外还引进译制了不少优质的外国电影片、电视片。近些年,中国每年都在海外举办中国电影展(周)50多次,展映国产影片400多部次。每年国际上的重要电影节,中国一般都会参加,选送200多部次国产影片参加近百个国际电影节,其中不少影片和演员、导演在重要的国际电影节上获大奖。中国影视产品营销网络,覆盖亚洲、欧洲、大洋洲、美洲、非洲近百个国家和地区。截至2017年年底,中国已同20个国家签署了电影合拍协议,中国电影界与美国好莱坞六大公司先后建立了密切、畅通的合作渠道,合作方式从最初的资本合作,逐步走向创意、人才、资源共享等全方位合作。

二、体育交流

常言道："文体不分家。"体育也属于文化范畴，同时具有相对独立性。在中国的国际交流中，体育发挥着重要作用。中华人民共和国成立前，体育事业十分落后，虽参加过三届世界奥林匹克运动会，根本没排上名次，只有一名撑（chēng）杆跳高选手取得过决赛资格。那时，中国国民的身体素质很差，被外国人讥笑为"东亚病夫"，在体育方面谈不上什么国际交流。

中华人民共和国成立70余年来，体育事业发展迅速，民众健身活动蓬勃开展，国民身体素质不断增强，国家体育竞技水平快速提高，国际交流也日益活跃。1959年，中国乒乓球队参加在联邦德国举行的第25届世界乒乓球赛，为中国夺得第一个世界冠军，从那以后到1965年，仅6年时间就142次打破和超过了世界纪录。1971年，中国邀请美国乒乓球队访问中国，为开启中美关系大门发挥了特殊作用，被人们称为"乒乓外交"。自1978年第8届（泰国曼谷）以来的历届亚运会上，中国几乎都获得了金牌总数第一。1984年，改革开放后的中国首次组队赴洛杉矶参加夏季奥林匹克运动会，拉开了中国体育在奥运会赛场上争金夺银、为国争光、融入国际社会的序幕。自洛杉矶奥运会以来，历届国际奥运会上，中国的总成绩均排列在前几名。中国乒乓球队获得的冠军，占世界乒乓球冠军总数的60%以上。2018年，中国男乒实现了世乒赛团体赛9连冠。中国女子排球队从1981年至1986年，连续5次获得世界杯、世锦赛、奥运会世界冠军，而后又数次获得世界冠军。中国跳水、游泳、羽毛球、体操、举重、射击、女子篮球、女子中长跑，在世界上都占领先地位。截至2012年伦敦奥运会之前，中国体育代表团共参加过7届夏季奥运会、9届冬季奥运会，共获得夏季奥运会金牌163枚、银牌117枚、铜牌106枚，冬季奥运会金牌9枚、银牌18枚、铜牌17枚；中国运动员在参加国际各项体育比赛中，共获得2 735个世界冠军，创世界纪录1 072次。截至2016年里约奥运会，中国队连续5届奥运会跻身金牌榜前三。截至2017年，中国运动员共获得奥运冠军240个，世界冠军3 340个，创造世界纪录1 300次。从1978年至2018年，中国获得的世界冠军总数超过2 000次，占新中国成立以来总数的99%。事实说明，经过70余年特别是改革开放40多年的发展，中国已成为举世公认的体育大国。

70多年来，中国与世界上150多个国家与地区进行了体育合作和交流，参加了74个国际体育组织和38个亚洲体育组织。1990年，中国在北京成功地举办了第11届亚洲运动会。1993年，在上海成功地举办了首届东亚运动会。2001年，在北京成功地举办了第21届世界大学生运动会。2008年8月，在北京成功地举办了第29届夏季奥运会，也是中国第一次举办奥运会，共有参赛国家及地区204个，参赛运动员11 438人，中国获得51枚金牌、100枚奖牌，位列金牌榜第一，创造了中国参加奥运会历史上最好成绩。北京奥运会之后，中国还成功举办了广州亚洲运动会（2010）、深圳世界大学生运动会（2011）、天津东亚运动会（2013）、南京世界青年奥运会（2014）、北京冬奥会（2022）等大型国际综合性赛事，北京成为世界上第一个既举办夏奥会又举办冬奥会的城市。通过参加和举办国际比赛及其他各种体育活动，中国不断加强了与各国的体育交流，也不断提高了自己的国际地位，扩大了在世界上的影响。

中国的对外文化交流，既包括宣传中国的文化，也包括吸收国外的文化，在交流中，使中国的文化更加丰富，更加繁荣。政治外交、对外经贸、对外文化等交流相结合，构成了中国国际交往的大格局、总态势，有力地树立了中国的国际形象。今后，随着中国改革不断深入和对外开放的继续扩大，中国的国际交往一定会更加频繁。扩大各国之间的交往与合作，走向国际化，是中国也是世界各国发展的必然趋势。

思考题

1. 中国的外交政策包含哪些主要内容？
2. 谈谈中国的对外贸易情况。
3. 谈谈中国的对外文化交流。

中国基础知识问答题

一、国土

1. 中国的国土面积是多少？排在世界第几位？
2. 中国最南部的群岛叫什么群岛？
3. 中国都有哪些邻国？
4. 中国有哪四大海洋？
5. 中国有哪四大河流？
6. 中国有哪四大淡水湖？
7. 中国有哪四大高原？
8. 中国有哪三大平原？
9. 中国有哪四大盆地？
10. 中国有哪四大林区？
11. 中国最高（也是世界最高）的山峰叫什么名字？
12. 中国最大的沙漠是哪个？
13. 中国最大的天然牧场是哪个？
14. 中国最大的岛屿是哪个？
15. 中国最大的湖泊是哪个？
16. 中国地形的两个突出特点是什么？
17. 中国气候的两个重要特征是什么？
18. 中国的土地类型有哪三大特点？
19. 中国的矿产资源有哪些主要特点？
20. 中国的主要油田有哪些？
21. 中国的"煤炭之乡"是哪儿？
22. 中国有哪些省、自治区、直辖市、特别行政区？
23. 中国 34 个省、自治区、直辖市、特别行政区的简称是什么？

二、历史

24. 北京猿人是中国多少年前的原始人类？
25. 中国的古代、近代、现代、当代是怎样划分的？
26. 中国已经历哪几个社会发展阶段？
27. 中国历史上主要有哪些朝代？
28. 中国历史上发生过哪些重大农民起义？
29. 秦始皇统一中国采取了哪些重大措施？
30. 中国封建社会最繁荣的时期是哪两个朝代？
31. 中国近代发生了哪些重大历史事件？

32. 中国近代被迫与外国签订了哪些不平等条约？
33. 辛亥革命发生在哪一年？历史功绩是什么？
34. 五四运动是怎么回事？发生在哪一年？
35. 中国现代史划分为哪几个时期？
36. 中国共产党诞生在哪一年？
37. 中华人民共和国是什么时候成立的？
38. 中华人民共和国经历了哪几个时期？
39. 中华人民共和国成立后发生了哪些根本变化？

三、人口·民族

40. 中国目前有多少人口？占世界总人口的多少？
41. 中国历史上人口增长最快的三个时期是什么时候？
42. 中华人民共和国成立后的人口为什么增长得那么快？
43. 中华人民共和国成立后人口出生率高的主要原因是什么？
44. 中国的人口结构有什么特点？
45. 中国计划生育政策的基本内容是什么？
46. 进入21世纪后，中国政府为了优化生育政策，作出了哪些调整？
47. 中国一共有多少个民族？
48. 中国人口最多和最少的少数民族分别是哪两个民族？
49. 中国少数民族的地区分布有哪些特点？
50. 中国的少数民族政策包括哪些主要内容？

四、政治·经济

51. 中国的政治体制有哪四项基本政治制度？
52. 中国的最高国家权力机关是什么？
53. 中国的最高行政机关是什么？
54. 中国有哪八个民主党派？
55. 中国政治协商制度的作用主要在哪两个方面？
56. 中国现任国家主席、人大常委会委员长、政协主席、国务院总理是谁？
57. 中国三大司法机关的名称是什么？各自的作用是什么？
58. 中华人民共和国成立后的经济发展经历了哪几个时期？
59. 中共十一届三中全会是何时召开的？有什么历史意义？
60. 中共十九大和第十三届全国人大是何时召开的？
61. 中国为什么要搞经济体制改革？
62. 中国农村改革的主要内容是什么？
63. 中国企业改革的主要内容是什么？
64. 中国最早建立的四个经济特区是哪儿？

65. 中国最大的经济特区是哪儿？
66. 上海浦东经济开发区是何时建立的？
67. 什么是"三资企业"？

五、科技·教育

68. 中国古代四大发明是什么？
69. "青铜文化"是什么意思？
70. 东汉时期的蔡伦有什么重大发明？
71. 北宋时期的毕昇有什么重大发明？
72. 明代李时珍的《本草纲目》是一部什么书？
73. 中国什么时候成功地发射了第一枚运载火箭？
74. 中国古代的教育机构主要有哪三种类型？
75. 中国古代出现了哪些杰出的教育家？
76. 中华人民共和国成立前主要存在着哪两个教育系统？
77. 中华人民共和国成立后教育事业发生了哪些重大变化？
78. 中国现行的学制是怎样的？，
79. 目前中国有多少所大学？
80. 中国教育改革的主要内容是什么？

六、传统思想

81. 中国的传统思想有哪些主要流派？
82. 孔子、孟子、荀子分别是什么时期的人物？
83. 孔子思想集中体现在哪本书中？
84. 孔子儒家学说的主要内容是什么？
85. 孟子主要提出了什么理论？
86. 荀子主要提出了什么理论？
87. 汉代经学的代表人物是谁？
88. "罢黜百家，独尊儒术"是什么意思？
89. "三纲五常"的内容是什么？
90. 宋明理学的代表人物是哪两个人？
91. 道家的代表人物是哪两个人？
92. 老庄思想的主要内容是什么？
93. 法家的主要代表人物是谁？
94. 法家的主要主张是什么？
95. 墨家和兵家的代表人物分别是谁？

七、文学·艺术

96. 《诗经》是一部什么书？
97. 《离骚》是什么时代谁的作品？
98. 《史记》的作者是谁？产生在哪一时期？
99. 唐代最杰出的三位诗人是谁？请举出他们的一些作品。
100. 苏轼、辛弃疾是哪一时期的著名词人？
101. 元曲最杰出的作家叫什么名字？他最突出的代表性作品是哪个？
102. 中国最著名的古典小说是哪几部？作者分别是谁？
103. 鲁迅的代表性作品主要有哪些？
104. 郭沫若、茅盾的代表作品是什么？
105. 巴金、老舍的代表作品是什么？
106. 中国的书法艺术有哪几种基本字体？
107. 中国古代有哪些著名书法家？
108. 与西方油画相比，中国绘画有什么特点？
109. 中国主要有哪些民族乐器？
110. 中国的戏剧主要有哪些品种？
111. 中国的电影是什么时候诞生的？
112. 中国的曲艺主要有哪些品种？

八、习俗·旅游

113. 中国封建婚姻制度的主要特征是什么？
114. 古代中国的家庭有哪些主要特点？
115. 当代中国的婚姻家庭发生了哪些重大变化？
116. 中国有哪些全国性的节日？
117. 中国主要有哪些菜系？各有什么特点？
118. 中国有哪些名酒？
119. 中国有哪些名茶？
120. 中国"九大旅游区"怎样划分？
121. 中国"六大古都"是哪几座城市？

九、国际交往

122. 中华人民共和国在联合国的合法席位是哪一年恢复的？
123. 中国与美国于哪一年实现了关系正常化？哪一年建立了正式外交关系？
124. 中国与日本于哪一年恢复了邦交？哪一年缔结了和平友好条约？
125. 中国外交政策的根本原则是什么？
126. 目前中国已与多少国家建立了外交关系？

127. 香港是什么时候回归祖国的？
128. 澳门是什么时候回归祖国的？
129. 中国什么时候加入世界贸易组织（WTO）的？
130. 北京何年何月举办了第 29 届夏季奥林匹克运动会？
131. 北京何年何月举办第 24 届冬季奥林匹克运动会？
132. "一带一路"倡议是什么时候提出来的？含义是什么？

参考书目

中国概览	外文出版社中国情况编辑室编	人民出版社 1987 年版
中国省情	《红旗》杂志社经济编辑室编	工商出版社 1986 年版
中国社会——原型与演化	陈建远主编	辽宁人民出版社 1988 年版
中国城市	国家经济体制改革委员会编	改革出版社 1990 年版
中国国情	国家计划委员会长期规划司编	中共中央党校出版社 1990 年版
中国国情学	吴泽、朱贤枚主编	中央广播电视大学出版社 1990 年版
国情知识手册	袁文友主编	海洋出版社 1990 年版
国情知识手册	北京大学中国国情研究中心编	北京科学技术出版社 1990 年版
中国国情大全	《求是》杂志社政治理论部编	学苑出版社 1990 年版
中国国情教育教程	王永江、聂德林主编	北京经济学院出版社 1990 年版
中国国情及其国际比较研究	辜胜阻等主编	武汉大学出版社 1991 年版
中国国情概论	李兴中等主编	中州古籍出版社 1992 年版
中国国情总揽	邵华泽主编	山西教育出版社 1993 年版
中国国情报告（1978—1996）	中国统计师事务所编	中国计划出版社 1997 年版
中国国情读本（2012 版）	中华人民共和国年鉴社编	新华出版社 2012 年版
中国国情与发展道路	夏春涛著	中国社会科学出版社 2010 年版
中国政治制度辞典	刘国新主编	中国社会出版社 1990 年版
中国民主党派史述略	俞云波等著	上海人民出版社 1989 年版
中国特色政党制度与外国政党体制	姚建华等编著	浙江人民出版社 2003 年版
当代中国政府与政治	谢庆奎主编	高等教育出版社 2003 年版
当代中国外交	《当代中国》丛书编辑部编	中国社会科学出版社 1988 年版
中国的外交政策	张光著	世界知识出版社 1995 年版
改革开放以来的中国外交（1978—2008）	郑启荣主编	世界知识出版社 2008 年版
中国外交官与改革开放	赵进军主编	世界知识出版社 2013 年版
中国对外贸易概论（第 3 版）	曲如晓主编	机械工业出版社 2012 年版
中国对外经济贸易改革和发展史	石广生主编	人民出版社 2013 年版
中国通史	范文澜著	人民出版社 1978 年版
中华五千年	徐立亭等编	吉林人民出版社 1981 年版
中国文明的起源	夏鼐著	文物出版社 1985 年版
中国近代史纲	龚书铎、方攸翰主编	北京大学出版社 1985 年版
中国近代史及国情教育辞典	卢鸿德等主编	辽宁人民出版社 1993 年版
不平等条约与近代中国	郭卫东	高等教育出版社 1993 年版

中华人民共和国经济史简编（1949—1985）	李德彬	湖南人民出版社 1987 年版
中华人民共和国四十年成就事典（1949—1989）	彭清源主编	沈阳出版社 1989 年版
中华人民共和国史	陈述著	人民出版社 2009 年版
中国走过 60 年	张希贤、凌海金编著	中共中央党校出版社 2009 年版
中国民生 60 年	武文胜、艾琳编著	五洲传播出版社 2009 年版
中国改革开放 30 年大事记（上下）	新华月报编	人民出版社 2012 年版
十六大到十八大的中国	张神根主编	人民出版社 2012 年版
中国特色社会主义教程	伍五星编著	国家行政学院出版社 2011 年版
中国特色社会主义理论与实践十二讲	何慧星主编	北京大学出版社 2013 年版
中国道路与中国梦想	胡鞍钢著	浙江人民出版社 2013 年版
汉字通论	张耿光	贵州人民出版社 1986 年版
中国文化史三百题	上海古籍出版社编	上海古籍出版社 1987 年版
祖国丛书（105 册）	多人编著	人民出版社、中国青年出版社、上海人民出版社
中国文化概览	张秀平、王乃庄编	东方出版社 1988 年版
中国文明大观	余世谦编著	江苏文艺出版社 1989 年版
中国文化小百科	李福田、董延梅主编	百花文艺出版社 1989 年版
中国文化史（上下）	胡世庆、张品兴编著	中国广播电视出版社 1991 年版
中国古代文化史（3）	阴法鲁、许树安主编	北京大学出版社 1991 年版
中国文化史丛书（110 册）	任继愈主编	商务印书馆等出版社
文史大全	本书编写组	河北教育出版社 1991 年版
汉文化论纲	陈玉龙等著	北京大学出版社 1993 年版
中国哲学史	任继愈主编	人民出版社 1963、1964 年版
中国传统政治思想反思	刘泽华著	生活·读书·新知三联书店 1987 年版
中国文学史	游国恩、费振刚等主编	人民文学出版社 1963、1964 年版
中国现代文学史（一、二）	唐弢主编	人民文学出版社 1979 年版
中国现代文学史（三）	唐弢主编	人民文学出版社 1980 年版
中国当代文学史（一、二、三）	二十二院校编写组	福建人民出版社 1980、1981、1985 年版
中国当代文学概观	张钟等	北京大学出版社 1986 年版
中国当代文学主潮（第二版）	陈晓明著	北京大学出版社 2013 年版
各种书体源流浅说	北京中国书法研究社编	人民美术出版社 1962 年版

中国古代书法史	朱仁夫著	北京大学出版社 1992 年版
中国美术史	张光福编	知识出版社 1982 年版
中国音乐史略	吴钊、刘东升编著	人民音乐出版社 1983 年版
中国舞蹈史话	常任侠	上海文艺出版社 1983 年版
中国戏曲通史	张庚、郭汉城主编	中国戏剧出版社 1981 年版
曲艺概论	侯宝林等著	北京大学出版社 1980 年版
中国古代科技名人传	张润生等编著	中国青年出版社 1981 年版
中国工艺美术简史	龙宗鑫著	陕西人民美术出版社 1985 年版
武术（上下）	《武术》编写组编	人民体育出版社 1985 年版
当代中国体育概述	梁晓龙、杨卫东著	苏州大学出版社 2012 年版
中国文化与构建和谐社会	中华文化学院编	知识产权出版社 2012 年版
中国婚姻家庭研究	刘英、薛素珍主编	社会科学文献出版社 1987 年版
中国家庭的演变	邓伟志、张岱玉编著	上海人民出版社 1987 年版
中国婚姻的历史与现状	樊静著	中国国际广播出版社 1990 年版
中西方家庭比较	蒙晨编著	科学普及出版社 1991 年版
东西方生活文化比较事典	于植元主编	大连理工大学出版社
汉族民间风俗丛书（8 册）	徐杰舜主编	广西教育出版社 1996 年版
民俗趣谈	沈琨、张茂华	中州书画社 1983 年版
中国民俗学	乌丙安著	辽宁大学出版社 1985 年版
民族风情	徐佩印、施桂英编	河南人民出版社 1985 年版
中国少数民族	《中国少数民族》编写组	人民出版社 1981 年版
中国少数民族常识	马寅主编	中国青年出版社 1984 年版
中国的少数民族节日	范玉梅编	社会科学文献出版社 2013 年版
华侨华人史研究集（一、二）	郑民、梁初鸣编	海洋出版社 1989 年版
中国旅游丛书——桂林	中国旅游出版社编	中国旅游出版社 1980 年版
中国名胜古迹概览	程裕祯等编著	中国旅游出版社 1983 年版
中国旅游地理	周进步	浙江人民出版社 1985 年版
中国土特产大全（上下）	马成广主编	新华出版社 1986 年版
中国名胜与历史文化	葛晓音编著	北京大学出版社 1989 年版
中国历史文化名城便览	李任远、王晓东编著	成都出版社 1991 年版
中国旅游地理（第三版）	吴国清著	上海人民出版社 2012 年版
2012 中国旅游业发展报告	胡静主编	中国旅游出版社 2012 年版

中西 500 年比较	毛磊、石光荣、郝侠君等主编	中国工人出版社 1989 年版
美国与中国的 133 个不同	夏文义著	五洲传播出版社 2012 年版
中外文化交流史	周一良主编	河南人民出版社 1987 年版
中西文化交流史	沈福伟著	上海人民出版社 1985 年版
新中国对外文化交流史略	《新中国对外文化交流史略》编委会编著	中国友谊出版公司 1999 年版
中国统计年鉴	中华人民共和国国家统计局编	中国统计出版社
中国网、新华网、人民网、中国政府网等网站		